移動と流通の
縄文社会史

阿部 芳郎 編

雄山閣

序　文

　定住的な生活が開始され、高度に発達した狩猟採集社会が縄文時代の特徴とされてきた。社会組織や技術の発達とともに、資源の開発と流通のネットワークが複雑化し、遠隔地の資源が広域に移動した。これまでの考古学では多くの場合、こうした現象は「物々交換」の産物として説明されてきた。

　しかしモノの移動という現象には、さまざまな背景が存在するはずである。このような視点に立ってみた場合、ヒトやモノの移動と流通という切り口は、文字資料のない縄文時代の実態を切り開いて見せてくれる、重要で興味深いキーワードになるであろう。

　さらにまた、関連理化学の研究が一段と進歩し、相互の研究連携がはかられる今日の縄文時代考古学において、これらの成果をどのように活かせば良いのだろうか。理化学的な分析に頼み事のように答えを委ねるのは、考古学の方法ではない。むしろ、その根底にある人類の歴史を問いかける理念や目的を共有し、相互に議論を重ねることが科学としての考古学ではないだろうか。

　本書では、縄文社会の実像解明のために、移動や流通というキーワードを用いて考古資料の具体的な分析事例を紹介した。もとよりこの広大なテーマのすべてを扱うことはできないが、本書で紹介した具体例が今日的な議論の端緒になればと思う。

明治大学日本先史文化研究所所長
阿部芳郎
2010年6月10日

移動と流通の縄文社会史　目次

序　文 ……………………………………………………………阿部芳郎　i

序　章　移動と流通の縄文社会史 ……………………………阿部芳郎　1

第Ⅰ章　石器石材の流通と社会 ……………………………………… 7

　1　霧ヶ峰黒曜石原産地における黒曜石採掘と流通 …………山科　哲　9
　　霧ヶ峰一帯の黒曜石原産地と広がり　9／黒曜石の採掘と採掘され
　　た原石の選別　13／原産地近傍の集落遺跡における黒曜石を利用し
　　た石器製作　25／おわりに――原産地近傍の複数遺跡からみた供給パ
　　ターンの違い――　32

　2　東京湾東岸地域の縄文社会と黒耀石利用 …………………堀越正行　37
　　柔らかな地層が多くの貝塚を生んだ　37／千葉県における黒耀石産
　　地の変遷　38／千葉県への黒耀石の大きな流れ　46／千葉県におけ
　　る石鏃の石材と黒耀石利用　48／黒耀石産地の先行研究　51

　3　縄文集落における石器集中部の形成過程と産地…須賀博子・奈良忠寿　55
　　覆土中の遺物分布と石器集中部の形成過程　55／遺物の集積のパタ
　　ーンと石器集中部の形成過程　65／黒曜石製遺物の構成要因と産地
　　の問題　73／おわりに　82

　　コラム　黒曜石の一括埋納例と流通 ……………………………山科　哲　84

第Ⅱ章　モノの流通経路と分布圏の形成 …………………………… 89

　1　ヒスイとコハク――翠と紅が織りなす社会関係―― ……………栗島義明　91
　　大珠とは　91／広域分布の実態　93／分布形成の背景　95／遺跡内
　　分布の地域的格差　97／琥珀製品との整合性　99／ヒスイとコハク
　　の相似点　101／威信財が織りなす社会関係　102／まとめ　104

　2　製塩土器の生産と資源流通
　　　　――関東地方における土器製塩の再検討―― ………………阿部芳郎　107

土器製塩址を中心とした交易・流通論の展開　107／製塩土器の技術　109／東京湾沿岸の製塩土器出土遺跡の実態　113／製塩土器の生産と流通　116

　コラム　内陸における製塩土器の出土事例
　　　　―入間川流域を中心として―……………………宮内慶介　123

第Ⅲ章　土器の移動と社会…………………………………………　129

　1　胎土分析からみた土器の産地と移動………………………河西　学　131
　考古学的手法と胎土分析　131／土器薄片を用いた岩石学的胎土分析の実際　133／土器の原料産地推定のための比較対象　137／土器の原料産地の推定　141／土器の製作地の推定　143／縄文中期の曽利式土器の生産と移動　144／縄文前期の諸磯式の事例　146／縄文後期の堀之内2式期の事例　148／縄文後期の加曽利B式の事例　150／おわりに　153

　2　浮線文土器の型式変化と地域間関係………………………中沢道彦　157
　浮線文土器の型式変化　157／浮線文土器精製浅鉢の広域的変化について　163／最後に―浮線文土器精製浅鉢の終焉―　167

　コラム　磨製石斧の埋納と儀礼・消費
　　　　―山梨県上中丸遺跡―……………………………篠原　武　172

第Ⅳ章　集団の移動と軌跡…………………………………………　177

　1　縄文草創期の石材利用と石器組成
　　　　―石鏃出現期における黒曜石の利用―……………栗島義明　179
　隆起線文以前の石材利用　180／隆起線文段階の石材利用　184／隆起線文以後の石材利用　187／草創期における黒曜石利用形態　195／まとめ　205

　2　先史人類の移動形態と洞穴居住……………………………藤山龍造　207
　問題の所在　207／日本列島における洞穴生活のはじまり　208／先史人類の移動形態　212／縄文時代初頭の移動形態と洞穴生活　214／

収　束　225

3　縄文早期における遊動的狩猟集団の拡散と回帰 …………阿部芳郎　233
　　縄文時代早期の石鏃と弓矢猟　233／石鏃の形態的特徴と地域差　235／
　　遠隔地における中部系押型文土器と黒曜石製石器群の出土　237／原石
　　携行としての資産拡散―仮説の検証と黒曜石原産地推定分析―　244／遊
　　動的狩猟集団の拡散と回帰　248／おわりに―黒曜石製遺物の分布をど
　　うとらえるか―　251

　コラム　内陸地域における貝製品の流通
　　　　　―栃原岩陰遺跡の場合― ……………………………藤森英二　254

あとがき ……………………………………………………………阿部芳郎　261
執筆者紹介 ……………………………………………………………………　262

序　章　移動と流通の縄文社会史

　考古学は物質資料を研究の対象とすることが多いため、これまで個々の資料の存在由来を明らかにする研究が盛んにおこなわれてきた。
　とくに石器石材のように、直接の産地が特定される場合、産地から遠くはなれた遺跡から出土するそれらの遺物の在り方は、産地と遺跡を結ぶ広域な空間を巻き込む議論を可能とするだけに、社会構造の解明に魅力的な奥行きを用意してきた。
　本書では、石器石材や土器などの原料とその産地や、遺跡形成に関わる行動論に着目し、それを切り口にして縄文社会の構造を垣間見ようとしたものであるが、とりわけ注意を払ったのは、遺跡におけるモノの存在形態と空間的な移動の背景である。縄文時代の研究にあって、黒曜石やアスファルトやヒスイといった資源の流通や交易といった議論は古くから研究の蓄積があり良く知られるところでもある。「物々交換」や「交易」・「流通」といった用語は、高度に発達した狩猟採集社会である縄文文化の特質を説明してきた。また、モノの広域な移動の背景にこうした視点は欠かせない。しかし、考古学が対象にする過去の痕跡の中で、モノが移動する背景には、需要と供給という社会的要求によりもたらされた2者間を移動する場合だけではないことは容易に推測し得る。また2者間の移動であったとしても、それに加担した集団とは一体どのような性質をもつのか。実は理化学的な手法によって産地が判別可能な黒曜石などの流通論であっても、こうした点について、具体的な手続きを踏んだ研究事例が未だに少ないのが実情ではないか。
　本書では、「移動」や「流通」としてわれわれがこれまで認識してきた現象について、その実態と歴史的な意義を解明するために、まず遺跡におけるモノの存在形態について着目した。遺跡とは人間活動の痕跡が時間的に累積している空間である。モノの存在形態とその背景を明らかにするためには、こうした議論にとって一見すると遠回りに見えるかもしれないが、その累積の経過を明

らかにすることが基本であろう。
　第Ⅰ章は石器石材としての黒曜石の資源利用の実態について、産地側と消費地側の両面の研究から構成されている。山科哲の論文は、中部高地の黒曜石原産地として著名な鷹山遺跡群の分析成果である。黒曜石採掘をめぐる議論として立論され、原産地周囲においても時間的、空間的に多様な利用形態が存在したことが指摘されている。
　これに対して、堀越正行は消費地側からの実態解明を試みる。とくに黒曜石原産地から遠く離れた千葉県域では、陸路と水路による流通の形態が想定されるが、遺跡から出土した黒曜石の産地構成は、時期的な変化が認められるとともに、複数の産地から構成される場合が常態である。産地と消費地を結ぶ糸が複雑に絡み合う事実を暗示している。しかもその絡み合い方は無秩序ではないらしい。
　消費地には消費地の生業活動とそれに伴う資源利用があった。この点が主体的に説明され、原産地（供給）側の動態とどのようにリンクするのか、興味深い問題である。しかし、そのためには石器自体の研究がより深められることが重要な前提としてある。
　須賀博子と奈良忠寿は、これら遠隔地遺跡の内部における石器群の視覚的な「まとまり」が、どのような経過で形成されたものなのかという認識に視点をおいた詳細な事例を報告している。この議論が石材研究の定点になる基礎的な手続きではないだろうか。遺跡全体の石器群を一括する場合と廃棄や遺棄の単位を扱う場合とでは、意味するものが異なるのは自明である。
　つまるところ、遺跡における遺構内遺物の認識と遺跡の調査方法に起因する問題であり、すでに指摘した縄文の石器群研究における現実的な課題でもある。「まとまり」をもった資料群の来歴を読み解くことができるのは、遺跡の内部での存在状態の記録と分析以外にはない。これまで土器型式論において盛んに議論されてきた、「一括性」に関わるモノの集積の過程を辿る手続きが重要である。
　流通論の中で取り上げられてきた現象の1つに分布論がある。遺跡から出土する量の多寡と空間的な広がりを示した図は、多くの遺物研究においてこれまで作成されてきた。
　第Ⅱ章では、この分布の意味について検討した事例を紹介した。
　栗島義明は威信財としての性質をもつヒスイとコハクの大珠を取り上げて、流通論を展開する。それによれば、威信財としての性格をもつ大珠は同心円的な拡散的流通ではなく、線的なルートが存在したことを描き出すことに成功している。そして、遺跡における大珠の出土状態の検討から、翡翠製や琥珀製の

大珠の威信財としての意味は一元的なものではなく、各地において相応の価値体系が存在したことに言及した。

食資源の流通はどうだろうか。阿部は関東地方の後晩期の土器製塩をこれまで製塩遺跡が発見されている霞ヶ浦西南部を中心に描かれてきた「中心と周縁の図式」を議論の前提として、これまでとは逆に「周縁」から、「中心」の実態を検証しようと試みた。

その結果、これまでの霞ヶ浦沿岸を中心とした一元論とは異なる、多元的な土器製塩の実態が浮かび上がってきた。コラムの中で宮内慶介が取り上げた埼玉県域における内陸部からの製塩土器の出土は、今後の議論の展開の上では、欠かせない資料である。流通論という範囲で括られてきた遺物研究において、このような議論の形態は、おそらく今後も多く必要となってくるに違いない。また、食資源としての塩の問題については、塩だけを取り出して議論するのではなく、他の食資源との関連を含めて食文化論的な視点からも議論を続けるべき重要課題であろう。

第Ⅲ章では土器の製作や移動・流通に関する議論をまとめている。土器の製作者の同定や流通の研究において、胎土分析による分析成果をどのように読み取るのかという議論は、主に文化財化学の分野で分析方法に関する議論が展開を見せる。しかしその一方で、型式学的な観点からの土器研究の成果が融合した研究がきわめて少ない。

土器の産地推定も複数の方法があるが、河西学は土器の剥片を製作し、胎土中の岩石鉱物の同定を基礎的な作業として、河川砂との類似度から土器の産地を推定する。この方法によれば、焼き上げられた土器が広域に流通する時期や地域を明らかにできるという。

これらのモノとしての縄文土器の流通と、土器型式という土器作りの約束事の枠組みとの関係理解が深められれば、型式構造の差異または土器の生産と流通に関する議論も深化できるであろう。また、その一方で、考古学者が日常的に用いる「産地」と、縄文土器の胎土分析が導く「産地」または「在地」が、かならずしも一致した現象・空間・歴史性を照らし出しているわけではないという事実も、区別しておかなければならない重要な前提だ。

土器型式論において器種と土器製作の問題を扱った中沢道彦は、晩期の浮線文土器の型式変化と地域間の関係を追及する。当該期に指摘される中部高地の土器群の関東への影響の背後に、型式編年論を止揚して土器製作の場面からの検討を加え、実態の複雑性を垣間見させた。中沢の議論はこれまで縄文土器の研究において、意識と興味がもたれてきたものの、なかなか立ち入ることができない領域にあった問題である。

器種ごとに影響関係や類似度が異なる縄文土器の型式は、決して珍しいわけではなく、むしろ土器型式という枠組み自体が本来的にそなえた性質とさえいえるであろう。時間的な単位としての土器型式から歴史的な実態を解明するヒトを照射する土器型式研究へと、着実に歩みは進められてきたが、中沢の分析はその視点を意識したものといえる。

　第Ⅳ章は、縄文時代初頭を中心的な時期として取り上げた居住形態や行動論に関わる研究である。

　栗島義明は草創期の隆起線文期と爪形文期のあいだに、石器組成と連動した石材消費の在り方を読み取り、定住化へ向けての過程を詳述する。爪形文期に発見例が多い、土坑などの地下施設の出現や定住化への傾斜など、遺跡形成においても縄文化への過程が垣間見られる。

　藤山龍造は山岳地帯における洞窟利用と、それをとりまく行動論を展開し、隆起線文期における洞窟利用の活発化を指摘している。ここでは個別遺跡に限定した議論から開地遺跡との関係を配視した遺跡群のモデル化がはかられている。

　それでは行動論的な視点からみた場合、定住化の進行した早期ではどうであろうか。阿部は関東地方と中部地方にかけて広域に移動し、ふたたび故地へと回帰する狩猟集団の輪郭を描いた。関東地方の早期の沈線文期において、中部地方の押型文土器やそれにともなう黒曜石製の局部磨製石鏃が出土することは、古くから指摘されてきた。

　これまで、これらの事象は主に両地域間の土器型式の編年に利用されてきたものの、その実像について具体的に検討されたことは少なかった。遺跡における土器や石器の出土状態や黒曜石の産地推定の結果から、弓矢と黒曜石、そして故地の土器を携えた遊動的な集団が存在したと推定したが、定住的な社会が成立したと考えられてきた縄文早期において、こうした集団の広域移動をどのように考えるべきか、検討を続ける必要がある。

　わたしたちはこうした問題意識を携えて、栃木県の山岳地帯で広域な範囲からの遺物が共存している遺跡の調査を実施した。ここで提示した課題は、近い将来この遺跡の研究を通して再論してみたい。

　本書で扱った現象は、はからずも、定住化というキーワードに従って、時系列に沿った直線的な発展史観として説明できるものばかりではなかった。その背景には、時期や地域毎に多様な社会が存在したことを示すことができた。この点が重要な成果ではないだろうか。

　これら一連の成果を前にしてみると、これまでの分布論や流通論では、まだ捉え切れていない、そして縄文社会を特徴づける行為が埋没している事実が見

えてくる。

　物質資料には必ず産地がある。そしてその産地から遠く離れた遺跡で、さまざまな遺物が出土するのは常態である。しかし、遠隔地に産地が求められるから流通や交換関係が存在したと安易に結論づけることは、きわめて危険であることを示したものといえる。

　かつて鳥居龍蔵が信州の黒曜石の産出地とその周辺地域の遺跡から出土する黒曜石製遺物の在り方から想定した、先史時代における黒曜石流通モデルは、学史的にみても興味深い。鳥居は各地から出土した石鏃などの石材に黒曜石が多く用いられている事実に着目し、黒曜石の産地と消費地の関係を想起し、今日においても共通の受け皿を形成している。本書では、モノや情報、そしてヒトの空間的な移動の実態からその時代背景に踏み込んだ研究事例を紹介するが、その目的は、分布や移動軌跡の内実に含まれた人類社会の多様な実像の読み取りにある。

　近年では黒曜石の岩石化学的な研究が進み、日本全国の黒曜石の産地推定にかかわる基礎的なデータが集められつつある。遺跡から出土した1片の黒曜石も蛍光X線による微量元素の組成を測定することにより、かなりの精度でその産地を特定する段階にまで到達している。

　しかし、理化学的手法で原産地は判明しても、それらが空間を移動して遺跡に持ち込まれた具体的な行為や、その背景を読み取る方法論は、充分に鍛え上げられているとは言い難い。黒曜石の産地推定が推進される反面、分析試料としての石器の器種や出土状態などが整備されていない基礎報告事例を目にすることも少なくない。これはこの方面の議論の内実を反映した、きわめて危惧すべき状況である。ただ闇雲に分析点数だけを増やしてみても、推測の客観性が高まるわけではない。それらがどのように出土したものか、また道具であるのか、石器作りの残滓であるのか、個体別の判定と観察により結論は大きく異なってくるし、分析点数の来歴がわからなくては、統計的な処理も信頼値が低下する。これは考古学側の、常識であろう。

　さらには海流や地理的な勾配などから安易に流通ルートを描き、単純な交易や流通論を立ち上げ、実際の遺跡分布や遺跡の構造分析などの基礎的な検証を経ないままで結論だけを一人歩きさせるのは、本末転倒の議論である。近年ではそうした点を配慮したいくつかの研究がはじめられつつあり、今後の展開が期待される。

　本書では、資源の移動または流通・拡散というキーワードから黒曜石などの自然資源だけでなく、土器の文様や器種、塩や威信財としての大珠などのモノや、遺跡そのものの形成にかかわる活動痕跡と人間活動のあり様から縄文時代

社会の特質を描こうと試みたものである。
　物質資料の材質に着目した研究は多いものの、「産地」という概念や、個々のモノの流通・移動の背景は、縄文時代といえども、決して単純な様相を示さない。そのために産地から移動先までを単純に直線的な矢印で結ぶだけでは、人類活動の歴史的実態を解明したとはいえない。
　むしろ、関連理化学の研究と連携して、この課題に取り組むさまざまな議論の展開の中に、多視点的に縄文社会を探求する機運が生まれてくるに違いない。

第Ⅰ章　石器石材の流通と社会

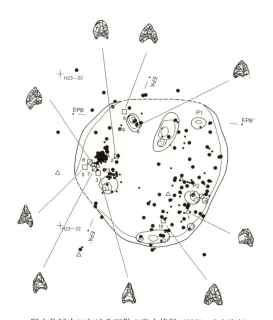

竪穴住居内における石鏃の出土状況（須賀・奈良論文）

1　霧ヶ峰黒曜石原産地における黒曜石採掘と流通

山科　哲

はじめに

　珪酸分の多いマグマが急冷して生成する黒曜石は、天然のガラスであり、旧石器時代と縄文時代を通じて石器作りに最も好まれた石材の代表例である。現在のところ、日本国内で黒曜石が採取可能な場所は160箇所ほど確認されているが（明治大学古文化財研究所編 2009）、それら160箇所が等しく旧石器時代や縄文時代に利用されたというわけではない。北海道の白滝や置戸、伊豆諸島の神津島、長野県霧ヶ峰一帯、佐賀県の腰岳などの産地は、ほかの産地に比べて広範囲で確認できることから、旧石器時代や縄文時代に特に好まれた産地の代表例と言える。

　このうちでも、霧ヶ峰一帯の黒曜石原産地には、縄文時代に地下に埋まっている黒曜石の「鉱脈」を採掘した痕跡を持つものが複数あり、際立った特徴を持つ黒曜石原産地である。採掘という土木作業をしてまでも黒曜石を入手していたということは、それだけ縄文時代の人々が黒曜石を希求していたことの表われであり、考古学的には黒曜石原産地への人類の直接的な働きかけが観察できる点で興味深い。

1　霧ヶ峰一帯の黒曜石原産地と広がり

（1）霧ヶ峰一帯の黒曜石原産地とその産状

　諏訪湖北岸に広がる霧ヶ峰一帯、特に中山道で一番の難所として知られる和田峠周辺に黒曜石の原産地があることは、すでに江戸時代から知られていた。天保5年（1834）に井出道貞が著したという「信州奇勝録」（刊行は明治20年（1887））や和田維四郎による明治11年刊行の「本邦金石畧誌」に原産地として和田峠などが記されているだけでなく（堤 2002）、大正13年（1924）に刊行された『諏訪史』第1巻にも同様に和田峠などの地名が挙げられ、古くから知られる、という旨の記載がある（鳥居 1924）。なお、この大正13年刊行の『諏訪史』第1巻刊行に関わった鳥居龍蔵は、実際に現在星ヶ塔と認識している地を

踏査したが、霧ヶ峰一帯における考古学的な黒曜石原産地の調査は、これが初めてであると評価できるだろうし（高見 1998、宮坂・田中 2001）、同時にこの霧ヶ峰一帯で産出する黒曜石がどこまで広がっているのか、という点についても想定図を示している。まさしく今日まで連なる考古学的な黒曜石研究の端緒と言える。

　さて、近年の調査で、霧ヶ峰、和田峠、そして八ヶ岳周辺も含めると、おおよそ15箇所の原産地が認定できる（和田村教育委員会 1993、長野県教育委員会 1997、杉原・小林 2004）。採取可能な場所をより細かく拾い上げると、さらにこの数は増える。およそ半径10km圏内にこれらの採取可能地が分布する（図1）。

　これらの原産地のなかで、発掘調査や分布調査によって、採掘址を伴う原産地と考えられるものは下諏訪町星ヶ塔・星ヶ台・東俣、長和町土屋沢（図1では土屋橋と記載）・星糞峠の5つである。発掘調査によって採掘址であることが確認されたのは、星ヶ塔、東俣、星糞峠の3つであり、星ヶ台と土屋沢は地表面に散乱する多量の黒曜石とクレーター状に凹んでいる地形の存在が、発掘された3つの原産地と酷似した特徴であることから、その可能性が極めて高いと捉えられた原産地である。

　採掘遺跡を持つこれらの原産地の黒曜石の産状についてみると、星糞峠と星ヶ台（C地点）は火砕流の可能性があり、星ヶ塔は岩脈、東俣は崖錐性堆積物（二次産地）のようである。土屋沢の詳細についてはわかっていない[1]。星ヶ塔は岩脈であるものの、地表面上に露出しているわけではなく、地下に埋没しているという状況は火砕流起源と思われる星糞峠や星ヶ台、崖錐性堆積物の東俣と同様である（宮坂・田中 2001、宮坂 2006、杉原・小林 2004、杉原・檀原 2007）。

　これに対し、小深沢や東餅屋、冷山といった原産地では、火道や溶岩流起源と思われる巨大な黒曜石の露頭が確認されている。採掘の痕跡は今のところ未確認で、今後の調査により採掘の痕跡が発見される可能性は否定できない。しかし、星糞峠などをはじめとする採掘痕跡が確認された原産地とは黒曜石の産状が異なっており、産状の違いに応じて黒曜石入手方法が違っていた、と言ってよいであろう。

（2）黒曜石の産地推定分析と信州系黒曜石

　そうした産状の違いはあるものの、近年広く実施されるようになってきた黒曜石資料の産地推定分析を参照しながら、この霧ヶ峰一帯（信州系）の黒曜石の利用状況を簡単に確認しておこう。産地推定分析の事例が多数ある関東地方について、手元にある複数遺跡の出土資料を扱ったレポートやレビューを参考にすると、時期ごとや地域ごと、あるいは遺跡ごとに判別群の構成が異なる場合もあるが、信州系と神津島系が2大グループで、これに高原山系、伊豆・箱

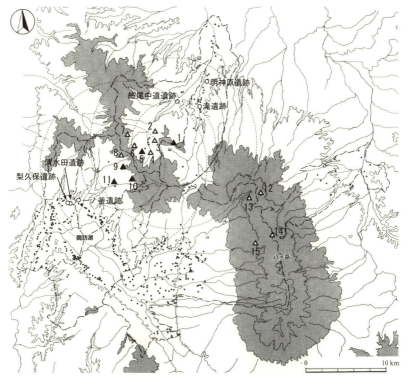

図1　霧ヶ峰一帯の主な黒曜石原産地と遺跡分布
1：星糞峠　2：高松沢　3：牧ヶ沢　4：ブドウ沢　5：土屋橋　6：東餅屋　7：小深沢　8：丁字御領（和田峠西）　9：星ヶ塔　10：星ヶ台　11：東俣　12：双子池　13：擂鉢山　14：麦草峠　15：冷山
▲は採掘址を持つ原産地、△は採掘址が未確認の原産地、●は縄文時代中期の遺跡
等高線は500m間隔、網掛けは標高1500m以上。
点線の円は星糞峠と星ヶ塔から半径5km、10kmを示す。
（中部高地研究グループ・山科2006第7図をもとに作成）

根系の判別群がわずかに加わるといった全体的な傾向が確認できる（青沼ほか2001、池谷2008・2009、上野・望月2006、加藤1996、門内2001、大工原2002・2006、建石・二宮2003、明治大学古文化財研究所編2009など）。つまり、信州系黒曜石は地形的に区切られた遠距離にある遺跡で出土すること、それもある場合には相当な量で出土していることがはっきりと捉えられるのである。

最も遠方までもたらされた事例としては、青森県三内丸山遺跡が筆頭である（藁科1998・2000・2005、齋藤2007、杉原・金成2009）。しかも三内丸山遺跡出土

資料で興味深いのは、黒曜石資料全体の場合では遺跡近傍の深浦や出来島群に判別される資料が多数を占めるのに対し、石鏃に限定した場合ではそうした遺跡近傍の判別群と、信州系の判別群とがほぼ同数になることである。比較しようもない距離の差があるなかで、ほぼ同数の石鏃を持つこと自体、何やら実用品としての意味を超えた存在であったようにも感じられるが、人力と舟以外に運搬手段を持っていない状況下で、このような遠距離におよぶ黒曜石のうごきには改めて驚かされる。関東地方をはじめとして、霧ヶ峰一帯から地形的に区切られた遠方への黒曜石供給はいかにして達成されたのであろうか。

　先に紹介した鳥居龍蔵のみならず、鳥居の調査に同行した八幡一郎にはじまり、黒曜石を巡る研究の意義とはまさにこの点に尽きるといっても過言ではなく、この問題への関心は今日まで途切れることなく継続してきた（鳥居 1924、八幡 1938）。近年では、黒曜石利用度が高まる前期における中心地再分配モデル（金山 1993）や、前期諸磯b式新段階〜中期初頭においては広域遊動する交易専業集団によって各地への黒曜石供給が達成されたとするモデル（大工原 2002）といった刺激的な仮説の提示や、等値線あるいはGISを利用したルート検索の試み（柴田・山本 2000、柴田 2002、建石・津村 2003）もなされている。

　そもそも黒曜石の安定供給は、黒曜石の安定した入手があってはじめて達成されるものである。この点で、冒頭で触れたように、霧ヶ峰一帯の原産地に採掘痕跡のある原産地が複数存在することは、人々が黒曜石の安定入手のために直接原産地に働きかけた結果であり、そこから多くの情報を引き出せるはずである。加えて、黒曜石原産地を有する霧ヶ峰の麓の諏訪湖盆地には、ある一定のサイズの黒曜石原石が一まとまりになって出土する遺跡も複数確認できる。それは八ヶ岳山麓にも確認できるし、塩尻峠を越えて松本平南部にまで広がる（長崎 1984）。このような採掘遺跡と黒曜石原石をストックしていた遺跡は、当然黒曜石の供給に関与していると予測できる。

　産地推定分析は「行き先」の議論には強力な武器であるが、「どのようにして」という議論をするには、原産地はもちろん、原産地と「行き先」の途上にある遺跡から出土した資料に対する考古学的な資料操作が求められる（小野 1975）。また、小杉康が指摘するように、「産出地外郭帯」とされた原産地近傍の遺跡は、地理的には日常的に黒曜石原産地にアクセスできる環境にあるから（小杉 1995・2008、山科 2007）、そのような遺跡に居住していた人々が、黒曜石原産地の開発（採掘）・管理を行っていた可能性もまた十分に想定できる。この点は、大工原が説く交易専業者集団による広域流通モデルにおいても、採掘・選別・保管管理に携わった、として管理者集団の存在が述べられたが（大工原 2002）、産地推定分析の結果に加えて、原産地近傍の集落遺跡から出土し

た黒曜石資料を操作することで、原産地で入手獲得した原石の各地への供給のしくみを議論する材料を得ることができるはずである。

また、前期末から中期にかけては、霧ヶ峰山麓の遺跡数は膨大である（中部高地研究グループ・山科 2006）。これらの原産地近傍の遺跡間でも、黒曜石の受給関係があったと思われるが、その受給関係が具体的にどのようなものであったのかについて論じることは、小杉の指摘にあるとおり、原産地近傍の居住者がいかにして原産地の運営管理をしていたか、という疑問へのカギとなる。

そこで、まずは採掘現場で何がなされていたのか、採掘遺跡の調査成果から考えてみたい。

2　黒曜石の採掘と採掘された原石の選別

縄文時代の黒曜石採掘址については、1959年に星ヶ塔原産地において、藤森栄一と中村龍雄が行った調査が最初の発掘事例である（藤森・中村 1962）。この調査では縄文時代晩期の土器が出土し、晩期における集落遺跡の分布傾向を踏まえ、採掘という入手方法が採用された理由として、原産地遺跡と集落遺跡との距離が変化したという推論を示した。

その後、数十年経過して、星糞峠や東俣、星ヶ塔原産地で、縄文時代の採掘址の調査が行われ、採掘時期などについて新たな知見を得ている。星糞峠原産地では、後述する第1号採掘址の調査が1991年にはじまり、後期加曽利B1式土器の時期の採掘址であることが確認されたほか（鷹山遺跡群調査団編 1999）、星糞峠鞍部でも採掘址が確認され、縄文時代草創期後半の可能性が示されている（鷹山遺跡群調査団編 2000）。東俣原産地でも1990年代前半から調査が行われ、二次堆積の黒曜石原石包含層を対象とした前期末の採掘址を確認している（宮坂・田中 2001）。星ヶ塔原産地でも1997年以降調査が行われ、前期末の採掘址と晩期の岩脈採掘痕跡が確認されている（宮坂・田中 2001・2008）。

こうした採掘址はどのような遺跡なのか。「地下に埋まっている黒曜石を採掘した」、と言葉にするのは簡単であるが、「採掘」という行為を考古学的に認定するのはそれほど簡単なことではない。星糞峠第1号採掘址を例にして、この点から触れていきたい。

（1）星糞峠黒曜石原産地遺跡第1号採掘址における黒曜石の採掘

星糞峠は、東に虫倉山、西に高松山が広がる峠で、旧石器時代から縄文時代の遺跡が広がる鷹山盆地の北側の玄関口とも言える。峠鞍部の地表面には膨大な量の黒曜石が散布しており、それは虫倉山の斜面へと広がっている（図2）。虫倉山の斜面には、複数の直径5～10m程度のクレーター状の地形があり、場所によっては雛壇状とも言えるほど起伏が激しく連続する。星糞峠の地表面に

黒曜石が散布することは1970年代末から1980年代にかけて複数の調査団体により確認されてきたが、1991年の分布調査によって、虫倉山斜面へ黒曜石の散布が広がっていることとあわせて、このようなクレーター状の地形の存在がクローズアップされた。
　そこで、これらクレーター状地形のうちで最も目立っていたひとつ、すなわち現在第1号採掘址と呼称するクレーター状地形を実際に発掘した。発掘は1991年、1992年、1994年の3ヵ年にわたったが、このクレーター状地形の地下に、次のような特徴が確認できた（鷹山遺跡群調査団編 1999・2000）。
　まず、山体の傾斜とは逆方向に傾いて土層が堆積していること、そしてそれらの堆積土層を見ると、黒色、褐色、白色といった多様な色調の土層で、かつ小規模なレンズ状で交互に堆積しているという特徴が挙げられる（図3）。こうした堆積状況は、自然の土層堆積とは考えにくいと判断した。
　さらに、そうした土層のなかには、水の作用で堆積した砂層や縞模様の粘土層も確認できた。そうした水成堆積物があるのは直下に不透水性の粘土層があるからだが、問題はそれら水成堆積物の堆積状況である。図4に示したように、第1号採掘址のクレーターの凹み中央部地下における堆積土層は、60を越える。この中で、層No.45・47・50は水成堆積物であるにも関わらず、同じ水成堆積物の層No.11～16や層No.21と異なり、堆積の端（右端）が薄くならずに厚さ数cm～数十cmのまま途切れ、堆積の傾きがまったく異なる層No.35や層No.38が隣接している。同様に、粘土質の土層である層No.46・48・49も図4の右側へは延長せずに数十cmの厚さを持ったまま途切れていることが確認できる[2]。これに加え、やはり水成堆積土層である層No. 7 ～ 8 "、11～16、19～21、24～26は、水平ではなく両端が高く中央が低いというような椀状に堆積している。こうした水成堆積土層の特徴から、層No.45～50などを断ち切るような状況があったことと、底部直径2m程度、開口部直径3m程度の穴があったことが想定できる。つまり、図4左側にある層No.44～54までの土層を掘り込んだ穴があったのであり、その穴を順次埋めていった土層が層No. 1 ～43と言える。そして穴の底は黒曜石原石を含む白色粘土層に到達しているのである。
　このような、自然の堆積とは思えない各種土層堆積や水成堆積土層の状況、穴の最深部は黒曜石を含む白色粘土層に届いていることから、地下に埋まる黒曜石を獲得するために掘り込んだ穴＝採掘の痕跡、と捉えたのである。調査団では、図4に見られるようなひとつの穴を「竪坑」と呼ぶ。
　では、それはいつのことなのか。この疑問に対する手がかりももちろん第1号採掘址から得られている（図5）。第1号採掘址の発掘区からは、縄文時代草創期後半の多縄文系土器群、早期後半の鵜ヶ島台式土器、後期中葉の加曽利

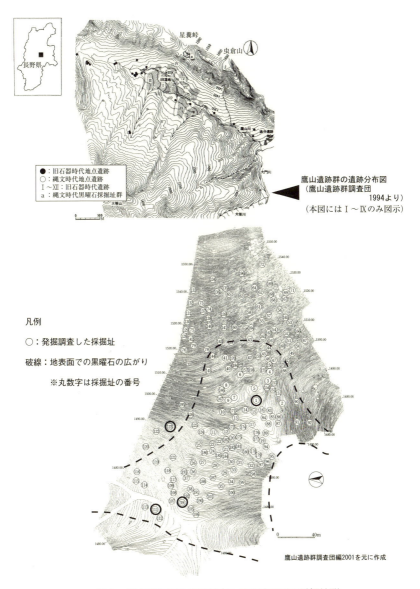

図2　鷹山遺跡群の遺跡分布と星糞峠黒曜石採掘址群

黒耀石体験ミュージアムから虫倉山・星糞峠を眺める。二つのコブ（楕円で囲んだ範囲）の背後に採掘址群が広がる。

第10号採掘址。クレーター状に凹んでいる様子がよくわかる。

第1号採掘址の調査区。地表面の凹凸がよくわかる。写真右方向が虫倉山の山頂へ向かう斜面上方である。

第1号採掘址の調査区西壁北半分の土層堆積の様子。地表面がクレーター状に凹んでいる真下は土層も椀状に堆積している。一方、写真右方向では、地表面の傾斜とは異なる傾斜を見せて堆積している。

第1号採掘址の「堅坑」。深さは現地表面から2.5〜3mの間ほどである。相当な重労働であったことを思わせる深さだ。

鉱床と考えている白色粘土には、このように黒曜石原石が密集して包含されている箇所もある。

図3　星糞峠黒曜石採掘址と第1号採掘址

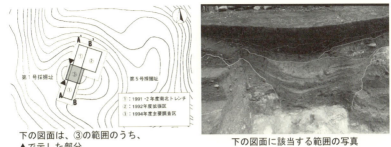

下の図面は、③の範囲のうち、▲で示した部分

下の図面に該当する範囲の写真

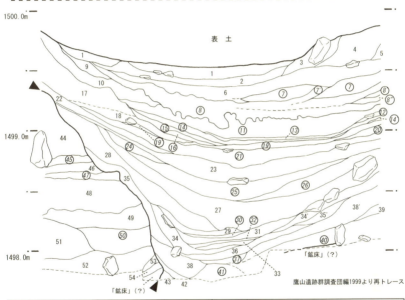

区分	細分	対応土層No.
崩落土または採掘排土	黒色〜暗褐色系土層	1・10・17・18・22・23・27・31・33・34・35'・36・38・38'・39・51
	黄褐色〜明褐色系土層	2・3・4・5・6・28・35・52・53
	採掘で遊離した白色粘土ブロックを含む土層	9・29・34'・44・46・48・49
ラミナ状堆積物	砂質	7・7'・8'・8''・14・16・20・26・(41)・47
	粘土質	8・11・13・19'・21・25・30・32・37・45
	砂と粘土の混合	12・15・19・24・(40)・50
その他	灰色粘土層	42・43
	橙〜褐色の土層	54

▶━━━◀ 掘り込みライン

図4 第1号採掘址の土層堆積測量図（鷹山遺跡群調査団編 1999、山科 2008より）

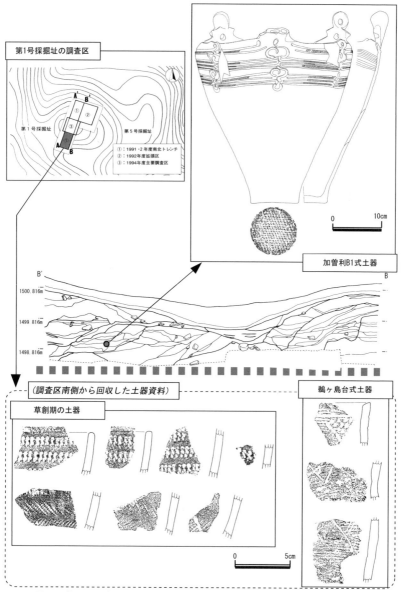

図5　第1号採掘址から出土した土器資料（鷹山遺跡群調査団編 1999より）

B1式土器という3つの異なる時期に帰属する土器が出土した。このうち、出土位置をはっきりと捉えることができたのは加曽利B1式土器のみで、図5に示した精製の深鉢が、採掘された後に廃棄された白色粘土から出土したほか、器体復元まで至らない深鉢や浅鉢破片も図4に示した「竪坑」を埋める土層などから出土している。したがって、図4に示した「竪坑」は、最も古くてもこの加曽利B1式の段階のもので、あるいはそれよりも新しい時期に該当する可能性がある（本稿ではひとまず加曽利B1式段階としておく）。

これに対し、多縄文系土器群と鵜ヶ島台式土器は、調査区南側において、発掘区の崩落土から回収された資料であり、厳密な出土位置は不明であるが、それぞれの時期に第1号採掘址周辺で何らかの活動を行った可能性を示す資料である。採掘活動を行ったのかどうかは今後の調査で慎重に検討していくべき課題である[3]。もちろん、それぞれの時期における採掘活動を具体的に論じられるだけの状況を捉えることができるかどうかは未知数で、加曽利B1式段階以降の採掘行為によって上書きされて痕跡がすべてかき消されている可能性も考えられる。とはいえ、採掘活動のはじまりに関する情報であり、注目すべき資料である。

（2）採掘された黒曜石の選別と石器製作

ところで、図4の層No.7～8"、11～16、19～21、24～26といった水成堆積土層は、採掘の後、埋まりきらない「竪坑」に流れ込んだと考えられる。また層No.23や27は水成堆積層ではないが、直下の水成堆積土層に乱れがなく「竪坑」の両端まで堆積範囲が及ぶことから、ある程度の時間をかけて、やはり埋まりきらない「竪坑」に崩落した土層と考えられる。つまり、水成堆積土層や層No.23や27は自然に「竪坑」内に堆積した土層であるのだが、実はこうした土層にも、採掘排土と同じように黒曜石資料が含まれている。

採掘排土には、先行する生産活動（石器製作活動や採掘活動）に由来する黒曜石資料がそもそも含まれているが、水成堆積土層や崩落して堆積した可能性のある土層に含まれる黒曜石資料は、「竪坑」の周囲から流れ込んできたものであるから、選別の結果不要として捨てられた黒曜石原石や、採掘に伴う石器製作活動（または採掘に先行する時期に行われた、第1号採掘址周辺での石器製作活動）を反映した資料である。つまり、これらから、集落へ持ち帰った原石の基準などの情報を引き出せる。そこで、採掘対象と考えている白色粘土（鉱床）の黒曜石原石と、層No.27から出土した原石のサイズを比較してみることにしよう。計測数は、鉱床の黒曜石原石51点と層No.27から出土した原石986点である（図6）。

平均値を比較すると、鉱床の原石が長さ、幅、厚さ、重量のすべてにおいて

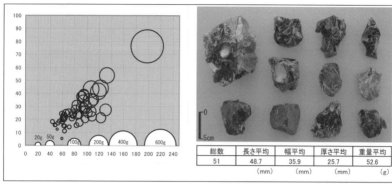

「鉱床」回収の原石

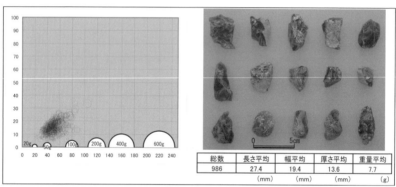

層No.27 出土原石

図6　鉱床に含まれている黒曜石原石と「竪坑」覆土（層No. 27）出土黒曜石原石サイズ比較
グラフの横軸は、「長さ＋幅」、縦軸は「厚さ」（単位はどちらも㎜）。本文でも触れているように、横軸80㎜、縦軸30㎜を境に、きれいに二分される。その境を基準に重量を比較すると、だいたい40～50ｇが重量の基準値になる。

圧倒することがわかる。さらに、長さ＋幅を横軸に、厚さを縦軸にし、重量を円の大きさで示した散布図を見ると、長さ＋幅で80㎜、厚さで30㎜を境として、それぞれくっきりと分布が異なっており、両者の違いは一層際立つ。そして、この長さ＋幅＝80㎜、厚さ30㎜程度の原石の重量は40～50ｇ程度であるが、それよりも小さい原石は当然のことながら40ｇよりも軽いことも指摘できる。

　繰り返しになるが、層No.27に含まれる黒曜石資料は、採掘の後の選別作業や石器製作作業を経て、不要品として「竪坑」の周りに廃棄されたものが流れ込んだものである。したがって、不要な原石のサイズの基準は、長さ＋幅＝

20　第Ⅰ章　石器石材の流通と社会

80mm前後、厚さ＝30mm前後、重量で40～50ｇ程度以下、と考えてよい。長さと幅それぞれの最低限のサイズも、厚さ＝30mm前後から類推して、互いに30mm程度だと考えられる。

このように、星糞峠での生産活動は、黒曜石原石の採掘だけでなく、選別という作業も当然のごとく行われていたことが推定できる。縄文時代草創期後半の可能性がある資料群（星糞峠鞍部１号遺構出土資料）に対して行った横山真の研究においても、選別作業の存在が想定されていた（横山 2000）。ただし、横山の研究では、ある一定のサイズというよりは板状の原石が選別の対象と想定できる、というものであった。このことから、時期に応じた選別作業の具体的内容の違いを見出すこともできそうである。

次に、石器製作について考えよう。図７に水成堆積土層の一部と層No.23、27から出土した黒曜石資料を示した。組成上の特徴としては、とにかく原石が多いことに尽きる。総数比に占める割合では80％以上である。しかし、石器製作の痕跡を示している剥片類も皆無ではない。星糞峠鞍部１号遺構出土資料についての研究と比較すると、１号遺構出土資料では、剥片の背面が礫面のみの資料は剥片全体の40％を超えるのに対し、１号採掘址の水成堆積土層および層No. 23、27出土資料では、同様の資料は剥片全体の20％程度で、むしろ何らかの形で剥離面を持つ資料のほうが多いことになる。これに加えて、図７に示した剥片には、二次加工のある剥片や石鏃や石匙などの石器製作途上で生じたと思われる剥片を含んでいる。こうした特徴は、第１号採掘址周辺での石器製作が、単に採掘された原石の試し割りだけではなかった可能性を示している。

とはいえ、星糞峠鞍部の資料群との組成比の違いは重要であり、峠鞍部では石器製作の規模が相対的に大きく、石器製作工程は前半に集中しているのに対し、第１号採掘址周辺では石器製作の規模は相対的に小さく、石器製作工程は特に偏りを持たない、というような石器製作内容の違いがあると考えられる。峠鞍部の石器製作工程が前半工程に集中することについては、南佐久郡北相木村栃原岩陰遺跡、木曽郡上松町お宮の森裏遺跡や飯田市増野川子石遺跡との比較の上で導き出されているから、ほぼ間違いない。であれば、こうした違いが生じたのはなぜだろうか。今後検討する必要があるが、例えば、採掘道具のメンテナンスのために「採れたて黒曜石」を利用して石器製作を行った、あるいは加曽利B1式土器の組成や使用痕から、採掘活動以外の生産活動を行った可能性が高く、そのための石器を製作した、といった可能性が考えられる。

（３）東俣遺跡・一ノ釜遺跡・清水田遺跡から出土した原石の重量比較

黒曜石の採掘遺跡は、先に触れたように星糞峠のほかにも４遺跡が確認されている。そのうち、星ヶ塔と東俣の２遺跡で発掘調査が実施されている（宮

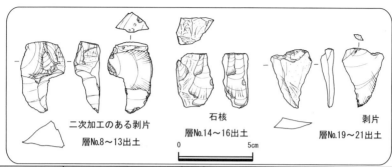

図4 層No.	原石 微細剥離なし	原石 微細剥離あり	残核	剥片 全礫面	剥片 礫面+剥離面	剥片 剥離面のみ	二次加工のある石器
24・25・26	18	1	1	1			
19・20・21	127	30	7	1	18	2	
14・14'・15・16	148	4	2		2		1
8・8'・8"・11・12・13	100	20	6	2	10	3	2

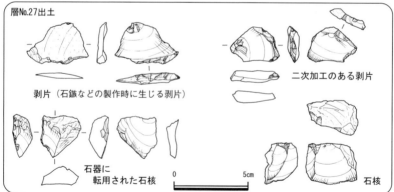

図4 層No.	原石 微細剥離なし	原石 微細剥離あり	残核	剥片 全礫面	剥片 礫面+剥離面	剥片 剥離面のみ	二次加工のある石器
27	986	149	94	23	93	19	23
23	486	81	26	10	40	4	6

図7　第1号採掘址「竪坑」覆土（層No.8～13、14～16、19～21、23、27）出土土器

22　第Ⅰ章　石器石材の流通と社会

坂・田中 2001・2008)。すでに触れたように、この2遺跡の時期は星糞峠とは異なり、前期末と晩期(晩期は星ヶ塔のみ)であることが出土土器から想定可能である。前期末の採掘は、硬玉製大珠や磨製石斧、打製石斧などの生産遺跡の出現と相前後するタイミングであり、興味深い存在であることは、宮坂の指摘するとおりである。また、かねてから注目されていた黒曜石原石の一括埋納例は、前期末から事例数が増加し、以後中期後半まで八ヶ岳山麓〜諏訪湖盆地一帯で広く確認される(長崎 1984)。こうした黒曜石原石の一括埋納例の増加する時期と採掘の時期が対応していることもまた興味深いことで、各地への黒曜石の供給と無関係ではないだろう、という(長崎 1984、金山 1993、大工原 2002・2006、宮坂・田中 2001・2008)。そしてまた、大工原は、広域流通した原石には、重量で見た場合100g以下の小形原石から2,000gを上回る超大形原石までがあるが、石鏃製作など日常消費には100g以下の原石が用いられ、それを上回る重量の原石は、主に威信財の製作や、それ自体が威信財としての性格も持つと想定している(大工原 2002)。この推論は、長野・山梨・群馬三県で検出された黒曜石の一括埋納例や超大形原石の出土例をもとにしたものであり、重量データのみではあるが、さまざまな局面で必要とされた原石サイズの多様なあり方をよく示している。

　ところで、星ヶ塔や東俣原産地から諏訪湖盆地へと下って平地が開けるところに、一ノ釜遺跡と清水田遺跡がある(図1)。どちらも前期末または中期初頭と考えられる遺跡で、黒曜石原石の一括出土が検出されている(宮坂 1990、岡谷市教育委員会編 2005)。星糞峠第1号採掘址の出土資料から原石選別の基準の見積りに加えるかたちで、東俣黒曜石採掘遺跡とこの2遺跡出土の原石とを比較してみたい。比較にあたっては、星糞峠第1号採掘址層No.27出土の原石と鉱床回収原石との比較により、重量の基準として40〜50g程度との数値を見出せたので、ここでは各遺跡の原石を40gごとに点数をカウントして検討していく。計測対象数は、東俣遺跡が原石87点、一ノ釜遺跡が第55号土坑出土の原石25点、清水田遺跡が「黒耀石集石址10」の原石62点である。各遺跡で40gごとにカウントした後、各遺跡の計測対象総数に占める割合を求め、40gごとのヒストグラムとして加算して作成したのが図8になる[4]。

　まず指摘できるのは、一ノ釜遺跡第55号土坑出土資料には40g以下の原石がなく、80gを上回る資料が多くを占めることである。一方、清水田遺跡を見ると、一ノ釜遺跡よりも相対的に小さくて軽い原石が多いことが確認できるが、それでも200gを超える相対的に大形の原石も確認できる。これに対し原産地である東俣遺跡の原石は、圧倒的に40g以下の資料が多く、東俣遺跡で計測した原石の70%も占めている。次いで多いのが80g以下の資料であり、それ以上

	東俣採掘坑覆土		一ノ釜第55号土坑		清水田「黒耀石集石址10」	
	点数	%	点数	%	点数	%
0.1～40.0g	62	71	0	0	12	19
40.1～80.0g	17	20	3	12	11	18
80.1～120.0g	4	5	5	20	14	23
120.1～160.0g	2	2	6	24	9	14
160.1～200.0g	2	2	7	28	5	8
200.1g～	0	0	4	16	11	18
合計	87	100	25	100	62	100

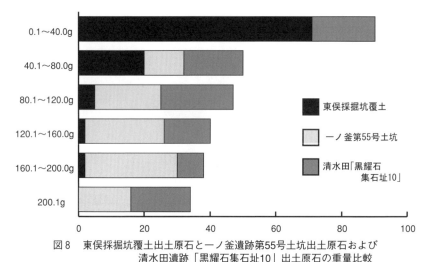

図8　東俣採掘坑覆土出土原石と一ノ釜遺跡第55号土坑出土原石および
清水田遺跡「黒耀石集石址10」出土原石の重量比較
グラフは，表の「％」の値＝東俣・一ノ釜・清水田それぞれの総数に占める度数を用いて積み上げたものである。

の重量は極端に少ない上に、重量が増すごとに順次減少、200gを超える資料はない。こうした重量構成は、一ノ釜遺跡第55号土坑出土原石や清水田遺跡「黒耀石集石址10」とは大きく異なる。この点から、一ノ釜遺跡第55号土坑出土原石と清水田遺跡「黒耀石集石址10」出土原石が仮に採掘によって獲得されたのだとすれば、40g以下の相対的に軽くて小さい原石は、選別の結果不要とされるものが多かったと考えられ、それ以上の大きさ（ここで基準を見出すならば、80g前後の重量）のものが、主に麓へと持ち帰った一群であると考えられる。

このように確認すると、黒曜石の採掘を行った場所においては、ほぼ間違いなく採掘された原石の選別を行っていたと考えられる。もちろん、先行研究で

も集落などの一括出土原石の重量比較から推論されたことではあるが、ここで提示した結果は、採掘遺跡のデータから引き出した不要として廃棄された原石を中心とした比較であるから、より明確に基準が提示できたと言えるだろう。

こうして、採掘・選別された黒曜石原石が一ノ釜遺跡や清水田遺跡等に降ろされた。そしてそうした遺跡から地形的に区切られた遠方へと供給された。一方で、図1に示したように、霧ヶ峰の麓一帯には膨大な数の遺跡が存在する。これらの遺跡における黒曜石の入手は果たしてどうなされていたのか。かつて諏訪湖盆地〜松本平南部の縄文時代前期〜中期の遺跡から出土した石器を集成したところ、一ノ釜遺跡や清水田遺跡のある長池山麓の遺跡では、長地山麓以外に分布する遺跡よりも黒曜石製石器の出土量が非常に多いことが確認できた（山科 2007）。この点で、原産地近傍の遺跡でも黒曜石の受給関係を見出せる。その具体像を描き出すには、組成に加え石器製作のあり方を比較していく必要がある。そこで、集落遺跡から出土した石器資料について考えてみたい。

3　原産地近傍の集落遺跡における黒曜石を利用した石器製作

本来であれば、この石器製作の比較検討をするにあたり、星糞峠第1号採掘址については加曽利B1式の時期、東俣や星ヶ塔については前期末〜中期初頭の遺跡を対象にすべきである。また、例えば長地山麓の遺跡と、長地山麓の遺跡よりも星ヶ塔や東俣原産地にアクセスしにくいような地理的環境にある遺跡とを比較することで議論がしやすくなると思われる。残念ながら、前期末〜中期初頭や加曽利B1式の時期で上記のような地理的差異を持ち、かつ豊富な石器資料の内容が詳細に把握できる集落遺跡に乏しい。

そこで今回は、中期後葉に該当する、星ヶ塔および東俣原産地との密接な関係が想定できる岡谷市梨久保遺跡と、その梨久保遺跡よりやや星ヶ塔や東俣原産地から遠距離にある塩尻市上木戸遺跡の比較研究を紹介する。次いで星糞峠原産地との密接な関係を想定できる大門川および松沢川流域について予察的に触れていくことにする[5]。

（1）梨久保遺跡と上木戸遺跡

岡谷市梨久保遺跡は、一ノ釜遺跡や清水田遺跡と同じく、星ヶ塔や東俣原産地から砥川沿いに下って諏訪湖盆地が開ける、長地山麓に位置する集落遺跡である。縄文時代草創期〜後期にかけて断続的に利用された遺跡で、硬玉製の大珠や琥珀製品、墓域の存在のみならず、大量の黒曜石製石器が出土している点に特徴がある。大量の黒曜石のうちには、中期中葉および後葉の住居址から出土した黒曜石原石の一括出土を含む。一方、上木戸遺跡は松本平南部の鉢伏山の山麓に位置する縄文時代中期後葉の集落遺跡である。梨久保遺跡と比較して、

星ヶ塔原産地や東俣原産地へは、直線的には複数の山地地形と谷を越えて行く必要があり、それらを迂回すると塩尻峠を越えて長地山麓から砥川沿いに遡上することになる。いずれにしろ梨久保遺跡よりはアクセスがしづらい位置関係である。なお、黒曜石原石の一括出土は検出されていない。

そのような特徴から、原石の保有量や石器製作の内容に違いがあると予測できるこの2遺跡について、曽利Ⅱ式～Ⅳ式並行の住居址から出土した黒曜石製石器群の比較を試みた（山科 2007）。比較対象は、曽利Ⅱ式並行の梨久保遺跡55号住居址および60号住居址と上木戸遺跡102号住居址、曽利Ⅲ～Ⅳ式並行の梨久保遺跡25号住居址と上木戸遺跡105号住居址である（岡谷市教育委員会 1986、唐木編 1988）。

まず、原石および石器製作の起点を示す資料といえる石核の点数を比較した。梨久保遺跡55号住居址では原石23点と石核25点、60号住居址では原石37点と石核52点が出土したのに対し、上木戸遺跡102号住居址では原石5点と石核15点が出土したに過ぎない。後続する梨久保遺跡25号住居址では原石66点と石核98点が出土したのに対し、上木戸遺跡105号住居址ではわずかに原石3点と石核4点が出土しただけである。

このように、黒曜石原石の保有量は圧倒的に梨久保遺跡で多く、この点を反映して石核の点数も梨久保遺跡が圧倒していることが確認できた。もちろん、原石は石核だけに利用するわけではない可能性も十分に予測できる。そこで、次に原石を素材とする石器の数量差も確認しておこう。

梨久保遺跡では、原石を利用した石器が3つの住居址の合計で石核127点のほか、石鏃2点、両極剥離痕をもつ石器50点、「不定形石器」（原石の一辺に加工を施したスクレイパー状の石器）12点と、石核以外の石器にも多数確認できた。これに対し上木戸遺跡では、石核9点が原石素材であるほかは確認できなかった。つまり、梨久保遺跡では原石を石核以外にも多角的に利用しているのに対し、上木戸遺跡では石核のみに利用していた、と考えてよい。まさに両遺跡の原石保有量の違いに応じた石器製作の姿である。

これに加えて剥片を観察すると、梨久保遺跡では剥片の背面がすべて礫面で覆われているものが剥片全体の20%ほど確認できるのに対し、上木戸遺跡では同様の資料が10%もないことが確認できた。この点も原石の保有量に応じていると言える。ところが、剥片の大きさを比較すると表1のようになり、全体としては梨久保遺跡のほうがやや小さいような印象を受ける。この点については、石核以外の石器にも原石を利用するという、梨久保遺跡の原石の多角的な利用が影響していると考えてよい。

さらに興味深いのは、石鏃などの石器の整形時に生じる剥片の組成比差であ

表1　梨久保遺跡と上木戸遺跡の剥片のサイズ比較（平均値）

	点　数	最大長(mm)	最大幅(mm)	最大厚(mm)	重量(g)
梨久保遺跡55号住居址	179	26.2	20.1	5.0	3.01
梨久保遺跡60号住居址	477	20.2	17.2	4.2	1.77
上木戸遺跡102号住居址	367	24.6	19.4	4.4	2.33
梨久保遺跡25号住居址	1,314	24.3	18.7	4.1	2.47
上木戸遺跡105号住居址	129	27.0	20.3	4.5	2.83

る。図9左下に示したように、梨久保遺跡では剥片総数に対し7.3～9.9％確認できるが、上木戸遺跡ではわずかに1.6～3.8％しか見られない。つまり、上木戸遺跡では石鏃などの石器製作はあまり行っていなかったと考えられ、原石の利用が石核に限定して考えてよい点も踏まえると、上木戸遺跡での石器製作は、ほとんど剥片剥離だったのではないだろうか。

　これらの諸点を総合すると、梨久保遺跡では、多様な原石を多角的に利用したあらゆる石器製作の内容をもつと判断できるのに対し、上木戸遺跡では原石をもっぱら石核にのみ利用し、石器製作の内容も剥片剥離に限定され、石鏃などの製作は相対的にかなり低調であると考えられる（図9）。採掘を行ったかどうかは確証がない時期の事例とはいえ、原産地で入手・選別した原石を梨久保遺跡（長地山麓の遺跡）へと持参し、そこで再度の選別を含む集中的、集約的な石器製作を行い、製品または半製品と石核への利用が可能な原石とともに上木戸遺跡へと供給した、という姿が想定できる。

（2）星糞峠と大門川流域、松沢川流域
　一方、星糞峠に関してはどうであろうか。星糞峠原産地からみて、地理的に星ヶ塔や東俣原産地にとっての一ノ釜遺跡、清水田遺跡、梨久保遺跡のような存在と言えるのは、今のところ滝遺跡と細尾中道遺跡が筆頭である（図1）。以下、大門川や依田川を下っていくと、大仁反遺跡、明神原遺跡、中道遺跡、六反田遺跡などが分布する。諏訪湖盆地から八ヶ岳山麓にかけての遺跡分布と比較すると、大門川／依田川の両岸に線状に点在する格好で、面積的に平地が少ない分、まさに流域遺跡群といった印象を受ける。この星糞峠から大門川流域あるいは松沢川（依田川支流）の黒曜石のうごきについて、滝遺跡と細尾中道遺跡、そして明神原遺跡の住居址出土資料のデータに簡単に触れながら考えてみたい。原則として遺構との切り合い関係を持たない住居址の資料を用いた。

　各遺跡の概要について確認しておくと、滝遺跡は早期から後期までの遺物が出土した時期複合の遺跡である（長門町教育委員会 2001a）。住居址は前期から中期後葉まで確認できるが、今回は前期（黒浜式）J区3号住居、中期中葉C

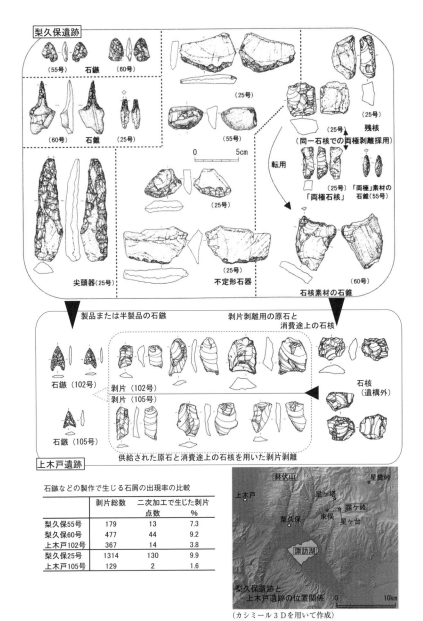

図9　梨久保遺跡と上木戸遺跡の石器製作の内容の比較

28　第Ⅰ章　石器石材の流通と社会

区 5 号住居（新道式）と K 区 1 号住居（焼町土器）、中期後葉（曽利式）の I 区 2 号住居、K 区 3 号住居の資料を用いた。選択した住居址内に特に黒曜石が集中して分布するような特徴はない。

　明神原遺跡は主に前期初頭〜前葉の集落遺跡で、中期後葉までの居住痕跡が確認できる（長門町教育委員会 2001 b）。わずかであるが北陸系中期初頭の新保・新崎式土器も確認されている。中期の住居址はほとんど切り合いを持つため、今回は前期前葉のⅡSA区18号住居とⅡSB区11号住居を用いた。滝遺跡の住居同様に、住居址内で黒曜石が集中して分布するようなことはない。

　細尾中道遺跡は、縄文時代前期から中期、および古代の複合遺跡である（細尾中道遺跡発掘調査団編 1993）。今回は中期初頭の 1 号住居と 2 号住居を用いる。互いに切り合い関係を持つ点で滝遺跡や明神原遺跡よりも石器群の単位性に問題が残るが、ともに中期初頭の「梨久保式土器」とされること、また依田川支流の松沢川流域では唯一の調査遺跡である点を重視した。

　いずれの遺跡も、星糞峠第 1 号採掘址の年代とは合致しないため比較の対象として最適とはいえないが、主に前期から後期にかけて大門川流域の遺跡は相応の数が確認されていること、それらの遺跡が星糞峠や鷹山盆地内で採取できる黒曜石と無関係ではなかったと予測しているので、あくまでも予察的に比較を試みた。ちなみに、いずれの遺跡も原石の一括出土は報告されておらず、この点で梨久保遺跡とは異なったあり方を示している。

　さて、その原石であるが、今回取り上げた 3 遺跡 9 住居址出土の原石は、梨久保遺跡に比べて点数が少ない（図10）。特に、大門川流域で断続的な居住痕跡を持つ遺跡のうち最上流域にある滝遺跡で、住居址内出土の原石はわずか 1、2 点である[6]。サイズ的に見ても星糞峠第 1 号採掘址の不要原石と大差なく、わずかに J 区 3 号住居址出土の原石だけが不要原石の基準を上回る。つまり、星糞峠と指呼の間にある滝遺跡ではあるが、梨久保遺跡や一ノ釜、清水田遺跡とは異なり、時期にかかわらず原石が「少なくて小さい」と考えることができる。同様に、中期初頭の細尾中道遺跡でも 2 軒の住居址から原石はそれぞれ 9 点と 5 点しか出土しておらず、滝遺跡よりは多いものの梨久保遺跡などに比べるとやはり少ない。前期の明神原遺跡でも点数は少なく、細尾中道遺跡にしろ明神原遺跡にしろ、サイズにおいても星糞峠第1号採掘址鉱床の原石より総じて小さいから、やはり原石に関しては「少なくて小さい」と言ってよい。

　一方、石核はどうであろうか。梨久保遺跡より点数は少なめであるが、梨久保遺跡55号住居址と同数程度の石核が出土した例もあり、原石ほど少ないという印象は持たない。加えてサイズをみると、各遺跡のそれぞれの住居址から出土した原石よりも大きいか若干小さい程度であることが指摘できる。この原石

表2　大門川、松沢流域集落遺跡住居址出土剥片資料

遺　跡　名	剥片総数	全礫面	礫面と剥離面	剥離面のみ	二次加工時に生じた調整剥片
明神原ⅠSA区18号住	262	27	123	112	78
明神原ⅠSB区11号住	465	32	192	241	173
滝遺跡J区3号住	28	1	10	17	8
細尾中道遺跡1号住	225	25	116	84	63
細尾中道遺跡2号住	162	16	93	53	30
滝遺跡C区5号住	91	15	46	30	22
滝遺跡K区1号住	84	7	31	46	22
滝遺跡K区3号住	41	4	26	11	9
滝遺跡Ⅰ区2号住	102	5	49	48	20

と石核のサイズの関係と、原石の少なさとをあわせて考えると、不要原石の基準を上回る大きさの原石を集落へ持ち込んだのち、ほぼ各集落内で自己消費した結果と思われる。ただし、滝遺跡や明神原遺跡では、原石素材の石器は石核に限定されず、石鏃やスクレイパーにも利用されており、梨久保遺跡と同じく原石を多角的に利用している。

　最後に剥片についても触れておく。表2に示したように、今回取上げた3遺跡9住居址の剥片には、背面がすべて礫面で覆われるものが約5〜15％、礫面がまったくないものが約30〜60％と、礫面がまったくない剥片が多い。これは一定サイズの原石を一定量持ち込んで剥片剥離を可能な限り行った結果で、原石と石核の数量およびサイズの傾向から得た所見と一致する。さらに興味深いのは、石鏃や石匙といった二次加工石器の製作時に生じた調整剥片の量である。この3遺跡から出土した調整剥片は、上木戸遺跡や梨久保遺跡よりも圧倒的に多く、剥片全体に占める割合で約20〜30％以上も確認できた。これらの剥片には、背面にもポジティブな剥離面が観察できる資料が相当数あり、剥片剥離作業と二次加工作業が連続して行われたことを示す。

　このように、滝遺跡、細尾中道遺跡、明神原遺跡においては、遺跡に持ち込む原石の数が少なく、入手した原石はほぼ消費しきっているようである。少なくとも長地山麓の遺跡のように、ある程度以上のサイズの原石をストックするようなことはない。また、そうして製作された剥片を利用した石鏃などの製作が、梨久保遺跡や上木戸遺跡よりも高頻度で行われたようである。

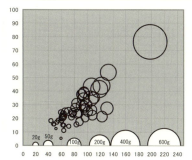
鉱床の黒曜石原石

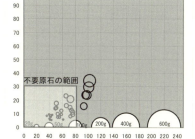
滝遺跡・細尾中道遺跡・明神原遺跡出土の黒曜石原石
（横軸・縦軸は図6と同じ）

大門川・松沢川流域の集落遺跡出土原石の平均値

遺跡名	総数	長さ平均	幅平均	厚さ平均	重量平均
明神原ⅡSA18号住	10	42.1	24.4	14.1	20.8
明神原ⅡSB11号住	2	23.0	11.8	4.7	1.2
滝J区3号住	1	50.9	50.2	29.6	69.7
細尾中道1号住	9	39.4	24.8	12.3	12.7
細尾中道2号住	5	38.1	18.5	10.9	6.4
滝C区5号住	1	38.7	17.1	7.1	5.7
滝K区1号住	1	32.1	17.8	13.6	7.3
滝K区3号住	1	45.0	21.3	15.8	13.5
滝I区2号住	1	32.2	18.9	17.6	10.4
第1号採掘址鉱床	51	48.7	35.9	25.7	52.6
第1号採掘址層No.27	986	27.4	19.4	13.6	7.7
		(mm)	(mm)	(mm)	(g)

大門川・松沢川流域の集落遺跡出土石核の平均値

遺跡名	総数	長さ平均	幅平均	厚さ平均	重量平均
明神原ⅡSA18号住	22	29.3	30.7	17.8	12.8
明神原ⅡSB11号住	25	27.4	32.5	16.7	13.9
滝J区3号住	6	28.3	36.4	17.0	15.2
細尾中道1号住	19	31.1	30.7	15.8	13.8
細尾中道2号住	28	30.0	29.3	14.0	10.7
滝C区5号住	11	24.0	30.4	14.1	7.2
滝K区1号住	11	26.7	27.9	13.7	7.9
滝K区3号住	8	28.4	35.3	16.3	11.1
滝I区2号住	5	25.2	23.9	16.4	8.2
第1号採掘址鉱床（原石）	51	48.7	35.9	25.7	52.6
第1号採掘址層No.27（原石）	986	27.4	19.4	13.6	7.7
		(mm)	(mm)	(mm)	(g)

図10　星糞峠第1号採掘址出土原石と
　　　大門川・松沢川流域集落遺跡出土原石・石核のサイズ比較

4 おわりに—原産地近傍の複数遺跡からみた供給パターンの違い—

　採掘遺跡は、その存在だけで十分に流通に関する議論に寄与できる。そして、原産地近傍の遺跡で検出されることの多い黒曜石原石の一括埋納例もまた、流通に関する議論にそのままでも寄与できる。星糞峠第1号採掘址出土資料の検討から、採掘された黒曜石の選別基準が明確になった。それは、長さ、幅、厚さのそれぞれが最低でも3cm以上、重量では40～50g以上というものであった。また、東俣遺跡の採掘坑出土原石と一ノ釜遺跡第55号土坑と清水田遺跡「黒耀石集積址10」出土の原石を比較すると、同様に原石サイズに基づく選別結果がはっきりと捉えられた。

　それら黒曜石は基本的に石器作りのために入手されたものであるが、黒曜石の流通論では、どの程度の黒曜石が各遺跡で消費されたのか、という具体的な情報提示が必ずしも十分でなかったように思う。本稿での試みはそのような意識に基づくものである。

　結果的に、諏訪湖盆地と大門川／松沢川流域で、黒曜石のうごきに違いがあるかもしれない、という所見を得た。諏訪湖盆地では、長地山麓に持ち込んだ多数かつ多様な原石を、石核だけでなく、石鏃や石匙などにも用いて集中的な石器製作を行い、石核として利用可能な原石数点と石鏃などの製品・半製品とを別の遺跡へ供給した可能性が考えられた。ここでは中期後葉の資料を対象としたが、おそらく（少なくとも）中期全般を通じてこのような関係を持っていたと思われる。上條信彦は、松本平に分布する中期初頭（梨久保式）～後期初頭（称名寺式）の57遺跡出土石器を分析し、南から北へ向かうにつれ、黒曜石製石器の保有率が低下する傾向を捉えた（上條 2006）。これと遺跡分布とを合わせ、松本平への黒曜石の搬入ルートは、塩尻峠か小野峠と推定しており、興味深い。一方、大門川および松沢川流域では、前期から中期後葉まで各集落には原石の一括埋納が認められず、入手した原石のすべてをおおむね自己消費的にそれぞれの集落で利用したという姿が想定できた。

　この両者の違いの要因は何だろうか。長地山麓を背後にする梨久保遺跡（そして一ノ釜遺跡、清水田遺跡など）を第1の黒曜石消費ポイントとすると、諏訪湖盆地全体に第2の消費ポイントが広い方位に存在しうる環境にあると言える。比較対象にした上木戸遺跡は、諏訪湖盆地どころか、塩尻峠という地形的な障壁（障壁と言うほどの存在では実際ないのだろうが）を越えたところにありながらも梨久保遺跡との関係があってもよい石器製作内容であった。

　これに対し、大門川流域や松沢川～依田川流域は、遺跡が平地面積の少ない河川流域沿いに線状に点在するため、第2、第3の消費ポイントが地形的に限

られるように思われる。今回の予備的な操作の結果は、こうした地形的な違いに応じるのかもしれない。

今回の検討では、採掘遺跡、というより個々の採掘址（あるいは「竪坑」）と同一時期での比較をできていないところに問題が残る。筆者個人は、採掘遺跡という特殊性を考えると、必ずしも採掘時期を出土した土器型式に限定する必要はないと考えているが、説得力には乏しい。その点では星ヶ塔や東俣原産地に関して、前期末〜中期初頭における集落遺跡間の比較に今後取り組んでいくべきだし、一括埋納例が多い中期中葉〜後葉についても検討事例を増やしたいところである。星糞峠第1号採掘址についても同様である。産地推定分析の実施と一括埋納例の集成と比較に加え、こうした各遺跡での黒曜石消費を検討することで、より具体的な黒曜石のうごきを知ることができるのである。

謝辞

滝遺跡、明神原遺跡、細尾中道遺跡の資料の実見および計測には、長和町教育委員会の大竹幸恵氏の配慮を、計測作業には明治大学大学院の飯田茂雄氏の協力をそれぞれ賜りました。記して感謝いたします。

註

1) 新和田トンネル有料道路の土屋橋の脇でも転石（崖錐性堆積物）の黒曜石が採取できるが、採掘址群と思われる地点とはやや離れている。
2) 拙稿（山科 2008）では、土層堆積図において層No.46も水成堆積土層として指示しているが、図版作成上の誤りであった。層No.46は採掘された白色粘土を含む採掘排土であると訂正する。
3) 2009年度の調査で、既存の調査区のさらに南側を発掘した結果、旧石器時代の可能性が高い槍先形尖頭器が出土した。もちろん、採掘排土中からの出土であるが、採掘の有無はともかくとしても、縄文時代草創期後半以前にも、第1号採掘址周辺で何らかの活動を行っていたと考えてよいだろう。
4) 東俣遺跡の原石については、調査報告書でも触れられている（宮坂・田中 2001）。採掘対象の鉱床から出土した資料にしろ、採掘坑覆土資料にしろ、どちらもほとんどが30g以下であるが、100gを超える資料もわずかながら存在することが確認できることから、「東俣遺跡で採掘した人たちは、30g以下の小さな原石を多数、それよりも大きい原石を小数、手に入れた」と推論した。これに加え、採掘坑覆土中の原石の分布は重量ごとのまとまりがあるので、サイズ別に採掘と選別と不要原石の廃棄という3つの行為が一連の作業として行われた、という。そして、同時期の岡谷市大洞遺跡から検出された黒曜石原石の一括出土原石の重量構成と比較して、互いに整合的であるとも述べている。

5）梨久保遺跡と上木戸遺跡の比較については、後述するような両遺跡の位置関係が大きいことに加えて、この一帯での前期末〜中期初頭に限らず、中期後葉まで相応の黒曜石原石一括埋納例があるためである（コラム参照）。梨久保遺跡もその例であり、一方の上木戸遺跡は一括埋納がない点も比較に適している。また中期中葉から後葉にかけては、両極剥離痕をもつ石器をはじめとして、黒曜石製石器の利用が継続している点からも、同時期における黒曜石受給関係を考えておくべきだろう（山科 2007）。

6）図10の表に示した滝遺跡の原石および石核の点数は、報告書記載のものとは異なるが、今回実見した数を示す。

参考文献

青沼道文・建石　徹・古谷　渉・森本　剛 2001「千葉市内縄文時代中期遺跡出土黒曜石の原産地推定」『貝塚博物館紀要』28

安蒜政雄 1999「鷹山遺跡群の性格と研究の意義」『鷹山遺跡群Ⅲ』長門町教育委員会

池谷信之 2005『黒潮を渡った黒曜石　見高段間遺跡』新泉社

池谷信之 2006「環中部高地南東域における黒曜石流通と原産地開発」『黒耀石文化研究』4

池谷信之 2008「常総地域出土黒曜石製石器の原産地推定結果について」『千葉縄文研究』2

池谷信之 2009『黒曜石考古学』新泉社

上野真由美・望月明彦 2006「黒曜石製石器の産地推定とその様相について—雅楽谷遺跡と周辺遺跡—」『研究紀要』21

岡谷市教育委員会 1986『梨久保遺跡—中部山岳地の縄文時代集落址』

岡谷市教育委員会編 2005『目切・清水田遺跡　岡谷市山の手土地区画整理事業に伴う遺跡発掘調査報告書』

小野　昭 1975「石材運搬論ノート」『考古学研究』21-4

加藤博文 1996「黒曜石利用から見た東関東縄文時代中期の動態」『笠間市西田遺跡の研究』筑波大学歴史・人類学系

門内政広 2001「東村山市および周辺市町村出土の黒耀石製石器の原産地推定分析（旧石器時代・縄文時代）」『東村山市史　5　資料編考古』

金山喜昭 1993「縄文時代前期における黒曜石交易の出現」『法政考古学』20

上條信彦 2006「松本盆地南部における石器石材の流通」『長野県考古学会誌』118

唐木孝雄編 1988『中央自動車道長野線埋蔵文化財発掘調査報告書2—塩尻市内その1—』日本道路公団名古屋建設局・長野県教育委員会・財団法人長野県埋蔵文化財センター

小杉　康 1995「遥かなる黒耀石の山やま」『縄文人の時代』新泉社
小杉　康 2008「縄文文化における黒耀石の採掘と流通」『現代の考古学4　生産と技術の考古学』朝倉書店
齋藤　岳 2007「三内丸山遺跡の黒曜石製石鏃の搬入形態について」『特別史跡三内丸山遺跡年報』10
柴田　徹 2002「等値線から見た石材移動ルートの復元―石鏃の黒曜石およびチャートを例に―」『松戸市立博物館紀要』9
柴田　徹・山本　薫 2000「石鏃に使用された石材の石質組成に関する分析―黒曜石およびチャートの移動方向についての考察―」日本考古学協会第66回総会研究発表要旨集
杉原重夫・金成太郎 2009「三内丸山遺跡で出土した霧ヶ峰産黒曜石製遺物」『特別史跡三内丸山遺跡年報』12
杉原重夫・小林三郎 2004「考古遺物の自然科学的分析に関する研究―黒曜石産出地データベース―」『明治大学人文科学研究所紀要』55
杉原重夫・檀原　徹 2007「長野県長和町星糞峠における火砕流堆積物の調査―ボーリングによる噴出源と噴出年代の検討―」『黒耀石文化研究』5
大工原豊 2002「黒曜石の流通をめぐる社会―前期の北関東・中部地域―」『縄文社会論（上）』
大工原豊 2006「黒曜石交易システム―関東・中部地方の様相―」『縄文時代の考古学　6　ものづくり道具製作の技術と組織』同成社
高見俊樹 1998「黒曜石をめぐる研究史」第12回長野県旧石器研究交流会発表資料
鷹山遺跡群調査団 1994「長野県鷹山遺跡群の調査」『明治大学考古学博物館館報』9
鷹山遺跡群調査団編 1999『鷹山遺跡群Ⅲ』長門町教育委員会
鷹山遺跡群調査団編 2000『鷹山遺跡群Ⅳ』長門町教育委員会
建石　徹・津村宏臣 2003「黒曜石資料の原産地推定とその空間的展開に関する予察」『Archaeo‑Clio』4
建石　徹・二宮修治 2003「黒曜石の産地推定」『ストーンロード―縄文時代の黒曜石交易―』
中部高地研究グループ・山科　哲 2006「中部高地黒耀石原産地と周辺地域の遺跡分布」『黒耀石文化研究』4
堤　隆 2002「"黒曜石"の由来」『MICRO BLADE』2
鳥居龍蔵 1924『諏訪史』第1巻、信濃教育会諏訪部会
長崎元廣 1984「縄文時代の黒曜石貯蔵例と交易」『中部高地の考古学Ⅲ』長野県考古学会
長門町教育委員会 2001a『県営土地改良総合整備事業・大門地区に伴う発掘調査

報告書Ⅲ―滝遺跡―』
長門町教育委員会 2001b『県営土地改良総合整備事業・大門地区に伴う発掘調査
　　報告書Ⅳ―明神原・桑木原遺跡―』
長野県教育委員会 1997『大規模開発事業地内遺跡―遺跡詳細分布調査報告書―』
藤森栄一・中村龍雄 1962「星ヶ塔黒曜石採掘址」『古代学』11-1
細尾中道遺跡発掘調査団編 1993『細尾中道　農村活性化住環境整備事業上和田地
　　区に伴う細尾中道遺跡緊急発掘調査報告書』和田村教育委員会
宮坂　清 1990『一ノ釜遺跡（2）』下諏訪町教育委員会
宮坂　清 2006「黒耀石の産状と入手法」『黒耀石文化研究』4
宮坂　清・田中慎太郎 2001『長野県下諏訪町黒耀石原産地遺跡分布調査報告書―
　　和田峠・霧ヶ峰―Ⅰ』下諏訪町教育委員会
宮坂　清・田中慎太郎 2008『長野県下諏訪町黒耀石原産地遺跡分布調査報告書Ⅱ
　　―星ヶ塔遺跡―』下諏訪町教育委員会
明治大学古文化財研究所編 2009『蛍光X線分析装置による黒曜石製遺物の原産地
　　推定―基礎データ集（1）―』明治大学古文化財研究所
山科　哲 2007「縄文時代中期後半における黒耀石製石器群の遺跡間比較の試み―
　　長野県梨久保遺跡と上木戸遺跡住居址出土石器群を用いて―」『考古学集刊』3
山科　哲 2008「黒耀石採掘に伴う原石選別と石器製作作業の把握に向けて―長野
　　県鷹山遺跡群星糞峠第1号採掘址出土資料を用いて―」『明治大学博物館研究報
　　告』13
八幡一郎 1938「先史時代の交易」『人類学・先史学講座』2
横山　真 2000「縄文時代草創期後半における黒耀石製石器の生産形態―中部高地
　　を例に―」『鷹山遺跡群Ⅳ』長門町教育委員会
和田村教育委員会 1993『長野県黒耀石原産地遺跡分布調査報告書（和田峠・男女
　　倉谷）Ⅲ』
藁科哲男 1998「三内丸山遺跡第6鉄塔地区出土の黒曜石製遺物の原材産地分析
　　（平成9年度）」『三内丸山遺跡Ⅸ（第2分冊）』
藁科哲男 2000「三内丸山遺跡野球場地区および周辺地区出土の黒曜石製遺物の原
　　産地分析」『特別史跡三内丸山遺跡年報』3
藁科哲男 2005「三内丸山遺跡出土の黒曜石製石器、剥片の原材産地分析」『特別史
　　跡三内丸山遺跡年報』8

2　東京湾東岸地域の縄文社会と黒耀石利用

堀 越 正 行

1　柔らかな地層が多くの貝塚を生んだ

　東京湾東岸地域は、現在の行政区分では千葉県に属している。今の千葉県は、東〜南は太平洋、西南部は東京湾、西北部は江戸川、北は利根川となっている。これが縄文時代では、時期により異なるけれども、西北部は奥東京湾、北部は古鬼怒湾と呼ばれる内海が展開していて、当時の千葉県の土地は、西北端の旧関宿町で辛うじて本州に陸路で繋がった、ほとんど島のような半島であったのである[1]。つまり、縄文時代の房総の地は、今日以上に、行き止まりの袋小路であったといえる。そして千葉県の大地そのものは、北部は平坦な下総台地、南部は低い山々が連なる房総丘陵と名づけられた地形からなっている。

　千葉県における縄文時代の特色は、何といっても日本有数の貝塚地帯であるということに尽きる。とりわけ東京湾に突き出た富津岬より北の下総台地（行政区画では君津市〜野田市）では、縄文時代早期末から晩期初頭までの間、生活の場を海岸近くまで進出させた縄文人は、貝塚を形成する生活を積極的に営むようになったのである。特に中期中・後葉と後期前・中葉は、定住型の貝塚集落が約2〜3km間隔で並ぶまでになる。

　これは、下総台地がそもそも下総層群という柔らかな地層からなるため、縄文海進が最高に達してから海退により徐々に海面低下していく過程で、台地の侵食と海底となった旧河谷の埋積が進み、一方で各地の河川の谷口部に砂洲が形成されて砂洲内側に小湾をつくり、そこでの干潟の発達が貝の多産に繋がり、その結果、有数の貝塚地帯を生んだことによるものである。即ち、下総台地が岩石ではなく、砂層や粘土層・ローム層で形成されていたからこそ貝塚が多数つくられたのである。これを裏返せば、下総台地は、石器石材に関しては、不毛の土地であったということになる。下総台地では、地表はもとより、崖をさがしても、河原に行っても、海岸に行っても、石はどこにも転がってはいないのである。このような石の無い土地での石器時代の生活は、多くの困難があったに違いない。

一方、富津洲以南の房総半島の南部は、下総層群下部以下の古い地層からなる丘陵部であり、岩石海岸からなり、しかも隆起地域なので干潟の発達が悪く、その結果として貝塚は少ないのである。

2　千葉県における黒耀石産地の変遷

　これまでに各分析機関において実施された千葉県の縄文遺跡から出土した黒耀石の産地推定結果を、千葉県全体を6地域に分けて以下で検討する（表1）。ここでは、未だ細かな産地の違いや細かな時間差を検討できるほどに精度の高い材料が多数を占めている段階ではないため、産地に関しては信州産（霧ヶ峰八ヶ岳地区）・神津島産などといった産地群という大括りとして纏めることにしたい。なお、遺跡位置図（図1）は1つの黒丸を1遺跡で対応させることを基本とするが、接近した遺跡については貼付の関係で複数遺跡としたものがある。10・11・12、43・45・46、79・80がそれである。

（1）　房総丘陵地域（表1①）

　房総半島は丘陵地であり、大きな遺跡は少ないようである。必ずしも黒耀石の量的な測定には恵まれてはいないため、正確な傾向が反映されているのか心許ないが、これまでのところでは、全期間を通して圧倒的に神津島産からなり、信州産をわずかに含むものとなっている。10点以上を分析した3遺跡でみると、4番の館山市加賀名B遺跡では神津島産のみ、7番の旧和田町大庭遺跡では神津島産10点・信州産1点、8番の旧富浦町深名瀬畠遺跡では神津島産38点・信州産10点となっている。

　安房地域の縄文遺跡は、未調査の遺跡が多いため明朗さに欠ける恨みをもつが、大量の黒耀石が表面採集されている例を多々みることができる。これは発掘によっても少量の黒耀石しか得られない下総台地の多くの遺跡とは比較にならないものであり、おそらく伊豆大島を経由して、房総半島南部にも神津島産の黒耀石がかなりの量、陸揚げされていたことを予想させるものである。そうした黒耀石北上の起点という地理的位置にありながら、信州産の黒耀石を混在させる遺跡もあることになるが、その由来が問われよう。

（2）　京葉東部地域（表1②）

　千葉市・市原市を京葉東部地域としてまとめる。ここは東京湾沿岸の東の貝塚集中地域である。これまでの分析例の多くは中期であるため、時間的推移は捉えられない。ここでも圧倒的に神津島産であるが、中期末になると、20番の千葉市緑区大木戸町西大野第3遺跡や、21番の千葉市稲毛区小中台町牛尾舛遺跡のような、信州産の黒耀石がほとんどを占める遺跡も存在するようになる。後期例は25番の千葉市加曽利南貝塚しかないが、内房の付け根という地理的位

置を反映してか、後期においても依然として神津島産が信州産を上回っている。房総丘陵部と違うのは、箱根・天城産や高原山産の黒耀石が混じってくることである。市原市北端の22番の草刈Ｂ貝塚でも、圧倒的な神津島産に、信州産と箱根産をわずかに混じえているなど千葉市諸遺跡の特徴に同じであり、房総丘陵部とは異なる在り方となっている。

（３）京葉西部地域（表１③）

　船橋市・鎌ヶ谷市・市川市・松戸市を京葉西部地域とする。ここは東京湾沿岸の西の貝塚集中地域である。早期から中期までは、やはり神津島産が多く、信州産が随伴する。後期になるとこれが逆転し、信州産の方が多くなる。39番の船橋市西ヶ堀込遺跡などはその好例である。本地域は、神津島産の占有率が千葉県でもっとも低く、信州産の占有率が高いのが全体としての特色である。箱根・天城産黒耀石は京葉東部地域よりも少ない傾向にあり、逆に高原山産黒耀石は京葉東部よりも多くなる傾向にある。高原山産黒耀石は少ないながらも早期から晩期まで認められ、箱根・天城産黒耀石は早期と中期・後期にある。珍しいのは38番の松戸市和名ヶ谷溜台遺跡における青森県深浦産黒耀石の存在である（表１③※）。これは偶然のいたずらなのであろう。とりあえず産地不明となっている黒耀石の中には、このような遠隔地産の黒耀石が含まれている場合もあることを指摘しておく。

（４）東葛地域北部（表１④）

　下総台地北西部、流山市以北を東葛[2]地域北部とする。この地域は下総台地が三角形状に狭まる地域で、西側が奥東京湾に、東側が古鬼怒湾側に面している。下総台地の一部が江戸川の開削で切り離され、武蔵国に編入されてしまっているので、ここでは縄文時代の状態に戻して、黒耀石の分析例のある埼玉県旧庄和町の結果を含むこととする。

　早期・前期は、全体として信州産の方が神津島産よりも多い。これは千葉県の他の時空ではみられない特色である。早期・前期に高原山産が少し混ざるのも、東葛地域の特色である。中期になると、一転して神津島産に一段の強さを認めることができる。少しずつ常に在る信州産は、中期末以降に再び多くなる。箱根・天城産の黒耀石は京葉東部地域よりも少ない傾向にあり、逆に高原山産の黒耀石は京葉東部地域よりも多くなる傾向にある点は、南側の京葉西部地域と傾向を同じくしている。

　京葉西部地域というのは東葛地域の南部のことであるが、その異同を確認するために、とりあえず別の名称ながら東葛地域を南北に分けたのであるが、結論としては両者を分離すべき大きな理由はないといえよう。

表1　千葉県縄文時代遺跡出土黒耀石の産地推定結果一覧

①房総丘陵地域（市町村名は、平成大合併以前のものである。埼玉県庄和町を含む。）

番号	遺跡名	市町村	時期	神津島系	箱根天城地区	天城系	箱根系	霧ヶ峰八ヶ岳地区	西霧ヶ峰系	和田峠鷹山系	北八ヶ岳系	高原山系	不可不明
1	福楽寺	館山市	早期	2	0			0				0	0
2	千田	館山市	早―前期	1	0			0				0	0
3	田子台	鋸南町	前―中期	3	0			0				0	0
4	加賀名B	館山市	早期・中期	34	0			0				0	3
5	砂田	天津小湊	中期	1	0			0				0	0
6	花立	白浜町	中期	1	0			0				0	0
7	大庭	和田町	中期?	10	0			1				0	0
8	深名瀬畠	富浦町	中期	38	0			10	6	4	0	0	2
9	練木	君津市	中期・阿玉	8	0			0				0	0
10	五反畑	館山市	中―後期	2	0			0				0	0
11	水神畑A	館山市	中―後期	1	0			0				0	0
12	東山	館山市	後期	1	0			0				0	0
13	大久保	館山市	後期	1	0			0				0	0
14	塔〆	館山市	後期	2	0			0				0	0
15	瀬戸	千倉町	後期	1	0			1				0	0
16	大塚	館山市	後―晩期	1	0			0				0	0
17	館山城	館山市	不明	1	0			0				0	0

②京葉東部地域（千葉・市原）

番号	遺跡名	市町村	時期	神津島系	箱根天城地区	天城系	箱根系	霧ヶ峰八ヶ岳地区	西霧ヶ峰系	和田峠鷹山系	北八ヶ岳系	高原山系	不可不明
18	蕨立	千葉市	中期・阿玉	145	0			1	1	0	0	0	1
19	坊屋敷	千葉市	中期・阿玉	9	0			0				0	0
20	西大野第3	千葉市	中期・EⅡⅢ	0	0			42				0	0
21	牛尾外	千葉市	中期・EⅡⅢ	0	0			16				1	0
19	坊屋敷	千葉市	中期・EⅢⅣ	6	0			0				0	0
22	草刈B	市原市	中期	173	1	0	1	4				0	13
23	有吉北	千葉市	中期	247	2	0	2	12				1	47

番号	遺跡名	市町村	時期									
24	荒屋敷A	千葉市	中期	9	0		0				0	0
	荒屋敷B	千葉市	中期	16	4	0	4	0			0	0
25	加曽利北	千葉市	中期	4	12		19				0	0
	加曽利南	千葉市	後期	56	1	1	0	27	19	8	0	4	0
			うち前半	5	0			3	2	1	0	0	0
			うち後半	12	0			3	2	1	0	1	0

③京葉西部地域（船橋・市川・鎌ヶ谷・松戸）

番号	遺跡名	市町村	時期	神津島系	箱根天城地区	天城系	箱根系	霧ヶ峰八ヶ岳地区	西霧ヶ峰系	和田峠鷹山系	北八ヶ岳系	高原山系	不可不明
26	飛ノ台	船橋市	早期後葉	17	2	0	2	10	3	5	2	2？	0
27	曽谷C	市川市	前期・諸a	5	0			4	0	4	0	1	1
28	法伝西	市川市	前末-中初	23	0			1	0	1	0	0	8
29	八ヶ崎7-4住	松戸市	中期前葉	94	0			0				1	14
30	中峠（発掘）	松戸市	中期・阿-E	3	0			0				0	0
	（表採）	松戸市	中期	13	0			6	6	0	0	0	2
31	株木東	市川市	中期・EⅠ？	16	0			0				0	1
32	根郷	鎌ヶ谷市	中期	40	0			7	5	1	1	3	0
33	大堀込	鎌ヶ谷市	中期	43	0			3	2	1	0	0	0
34	向台	市川市	中期	19	0			5	5	0	0	0	3
35	今島田	市川市	中期	33	1	0	1	1	1	0	0	0	5
36	高根木戸	船橋市	中期	280	0			10				0	19
37	高根木戸北	船橋市	中期	7	0			0				1	1
38	和名ヶ谷溜台	松戸市	中期	6	0		※	2	2	0	0	0	0
39	西ヶ堀込（住）	船橋市	中後-後前	1	0			83	83	0	0	0	2
	（遺構外）	船橋市	中後-後前	6	1	0	1	14	13	0	1	13	4
40	姥山（表採）	市川市	中中-後中	9	0			1	1	0	0	1	0
27	曽谷	市川市	後期前半	6	1	1	0	24	17	7	0	6	2
	曽谷F	市川市	後期・加B	2	0			12	4	8	0	0	0
41	堀之内（表採）	市川市	後期-晩前	2	0			3	3	0	0	3	1

※38　松戸市和名ヶ谷溜台遺跡　深浦1

④東葛北部地域（流山・野田・柏・庄和）　　　　　　　　　　　　　　　　　　（○：男女倉系とその点数）

番号	遺跡名	市町村	時期	神津島系	箱根天城地区	天城系	箱根系	霧ヶ峰八ヶ岳地区	西霧ヶ峰系	和田峠鷹山系	北八ヶ岳系	高原山系	不可不明
42	こうのす台Ⅳ	流山市	早期後葉	5	0			2	1	1	0	0	0
43	八重塚	流山市	早期後葉	1	0			0				0	0
	八重塚Ⅱ	流山市	早期後葉	0	0			1	0	1	0	0	0
44	江戸川台Ⅰ	流山市	早－前期	5	0			3	0	2	1	3	0
45	若宮Ⅰ	流山市	早－前期	0	0			1	1	0	0	0	0
46	北谷津Ⅰ	流山市	早－前期	0	0			1	0	1	0	0	0
	北谷津Ⅱ	流山市	早－前期	3	0							0	0
47	倉之橋1次	野田市	早－前期	0	1	0	1	0				0	0
48	上原4次	野田市	早－中期	0	0			5	0	0	5	1	0
49	三丁歩Ⅱ	野田市	早－後期	0	0			4	0	④0		0	1
50	丸山2次	野田市	早末or黒浜	17	0			13	6	④1	2	3	3
51	風早3次	庄和町	前期・関山	0	0			5	0	5	0	0	0
52	稲荷前	野田市	前期・関山	0	0			1	1	0	0	0	1
53	原新田	野田市	前期・諸,浮	2	0			1	1	0	0	1	0
54	長崎	流山市	前期・諸,浮	2	0			1	0	0	1	0	0
55	竹之内1次	庄和町	前期・浮,興	0	0			4	2	2	0	0	0
56	聖人塚	柏市	中期・阿玉	130	0			9				1	17
57	水砂	柏市	中期・阿玉	6	0			3				1	0
58	中山新田Ⅰ	柏市	中期・阿玉	128	1			7				1	13
	中山新田Ⅱ	柏市	中期・阿玉	92	0			1				0	14
59	後台1次	野田市	中期・阿玉	6	0								
60	中野久木谷頭	流山市	中期・阿-EⅡ	135	0			1				0	0
			中期・EⅢ	12	0			1	1	0	0	0	0
			中期・EⅢⅣ	18	0			10				0	0
51	風早3次	庄和町	中期・加E	0	0			7	5	2	0	0	0
61	下畔ヶ谷	野田市	中末－後初	0	0			19	17	2	0	0	1
44	江戸川台Ⅰ	流山市	後期・称名	5	0			3	0	2	1	3	0
62	西初石2丁目	流山市	後期・称名	0	0			1	0	0	0	0	0
63	岩名	野田市	後期・堀内	2	0			3	1	2	0	1	0
64	野田17次	野田市	後期・曽,安	4	0			9				1	4
65	上新宿	流山市	後－晩期	0	0			1	1	0	0	0	0

⑤印旛沼・手賀沼地域（我孫子・印西・本埜・印旛・佐倉・四街道）

番号	遺跡名	市町村	時期	神津島系	箱根天城地区	天城系	箱根系	霧ヶ峰八ヶ岳地区	西霧ヶ峰系	和田峠鷹山系	北八ヶ岳系	高原山系	不可不明
66	布佐余間戸	我孫子市	草創−早期	4	0			1	0	1	0	0	0
67	和良比	四街道市	前期・浮Ⅲ	10	0			0				0	0
68	新木東台	我孫子市	中期	3	0			0				0	0
69	向原Ⅱ	本埜村	中期	2	5	0	5	0				0	1
70	吉見台	佐倉市	中期	0	0			4	4	0	0	0	0
71	吉見稲荷山	佐倉市	中期	202	1	1	0	3	3	0	0	0	9
72	向原	佐倉市	中期	146	1			9				0	16
73	石道谷津	印西市	後期・加B	0	0			19	15	4	0	0	0
74	城	佐倉市	後期・加B	4	3	0	3	0				0	0
75	畔田	佐倉市	後期？	5	0			0				0	0
76	戸ノ内	印旛村	後期後半	0	0			1	1	0	0	1	0
77	神楽場B	佐倉市	後後−晩前	4	0			3	3	0	0	34	3
78	下ヶ戸宮前	我孫子市	後後−晩前	0	1	1	0	0				0	0

⑥香取・海上・山武地域（大栄・佐原・銚子・横芝・光）

番号	遺跡名	市町村	時期	神津島系	箱根天城地区	天城系	箱根系	霧ヶ峰八ヶ岳地区	西霧ヶ峰系	和田峠鷹山系	北八ヶ岳系	高原山系	不可不明
79	神山谷	光町	早期	31	0			2	0	①1	0	0	2
80	城山	光町	早・中・晩	10	1	1	0	3	1	2	0	0	0
81	荒野台(表採)	銚子市	早末−中初	43	0			2	1	1	0	1	4
82	東長山野	横芝町	早−晩期	126	0			9	7	2	0	1	17
83	粟島台	銚子市	前末−中初	16	0			1	1	0	0	0	0
			中期・阿玉	11	0			0				0	0
			中期・EⅢ	8	0			1	1	0	0	0	0
			前末−中期	140	0			6	5	0	1	1	13
84	三郎作	佐原市	中期	0	0			0				5	0
85	稲荷山	大栄町	中期	0	0			4				2	0

(参考) 夷隅川流域遺跡群 (大多喜・夷隅・岬・大原・勝浦) 30遺跡

水和層年代 (年前)	神津島系	箱根天城地区	天城系	箱根系	霧ヶ峰八ヶ岳地区	西霧ヶ峰系	和田峠鷹山系	北八ヶ岳系	高原山系	不可不明
9,500～6,100	56	0			28	25	3	0	0	0
6,100～4,700	50	0			11	6	5	0	0	0
4,700～4,000	13	0			2	1	1	0	0	0
4,000～3,000	34	0			1	0	0	1	0	0
3,000～2,100	8	0			5	5	0	0	0	0

(立教大学考古学研究会 1999)

表2　各地域における産地別黒耀石の占有率 (%　不可不明を除く)

地域＼産地	総点数	神津島	箱根天城	信州	高原山	深浦
房総丘陵地域	120	90.0	0.0	10.0	0.0	0.0
京葉東部地域	812	81.9	2.5	14.9	0.7	0.0
京葉西部地域	848	73.7	0.6	22.1	3.5	0.1
東葛北部地域	708	81.0	0.3	16.5	2.3	0.0
印旛沼・手賀沼地域	466	81.5	2.4	8.6	7.5	0.0
香取・海上・山武地域	424	90.8	0.2	6.6	2.4	0.0
夷隅地域	208	77.4	0.0	22.6	0.0	0.0
平　均　値	(合計)3,586	80.8	1.1	15.4	2.7	0.03

表3　産地数別遺跡数 (10点以上黒耀石を分析した遺跡)

地域＼産地	1	2	3	4	合計
房総丘陵地域	1	2	0	0	3
京葉東部地域	1	3	2	2	8
京葉西部地域	1	6	5	3	15
東葛北部地域	1	4	6	1	12
印旛沼・手賀沼地域	2	0	3	0	5
香取・海上・山武地域	0	1	4	0	5
合　　計	6	16	20	6	48
(%)	(12.5)	(33.3)	(41.7)	(12.5)	(100)

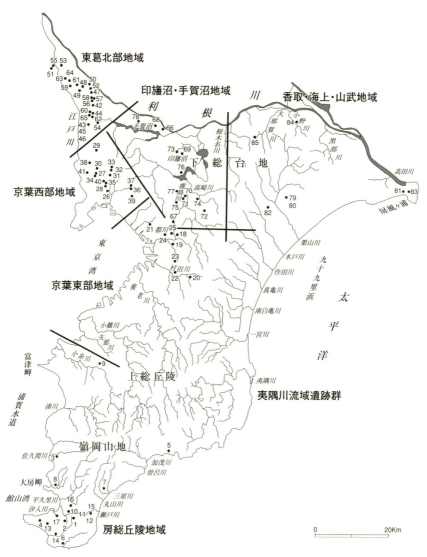

図1　表1にかかわる遺跡位置図

（5）印旛沼・手賀沼地域（表1⑤）

　印旛沼・手賀沼地域の水系は、古鬼怒湾側に属す地域である。草創期〜早期の66番の我孫子市布佐余間戸遺跡では、少量ではあるが、すでに神津島産が多

く、信州産を伴っていることがわかる。前期は67番の四街道市和良比遺跡の1遺跡であるが神津島産のみとなっている。中期になると変化が大きくなり、71番の佐倉市吉見稲荷山遺跡や72番の佐倉市向原遺跡のような神津島産が引き続き多い遺跡、70番の佐倉市吉見台遺跡のような信州産が多い遺跡、69番の本埜村向原Ⅱ遺跡のような箱根産が多い遺跡に分かれる。

後期の加曽利B式期の2遺跡をみても、片や73番の印西市石道谷津遺跡では信州産のみ、片や74番の佐倉市城遺跡では神津島産と箱根産からなっていて信州産を含まないというように、遺跡により異なるルートによる黒耀石の入手が継続して行なわれていたことを想定させるような事例がある。

この地域では、今のところ高原山産は後期以降に出現し、77番の佐倉市神楽場B遺跡では主体となるなど、これまでとは大きく異なる事例の存在が注目される。

(6) 香取・海上・山武地域 （表1⑥）

下総台地側の古鬼怒湾の湾口部である香取・海上地域と、九十九里浜北部の山武地域をまとめた。時期の限定した産地分析の実施例は少ないが、早期の79番の旧光町神山谷遺跡や83番の銚子市粟島台遺跡という山武・海上地域では、神津島産が主体的であるのに対して、香取地域の85番の旧大栄町稲荷山遺跡は信州産と高原山産、84番の旧佐原市三郎作貝塚は高原山産のみとなっている。香取地域では遺跡により黒耀石の産地が極端に違っているのであるが、傾向としては印旛沼地域の内容に近く、山武・海上地域とは大きく異なっているということが指摘できる。

(7) 夷隅川流域遺跡群 （表1参考）

参考として夷隅川流域の分析事例を紹介する。これは、表採で得られた資料の個々の年代を、水和層により求めているという点で、これまでのやり方とは異なるため別記したものである。ここでも神津島産が全期間を通して優勢であることを確認できるが、信州産の黒耀石を含んでいること、とりわけ4700年前以前では、古くなるほど信州産の黒耀石を多く含むという結果が得られている。内房地域では目立たない信州産黒耀石が、なぜか外房の丘陵地域ではかなり多く含まれていることに違和感をもつが、時期の明らかな発掘資料による新たな分析事例の蓄積が必要であろう。

3　千葉県への黒耀石の大きな流れ

以上を、千葉県への黒耀石の大きな流れという観点でまとめてみたい。黒耀石の原産地から、下総台地のほぼ中央にある印旛沼までの直線距離を測ると、神津島：約200km　信州：約200km　高原山：約130kmとなっている。千葉は、

どこからも遠い、遠隔の地であるといえる。
　今一度、表2により、各地域の遺跡が全体としてどの産地の黒耀石を用いているのかをみてみたい。千葉県全体の平均値を目安にすれば、通時的ではあるがその地域の特徴がわかるといえよう。房総丘陵地域は、圧倒的に神津島産で占められ、信州産が1割で箱根産・高原山産を含まない。もっとも組成が単純な地域といえる。夷隅川流域では、神津島産が主体で、箱根産・高原山産を含まないのは房総丘陵地域と同じであるが、信州産が2割強を占めて県下最大の比率をもつ地域となり、その結果、神津島産の比率を平均以下にしている。京葉東部地域は、神津島産と信州産はほぼ平均に近いが、箱根産が平均の2倍と多く、高原山産が4分の1ほどで少ない。京葉西部地域は夷隅川流域と同様に信州産が2割強を占めているが、さらに平均より箱根産を少なく、高原山産を多く含むため、主体である神津島産の比率がもっとも低い地域となっている。東葛北部地域は、全体として千葉県の平均に近いが、信州産が多く、箱根産が少ない。印旛沼・手賀沼地域も高い神津島産の比率であるが、信州産が急落する一方、高い比率の高原山産と箱根産が特徴的である。香取・海上・山武地域は、小地域に区分した方がよいのかもしれないが、全体として神津島産の占有率が最高であり、高原山産は平均に近いが、信州産・箱根産は大きく下回っている。
　次に各原産地から千葉への黒耀石の大きな流れを、これまでの産地分析の結果を考慮して地理的観点で想定すると、以下のようになると考えられる。
　神津島産は、太平洋を舟で渡り、一旦房総半島南部に陸揚げされて北上する。その場合、陸路での北上は難儀であるから、内房・外房ともに再度海路をとることは十分に想定されよう。とりわけ海上・山武地域の高い出現率は、「黒潮流を利用した海上航路によって房総半島東岸沿いに運ばれ、銚子付近で古鬼怒湾の湾口付近に位置する粟島台・荒野台遺跡に搬入されたと考えられる」（杉原 2007）という。
　信州産は、関東に出て奥東京湾・東京湾を舟で渡り、まず東葛地域にはいる。東進するにつれて比率が低下する中で、外房の夷隅地域での異常な出現率が問われよう。
　高原山産は、陸路「下野—北総回廊」ルートで南下するか古鬼怒湾を舟で渡って印旛沼・手賀沼あるいは香取地域に到達する。しかし、半島部には到達していない。
　箱根産はごく少量しかなく、半島部には見当たらない。下総台地西部では紛れる程度であるから、千葉市など京葉東部地域に直接もたらされ、さらに印旛へ分布が広がった可能性が高い。

これを、量的な点を含めて地域における黒耀石の動きを大まかに予想すると、次のようになると考えられる。
　①の房総半島部の黒耀石は、神津島産の北上。ただし、外房は信州産の南下（？）
　②③④の下総台地西部の黒耀石は、神津島産の北上→西進＞信州産の東進＞高原山産の南下
　⑤⑥の下総台地東部の黒耀石は、神津島産の北上＞高原山産の南下＞信州産の東進
　千葉県全体を見渡すと、時期的には、全時期にわたり神津島産黒耀石が広く波及し、中期に一段と強く北上しているが、東京都あきる野市（旧五日市町）留原遺跡の報告で最初に指摘された、東京における中期末以降の信州産黒耀石の増加[3]は、下総台地西部を中心として千葉にも明らかに及んでいる。ただし、信州産黒耀石そのものは、東葛地域をはじめとして早期から混在しているから、中期末以降の状況は量的な変化といえる。
　箱根・天城産は全体に少ないものであるが、中期にやや目立つ傾向にある。高原山産も少ないが、中・後期に多くなっている。
　下総台地は黒耀石の産地とは遠く離れた地域であるが、そこでの縄文遺跡に広く認められる複数の異系統黒耀石の混在現象は、直接入手ではなく、全体の流通形態である網目状流通によって引き起こされていることが想定されよう。個々の物資の流通形態は、原則的には多くの人手を経た間接的な連鎖状流通によるものと考えられるけれども、モノと場合によっては、少し飛び越えた交流によるモノの動きも想定されよう。

4　千葉県における石鏃の石材と黒耀石利用

　千葉県など関東平野南部の石鏃の石材は、大きく見ると、黒耀石＞チャート＞その他、の順となっているようであるが、石鏃は、石材の選択性が高く、小さい形・尖った形・細かな剥離ができることが条件で、黒耀石・チャートなど限られた石材に収斂していた。これは、石鏃に適した石材が限られていたこと、つまり、いわば適材適所ならぬ適石材適石器という、石材選択の優劣意識を縄文人は強く働かせていたことを物語っている。ちなみに千葉県における黒耀石の利用対象は圧倒的に石鏃であり、楔形石器・石匙・石錐などにはわずかに用いられている程度である。
　千葉県各地の主な遺跡の石鏃の石材傾向は次のようである。ただし、石鏃は消耗品であり、集落で製作し、外で使用するのが本来の姿であるため、集落にあるものがすべてではないという点の考慮が必要である。

・東京湾側君津地方：黒耀石＞チャート
・東京湾側下総台地：チャート＞黒耀石
・古鬼怒湾側香取地方：ガラス質黒色安山岩＞チャート＞メノウ＞流紋岩
・古鬼怒湾側海上地方：チャート＞黒耀石・メノウ・古銅輝石安山岩＞頁岩

　実は、千葉県でも、下総台地東端の銚子の古銅輝石安山岩やチャート、房総丘陵（上総丘陵の下総層群下部の藪層・地蔵堂層や上総層群上部の万田野層・長浜層、あるいは嶺岡山地）のチャートや珪質頁岩のように、石鏃に使われた石材はまったくないことはなかったのである。

　上総丘陵の下総層群下部の藪層・地蔵堂層や上総層群上部の万田野層・長浜層には、チャート・玉髄・黒色緻密質安山岩・珪質頁岩などの小さな礫が含まれている。つまり、市原市を流れる養老川の、市原市役所から約5〜15㎞上流には、石鏃に使える程度の大きさの石材なら何とか存在するのである。これは、木更津市を河口とする小櫃川や君津市の小糸川の上流も同じである。

　また市原台地から約45㎞南に離れた嶺岡山地は、古第三紀〜新第三紀の地層からなり、房総では珍しく火成岩や変成岩を含んでいる。その中でも「嶺岡チャート」と呼ばれている石材が、市原市祇園原貝塚・千葉市六通貝塚・四街道市小屋ノ内遺跡・佐倉市井野長割遺跡などで使用されていることから、後期後葉から晩期前半にかけて盛んに流通した形跡があると指摘されている（西野2007）。このうちもっとも離れた佐倉市井野長割遺跡は、嶺岡山地から約70㎞も離れているのである。このように、何十㎞も離れていたり、あるいは自ら採取するのでなければ、地元産というわけにはいかないのであるが、これまで余り注目されてこなかっただけに、今後の研究の進展が待たれる。

　このように、量と質を問わなければ、千葉にも石鏃用の石材は、なんとかあるにはあったのである。しかし、それら石材の産地近くの千葉縄文人といえども、身近な石材で石鏃のすべてを賄うということはなかったことは、事実として認知することが必要である。これと同じことは、チャートなどが地元石材として容易に入手できた関東平野各地の遺跡でも認められることである。

　このことは、身近に石材があってもなくても、石鏃に適した最良の石材として黒耀石を縄文人が望み、つまり優先的に石鏃の石材として黒耀石を選択利用していたことを物語ると考えられる。つまり、黒耀石は、少なくとも千葉縄文人にとっては、石鏃用石材の第1位にランクされた石材、最良・最善の石材に位置付けられていたことを意味しよう。

　すべて黒耀石で賄えることができれば何も苦労はないのであるが、十分な量を恒常的に確保することはできなかったからこそ、黒耀石の入手の困難さによる石鏃用石材の不足は、その他の石材で補完する必要があったのである。チャ

ートは、関東平野においては補完的利用の筆頭石材であり、次善の石材、第2位にランクされた石材であったのである。チャートは、関東山地（秩父層群）・足尾山地（足尾層群）・八溝山地（八溝層群）の一部に分布し、山中の露頭や多摩川・入間川・荒川・利根川・渡良瀬川・鬼怒川・那珂川の上流から中流までの河原や扇状地礫層で容易に採集することが可能である（柴田 2002）というが、千葉県からは数十kmも離れているから、チャートも遠い石材といえる。

　水が高きから低きに流れる自然の摂理に似て、モノも有る方から無い方に動く（流通する）のが原則であり、これはモノの自然な流れである。そして、産地に近い地域では、有無の差に基づいて一方向的に流通（動脈状流通）し、限定した産地からなっているのが常態であると考えられる。これに対して、いくつも産地のあるものは、産地とは遠い地域になるほど、網目状流通（毛細血管状流通）により各地産のものが混在すると考えられる。

　そこで10点以上の分析結果の出ている千葉県の47遺跡について、その産地数（表3）をみると、産地数1が6遺跡12.5％、産地数2が16遺跡33.3％、産地数3が20遺跡41.7％、産地数4が6遺跡12.5％であった。つまり産地が複数混在するものが42遺跡87.5％を占めていて、千葉県のような黒耀石の遠隔地では網目状流通（毛細血管状流通）が多くみられたのである。

　黒耀石という特定の石材ですら、産地が複数混在するという在り方は、そのまま石鏃という石器に通じることである。産地同定が難しいとされるチャートも、数十kmも離れた遠隔地の石材なのであるから、千葉県北西部地域に想定されている入間川および渡良瀬川周辺の主たる供給地（柴田 2002）はあるとしても、同様に各地産のものも少量ながらも流通していたと考えられるのである。このような、すべての石器が特定の石材に偏らず、各地産の多種の石材から構成されているということが、下総台地の縄文遺跡における石器石材組成の顕著な特色といえよう。

　興味深いことは、動脈状流通の状態で信州産黒耀石が大量に東進あるいは南進していたであろう山梨県でも、甲州市釈迦堂遺跡や大月市塩瀬下原遺跡など、少量ではあるが神津島産黒耀石が出土している事実である。定住社会における神津島産黒耀石の山梨県への西進もしくは北進は、この信州産黒耀石の動脈のような大きな流れの方向性に反する逆流現象ということになる[4]。房総半島南部の信州産黒耀石の存在も、これと同じか、もしくは伊豆大島に運ばれた信州産黒耀石混入後の神津島産黒耀石の随伴によるものと考えられる。

　このような黒耀石の逆流現象は、有無の差に由来するモノの自然な流れではなく、不自然な流れであり、まさしく人間の行為というものが法則的ではないことを証明している。即ち、「モノの流通は、過不足のみを動因としていない」

ということを教えてくれるのである。「足りている」のに受け取るという性格をもつ物流は、過不足の経済的側面のみで物流が機能していたわけではなかったことを証明する。非経済の物流とは、社会関係としての物流を意味するが、その性格は贈与に属しよう。

　もちろん、生活に必要な不足する物資を入手するというのが物流の基本的な動因であることは、論を待たない。お互いに何かが不足しているという資源の不均衡という状況は列島各地にみることができ、定住生活を続ける中での資源の偏りとその克服への努力こそが、縄文時代に交流が活発になった大きな理由と考えられるのである。

5　黒耀石産地の先行研究

　石器に利用される黒耀石が、産地の限られた石材であることから、遺跡出土の黒耀石を薄片にして顕微鏡で調べれば、どこの産地のものかがわかり、彼らの移動についてもわかるのではないかと考え、この研究に着手した神保小虎氏は、人類学会所蔵のものではじめたが、材料が少なく比較ができないので、黒耀石を持っている人は人類学会に寄付して欲しい、と人類学会の例会で発言し、またその会誌で活字にして呼びかけている。明治19年のことである（神保 1886）。これは、石器石材、とりわけ黒耀石の産地と遺跡の関係を明らかにしようという問題意識を持った研究の、まさに緒言である。

　しかし、理由は不明ながら、良い結果を得ることができなかったとみえ、成果の公表されたものを寡聞にして知らない。

　そもそも、この神保氏の研究がどのような方法によるかは明言されていないのであるが、薄片の顕微鏡観察によることと「小キ斑アルアリ細キ線アルアリ」という記載をみることからすると、黒耀石の晶子形態の違いに注目していた可能性が高い。とすれば、篠遠喜彦・中山栄氏による昭和19年の東京都北多摩郡久留米村南沢（現東久留米市）の自由学園遺跡における黒耀石の鉱物学的調査の発表（篠遠・中山 1944）は、実に58年という長い中断を経た研究の復活というべきものであったといえる。その観察の結果は、自由学園遺跡の86％が神奈川県箱根産で、残りは不明というものであった。千葉県については、その後の市川市姥山貝塚D地点と表採の黒耀石3点が最初であるが、2点が箱根型A、1点は不明とされた（グロート・篠遠 1952）。これらにより、南関東では箱根産黒耀石を多用しているらしいということが共有されるようになったものと思われる。

　その後、この黒耀石の晶子形態の違いによる産地研究を押し進めたのは増田和彦氏であり、新潟県津南町上野遺跡の報告書において、それまでの研究成果

をまとめている（増田 1962）。そのうちの千葉県についてみると、松戸・市川・鎌ヶ谷の京葉西部（東葛南部）地域の前〜後期の9遺跡12点は、すべて富士火山型（箱根・天城・浅間）の黒耀石とされた。また、銚子市の粟島台遺跡の2点、南房総市（旧丸山町）加茂遺跡の2点も富士火山型、一方、館山市稲原貝塚の2点と大神宮貝塚の1点は和田峠型とされたのである。ここで問題なのは、比較すべき原石として、高原山はあるけれども、神津島は含まれていないことである。仮に不明扱いとなった館山市稲原貝塚の2点、銚子市の粟島台遺跡の1点、横芝光町（旧横芝町）山武姥山貝塚の1点が神津島産であったとしても、これまでみてきた定性・定量分析による結果との乖離に戸惑いを禁じ得ない。

今日の黒耀石の定性・定量分析が実施される前の学史として、今日では過去の試みとして忘却されてしまった黒耀石の晶子形態の違いによる産地研究が存在したことを、ここに一項を設けて紹介した。その結論は首肯し難いものであるとしても、120年以上も前の着想と、約50〜60年前の実践という、物流関係の復元に向けての科学的手法の導入に尽くした先学に対し、敬意を表するものである。

本研究は、これまで先学により齎された黒耀石産地分析研究の成果に、新たに明治大学学術フロンティアによる千葉県分の分析成果を加えて検討したものである。杉原重夫先生をはじめとする関係者の皆さんのご努力に感謝申しあげる。また山梨県における遺跡出土黒耀石の産地分析の事例については、末木健氏にお教えいただいた。厚く御礼を申しあげたい。また、本稿は2007年12月22日に開催された明治大学学術フロンティア「環境変遷史と人類活動に関する学術的研究」のサブプロジェクト1 基幹研究成果公開シンポジウム"黒曜石と人類Ⅰ"における筆者の同名の発表をもとに、加筆して文章化したものである。刊行までに2年余が経過したが、その間の公表事例は追加していないことをお断りしておきたい。

註

1）本来、下総台地の分水界を通れば、旧関宿町から茨城県五霞町・古河市を通り、栃木県小山市・宇都宮市まで川を渡らずに歩いて行けたのである。この房総と下野を結ぶ交通路は「下野―北総回廊」と呼ばれ、田村隆氏は後期旧石器時代における交通路として大変重要な地位を占めていたことを強調（田村 2007）しているが、縄文時代においても、その重要性は些かも変更はない。さらに蛇足ながら、江戸時代初期の逆川・赤堀川の開削で下総台地が分断され、利根川が銚子に落ちるようになったのであるから、中世までを扱う白地図として、わざわざ利根川を銚子に落とした図を作成するのは不適当であると指摘しておき

たい。

2）東葛とは東葛飾郡の略称であり、葛飾郡域のうち、江戸川東側の北の関宿から南の船橋までが範囲であった。そもそも葛飾郡は、奥東京湾が陸化してできた中川低地を流れる古利根川を律令体制下の国境とした際の、古利根川より東側の下総国側の郡名である。その後、江戸時代初期の江戸川開削により、江戸に近い方の江戸川西側の葛飾郡は武蔵国に編入された。そして明治11年の「郡区町村編成法」により、葛飾郡は、北葛飾郡と中葛飾郡（埼玉県域）、南葛飾郡（東京府域）、東葛飾郡（千葉県域）となったのである。

3）藁科哲男・東村武信氏は、留原遺跡など都下の縄文中期4遺跡から出土した黒曜石の産地分析結果を細別時期ごとにまとめ、「五領ヶ台Ⅱ式期には神津島産原石と霧ケ峰産原石の使用頻度は等しく、勝坂Ⅱ～曽利Ⅱ式期の間にかけて神津島産原石の使用頻度が高くなり、曽利Ⅲ式期に逆転し、曽利Ⅳ式期には霧ケ峰産原石の使用頻度は最も高くなるという時期的な変遷がみられる」（藁科・東村 1987）と指摘した。この件は、その後の分析事例の増加によっても追認されている。

4）市立市川考古博物館では、個人の方から長野県茅野市尖石遺跡採集という黒曜石片10点の寄贈を受けていたので、その産地分析を行なうことにした。その結果は、西霧ヶ峰系3点、和田峠・鷹山系1点、北八ヶ岳系1点に加えて、神津島の恩馳島系を3点を含み、残り1点は測定不可であった（堀越・鈴木・杉原2005）。しかし、未発表ながら、その後に実施された茅野市蔵になる尖石遺跡出土の大量の黒曜石産地分析では、これまでのところ神津島産黒曜石は含まれていないということであるから、これほどの高率で神津島産黒曜石が混じるのは疑問であり、市立市川考古博物館に寄贈された長野県茅野市尖石遺跡採集という黒曜石片には、他の遺跡で採集された黒曜石片が混入してしまっている可能性が高いと判断せざるをえないであろう。分析資料は、発掘資料にしろ採集資料にしろ、その後、きちんと管理されていた資料に限ることを教訓としたい。

参考文献

神保小虎 1886「黒曜石比較研究緒言」『人類学会報告』第2号
篠遠喜彦・中山　栄 1944「南沢出土の黒曜石について」『採集と飼育』第6巻第2号
G. J. グロート・篠遠喜彦 1952『姥山貝塚』ニッポニカ第一類日本考古学Ⅱ、日本考古学研究所
増田和彦 1962「本邦産黒曜石の晶子形態と考古学への応用に就いて」『上野遺跡』津南町文化財調査報告4、津南町教育委員会
藁科哲男・東村武信 1987「留原遺跡出土の黒曜石製遺物の石材産地分析」『留原

都道32号線留原遺跡発掘調査報告書』都道留原遺跡調査会
立教大学考古学研究会 1999『千葉県夷隅川流域調査資料集』
柴田　徹 2002「等値線から見た石材移動ルートの復元—石鏃の黒曜石およびチャートを例に—」『松戸市立博物館紀要』第9号
堀越正行・鈴木尚史・杉原重夫 2005「千葉県市川市出土黒耀石遺物の原産地研究」『駿台史学』第124号
田村　隆 2007「景観の中の遺跡」『千葉県の歴史　通史編　原始・古代1』千葉県
西野雅人 2007「千葉東南部ニュータウン37—千葉市六通貝塚—」『千葉県教育振興財団報告』第572集
杉原重夫 2007「古文化財研究所における黒曜石産地分析の研究成果」『黒曜石と人類I　予稿集』明治大学学術フロンティア　環境変遷史と人類活動に関する学術的研究　サブプロジェクト2・3
※個々の分析データの出典は省略させていただいたことをお断りしたい。

3 縄文集落における石器集中部の形成過程と産地

須賀博子・奈良忠寿

はじめに

　考古遺物の研究において、出土状態のまとまりは時間的な一括性をしめす重要な情報である。近年の黒曜石産地推定は、機器機能の向上により、こうしたまとまりの全資料さえ測定することが可能となっている。しかし、ただ闇雲に分析点数を増やすよりも資料の来歴の解明が重要である。その意味では黒曜石産地推定の研究も、廃棄物としての集積過程を検討しながら、その来歴を復元する必要がある。
　本論では、竪穴住居跡から出土した視覚的にまとまりのある黒曜石が、さまざまな要因によって集中部を形成している事実について2遺跡を例に検討し、その背景を論ずるとともに、今後の産地推定研究を展望する基礎としたい。

1　覆土中の遺物分布と石器集中部の形成過程

　千葉県松戸市にある八ヶ崎遺跡は、下総台地北西部の台地上に形成された、縄文時代早期前葉、前期中葉、中期前葉から後葉を中心とする集落遺跡である。現江戸川から東方にのびる谷の奥にあり、南北280m、東西180m程の広がりが認められる（図1）。
　中期では、前葉の阿玉台Ｉｂ式から後葉の加曽利ＥⅡ式期の住居跡がこれまでに検出されている。最終的な集落の形態はまだ明らかではないが、同時期の環状集落遺跡にしばしばみられるように、住居の分布は外側に阿玉台式期、そして時期が新しくなるにつれ内側に移っていく傾向が窺える。
　今回検討の対象とする阿玉台式前半期は、第1地点や第7地点ほかの複数の地点で住居跡が調査されている。その中でも第1地点の10号住居跡では、同時期のほかの遺構と比べ、多量の黒曜石製の石器が出土している点が注目された（須賀ほか 2006）。

（1）10号住居跡の遺物集中部の形成

　第1地点で検出された10号住居跡は、集落の中でも南側に位置している。ほ

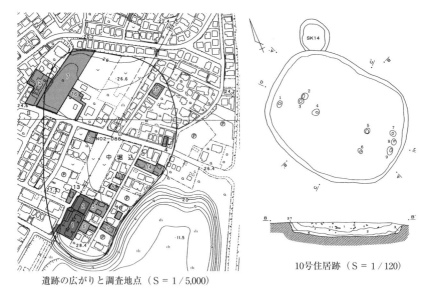

遺跡の広がりと調査地点（S = 1 / 5,000）　　　10号住居跡（S = 1 / 120）

図1　松戸市八ヶ崎遺跡と10号住居跡

かの遺構との重複がほとんどなく、遺存状況が良好であった（図1右）。住居の中心線上に細い柱穴が設けられ、炉跡を形成しない、阿玉台式前半期に特徴的な構造を呈している。住居自体の時期は、床面から出土した土器より阿玉台Ｉｂ式期と考えられる。

　住居跡を埋める覆土のうち、上位に堆積した1層から2層にかけて、多種類の遺物が大量に出土した。その中には、産地推定の分析対象とした黒曜石製の小形剥片石器も大量に含まれている。そのような黒曜石製石器の集中が、いつ、どのような過程を経て形成されたのか、土器などほかの遺物の出土状況とも比較することからまずは検討してみよう。

　土器の出土状況　土器は、阿玉台Ｉｂ式を主体としながらも、早期から後期の幅広い時期の土器が出土している。覆土断面図への投影をみると、中期前半の土器が覆土の上層部に集中するのに対し、早期と前期の土器は、覆土中で上下に幅広く分散的に分布していることがわかる（図2）。このことから、早期と前期の土器は、その各時代の土器の使用者が廃棄したものではなく、「土」を構成する一部として堆積したのであり、人為的な廃棄行為による集積ではないことが理解される。一方、中期前半の主体をなす、阿玉台Ｉｂ式からⅡ式土器は、後述するような遺存の程度の高い個体の存在、一定の層位への集中から、

56　第Ⅰ章　石器石材の流通と社会

人為的に廃棄されたものと考えられる。とくに覆土上層に濃密な遺物の密集がみられるが、その形成過程をみてみよう。

発掘調査では、遺存の程度の高い個体がまとまって出土した場合には、出土状況を微細に図化した記録が残された。遺物集中の形成過程を分析する中で、その各まとまりを、ブロック（BL）という分析単位として扱った（図3上段）。これらのブロックの出土層位を検討すると、密集して遺物が分布するまとまりの下面である1層と2層の境界付近には、複数のブロックが面をなすように分布していることが明らかになった。それらのブロック間で接合関係もみられることから、これらの遺存程度の高い個体は、住居跡に覆土が一定程度堆積した段階で、一括的に廃棄された状況が推測される。

その上部に大量に分布する土器片は、大部分がブロックの個体と比べると破片が小さい。また、土器片は多量にあるにも関わらず接合関係はあまりなく、器形を復元できる個体も少ない。このことから下面の廃棄面の個体とは異なり、より砕片化が進んだ個体の破片が廃棄されたと考えられる。このように、集中の下面とその上部では、土器が不要物となった後の砕片化の進行程度など、ライフサイクルの段階がやや異なる土器群が廃棄されていたことが理解されよう。

では、この土器の集積はいつ、どの位の期間で形成されたのであろうか。
集積の主体を占めるのは、阿玉台Ｉｂ式土器である。一方、前述の集積下面のブロック群より下位の2層中でも、最下部から出土した個体は、描線が二条単位の沈線であることなどから阿玉台Ⅱ式と筆者が比定した個体であった（図3下段左端BL12）。この型式の認定が正しいならば、その上位に形成された土器の集積は、土器は阿玉台Ｉｂ式ではあるが、廃棄された時期は阿玉台Ⅱ式期であるということになる。ただし、阿玉台Ⅱ式の中でも古い時期に属する個体であることから、それ程大きな時間的逆転や時間幅ではないと考えている[1]。

なお、少量ではあるが、阿玉台Ⅱ式や同Ⅲ式土器も存在する。個体分布の分析などから（須賀ほか 2006）、単なる後世の混入ではなく、少量ながらも廃棄の場として、引き続き利用されていたと考えられる。

以上のように、覆土上層にみられた土器の集積も単純ではなく、集積下面とその上部では土器のライフサイクルにおける段階の異なった廃棄行為が組み合わさって形成されたことが理解される。ここからは推測の域をでないが、その形成は一度の廃棄によって成されたものではなく、型式としてはほぼ単型式の期間だが、その中ではやや幅があったのではないだろうか。

小形剝片石器の出土状況　では、400点以上と多量に出土した黒曜石製主体の小形剝片石器は、どの時期に伴うものなのであろうか。

覆土断面への投影図をみると、中期前葉の土器と同様に覆土の上層に集中し

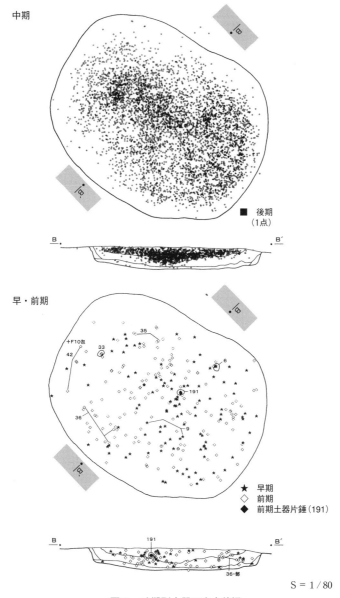

図2　時期別土器の出土状況

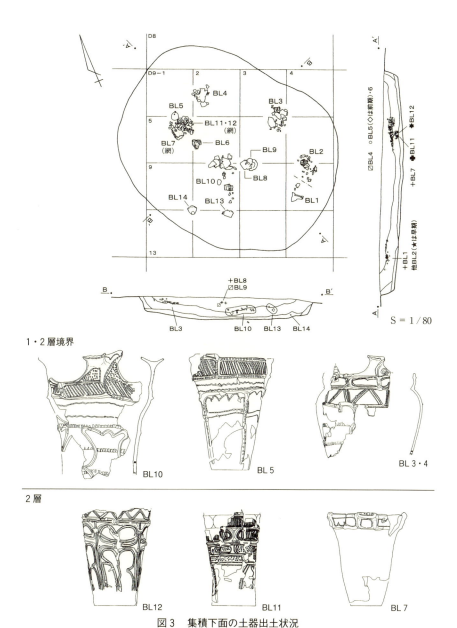

図3　集積下面の土器出土状況

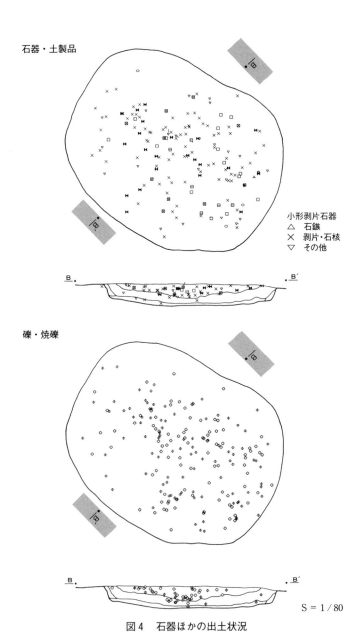

図4　石器ほかの出土状況

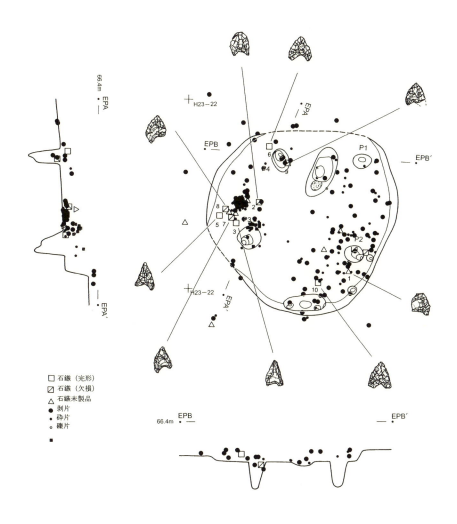

図 5　鹿島台遺跡SI-017遺物出土状況

千葉県君津市にある鹿島台遺跡は、中期後葉の加曽利 E 式前半期に黒曜石を主体とした石鏃製作を盛んに行った遺跡である。石鏃製作に関する石器が複数の竪穴住居跡に廃棄されている。SI-017はその一例で、南東・北東・西部の 3 ヵ所に平面的な集中がみられ、前 2 者は覆土中、後者は床面にまとまっている。西部の集中で石鏃の成品や未成品がやや多い点は、八ヶ崎遺跡10号住居跡の組成とは異なる。（栗田ほか 2006を一部改変）

ていることが読み取れる（図2・4上段）。このことから、早期や前期ではなく中期前葉の時期に伴う、やはり人為的に形成された石器の集積であることが理解されよう。その形成時期は、前述したように集積下部から出土した土器の型式学的な理解に問題が残るが、現段階では土器の集積が形成された時期と同じ阿玉台Ⅱ式期と考えておく。

　ところで、小形剥片石器の場合、遺構から少量出土する事例の中には、遺構内で偏在し、小さなまとまりとして認められる場合がある（図5）。10号住居跡の石器集中部には、そのような平面的や垂直的な小さな単位を認めることはできない。その背景として、一回的な廃棄の量が非常に多かったことと関連し、廃棄範囲自体がやや広域化した可能性があげられる。一方、廃棄が複数回にわたる累積的なものであったため、地点をずらしながらも重なってしまい、単位の識別が不可能になった可能性も、仮説の一つとして考えられよう。

　後者を示唆する現象の一つとして、表面が白濁している黒曜石製石器のあり方に注目してみよう。出土した黒曜石製石器を観察すると、被熱のためか外面

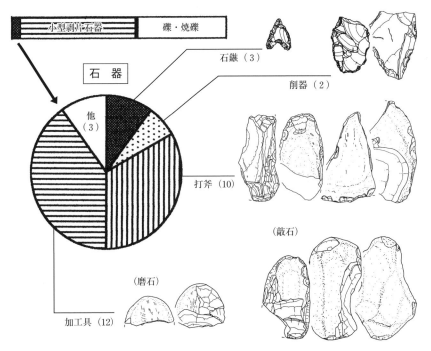

図6　中期前葉の石器組成（八ヶ崎遺跡10号住居跡）

が濁った面で覆われているものが存在する。しかし、それらは黒曜石製石器402点のうちわずか5点と非常に少ない。これは、ある時期被熱環境にあった石器の存在を示すと共に、そのような環境におかれたものは、全体の極一部であったことを物語っていよう。ここから、異なる環境や背景を経過した石器が累積することによって、この石器の集中が形成されたとする解釈も可能である。

このような検討から、この場は石器製作の場ではなく、他地点で行われた石器製作で生じた不要な石器が累積的に廃棄された場であると推測される。土器やほかの遺物の出土状況からみても、この場の性格は、この段階では基本的に廃棄の場であったと考えられる。石器組成からみた検討は、後段で行う。

各種道具のライフサイクルと廃棄 ところで、阿玉台式前半期には、石器組成において打製石斧が増加する傾向や土器片垂が多出するようになる傾向が指摘されている。石鏃を主体とした小形剥片石器の位置づけを考える上でも、各種の生産用具がどのような組成をなしていたのかを理解しておくことが必要となる（阿部1987）。

10号住居跡の覆土上層には、これまでみてきた土器と小形剥片石器以外にも、

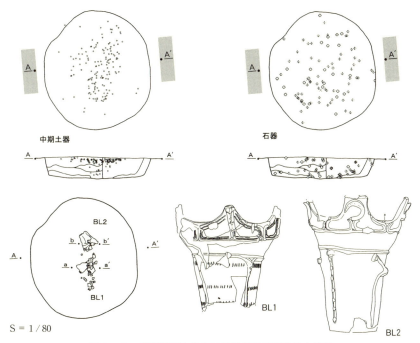

図7　八ヶ崎遺跡第1地点12号住居跡の遺物出土状況

土器片垂、打製石斧や磨石・敲石などの大形石器、礫・焼礫など多種類の遺物が含まれており（図4・6）、この時期の遺物組成種の大部分を網羅している。このように10号住居跡の遺物の集中は、多種類の遺物が廃棄されることによって形成されたものである。

それぞれの遺物は、ライフサイクルなどが異なるため、廃棄の機会が必ずしも共通するとは限らなかったと推測される。遺物の組成に偏りがある遺構の存在は、それを示唆しよう。一例として、10号住居跡とほぼ同時期の阿玉台Ⅰb式期に比較的近い位置に営まれた、12号住居跡の遺物集積をみてみよう（図7）。

土器は、覆土上層に集中し、遺存程度の高い個体（図7BL1・2）と破片が廃棄されている点は10号住居跡と共通するが、数量が少ない。小形剥片石器は、黒曜石製の剥片が7点出土したに止まる。石器はそれを除くと礫と焼礫のみで構成され、種類に乏しい。やはり阿玉台Ⅰb式期に廃棄されたと考えられるが、覆土中における分布の仕方が土器とは異なり、より分散的である（図7右）。ただし、周辺の包含層中には石器は少ないことから、流れ込みではないと考えられる。

このような各種の遺物の出土状況の差異は、ライフサイクルなどの差異による廃棄のあり方の違いを反映していると推測される。また、遺物の種類や量が少ないことは、12号住居跡への廃棄が比較的短期間に行われ、廃棄の累積性の程度が低かったことにも一因があると考えられる。

一方、10号住居跡は、廃棄の時機が元来異なるはずの各種の遺物が、覆土中で同様の出土状況を示していることからも、廃棄の場としての期間に一定の時間幅、継続性が存在したことを想定させる。各種遺物をまとめて廃棄する集約的な片付け行為による可能性も残る。しかし、遺物の標高からみた分布が面的ではなく幅をもつこと、小形剥片石器に関しては、微細であるため一旦地上に廃棄した後に何度も回収し移動するような高次的な廃棄は煩わしいと想像されることから、その可能性は低いのではないだろうか。

（2） 八ヶ崎遺跡の集落の構成と石器群の分布

小形剥片石器の遺跡内での分布の偏りについては、先程その一端にふれた。ここでは、集落や集団の全体の構成と石器製作の関係の今後の検討にそなえ、遺跡全体における住居跡と小形剥片石器の分布について、多少概観しておこう。

八ヶ崎遺跡の調査はまだ部分的ではあるが、阿玉台Ⅰb〜Ⅱ式期の住居跡は広範囲に分布していることが確認されている。第7地点は、第1地点と遺跡の中心部を挟み約150m離れた所に位置し、遺跡でも外側の部分にあたる（図1）。第1・2地点では阿玉台Ⅰb式期3軒、同Ⅰb〜Ⅲ式期3軒の住居跡が検出された。第7地点では阿玉台Ⅰb式期6軒、同Ⅰb〜Ⅱ式期2軒、同Ⅱ式期1軒

の住居跡が調査されている（峰村ほか 2008）。両地点とも、住居跡は比較的分散的に分布しており重複関係は見られない点で、居住形態には一定の類似性が存在したと推測される。

　石器においては、どちらの地点も黒曜石製を主体とする小形剝片石器が出土している点で、共通している。このことは、中期前葉において、集落内の特定の地点でのみ石器製作が行われたわけではないことを示していよう。ただし、点数においては第1地点10号住居跡への集中が際立っているようにみえる。このように1軒の遺構内に多量の遺物が集中して出土する状況は、集落内でも限られていたようである。（須賀）

2　遺物の集積のパターンと石器集中部の形成過程

（1）自由学園南遺跡の概要と取り上げる資料

　自由学園南遺跡は、東京都東久留米市内に位置する旧石器時代から縄文時代の複合遺跡である。その遺跡名が示す通り自由学園という私立学校の敷地内に存在し、学園の整備に伴い発見され、1936年の第1回調査を初めとして大小10回にわたる調査が行われている。かつては遺跡所在地の字名をとり「南沢遺跡」として報告されていたが、1980年に東久留米市遺跡地図が刊行された際に自由学園南遺跡、自由学園西遺跡、自由学園北遺跡へと遺跡範囲が整理・登録され、現在に至っている。

　縄文時代遺跡としての自由学園南遺跡は、1980年以降の調査によって中期の拠点的な集落として広く知られるようになり、その住居跡の検出状況から環状集落の可能性が指摘されている（伊藤・松浦 1983、戸沢・山崎・千葉 1996、奈良・金澤・佐々木 2005）。

　今回取り上げる47号住居跡は2000年の第Ⅳ次調査により、63号住居跡は2001年から2002年にかけて行われた第Ⅴ次調査によって調査され、2005年に刊行された報告書によって報告されている。集落のなかでの位置を概観すると、47号住居跡は集落の北東部で中期の環状集落の立地からはやや外れたところに位置する。63号住居跡は環状集落がもっとも拡大した時期の住居跡であり、そのなかでも南側外縁部に位置している（図8）。

　現在までに90軒以上確認されている住居跡の中でも、石鏃や剥片などが100点以上出土した住居跡は少ない。そのなかで、剝片類が多く出土し、出土状況にも特色があった47号住居跡と63号住居跡の資料を例に、石器の集積にはどのような状況が反映されているのか考えてみたい。

（2）47号住居跡の事例

　47号住居跡は、直径約5.1mの住居跡で、北側が攪乱により破壊されている。

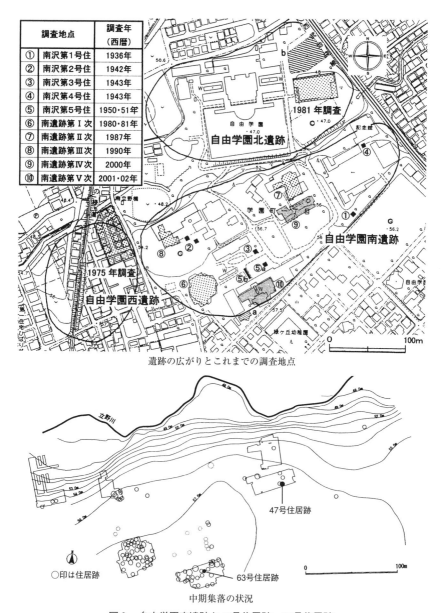

図8　自由学園南遺跡と47号住居跡・63号住居跡

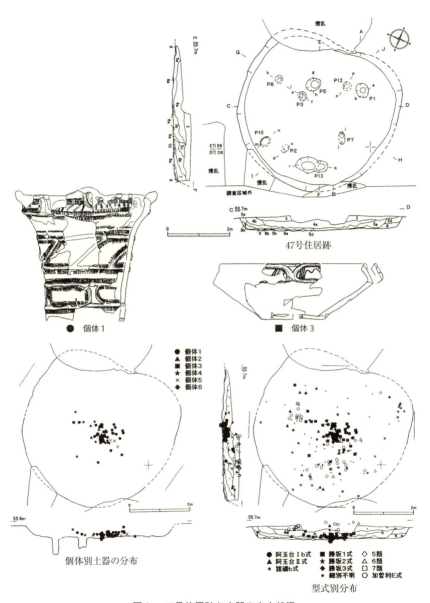

図9　47号住居跡と土器の出土状況

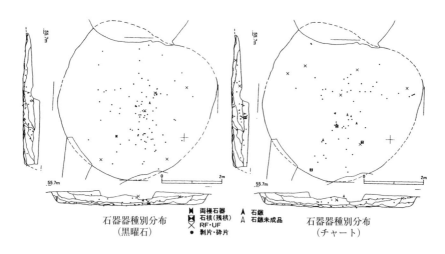

層位別の器種組成

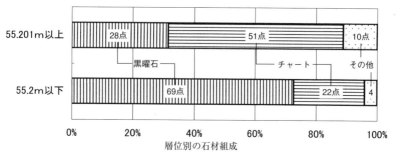

層位別の石材組成

図10　47号住居跡出土小形剥片石器の特徴

この住居跡の覆土中からは土器片・石器類があわせて415点出土した。このうち、剥片なども含めた小形剥片石器類は184点である。その多くは剥片・砕片であるが、石核（残核）、石鏃、石鏃未成品なども出土している。これらの石器類はその器種組成からは石鏃製作関連の資料と考えられ、完成品・未成品も存在する一連の工程が復元できる資料のようだ。

　覆土中の遺物のうち、土器の型式別分布を手がかりにこの住居跡での遺物の集積のあり方をみてみたい（図9）。型式別分布を見ると、住居跡の中心部でなおかつ下層床面近くに分布する阿玉台Ⅰb式・勝坂1a式の一群と上層に散在する加曽利E式（5〜7類）の一群とに分けられる。そして、下層に分布する土器が接合し器形復元が可能な資料であるのに対し、上層に分布する加曽利E式土器は接合もほとんどせず、まとまりに欠ける資料である。このため、覆土下層（4層以下）が形成された段階にはこの住居跡の窪地を利用した活動が活発で、個体復元が可能な土器が廃棄され、上層（3層）が形成された段階には廃棄活動が低調だったと考えられる。47号住居跡と一部が重複する形で加曽利E3式の柄鏡形住居（45号住居跡）が構築されており、上層の加曽利E式土器はその住居跡と関連する活動で残された可能性が考えられる。以上から、覆土の堆積には時期差があり、それぞれの層の堆積時にこの場所で行われていた活動も一様ではないことが読み取れる。

　同様な活動の違いは、石器の分布状況にも反映されているのだろうか。器種別・石材別の分布状況を見ていこう（図10）。石器群を土層断面に投影すると、石鏃・石鏃未成品は上層の出土である。また、石材別にみると、チャートが比較的上層に分布するのに対し、下層の石器群は黒曜石の剥片類である。調査時には、土層断面で観察された層位別に遺物を取り上げてはいないので、標高記録を元に、石材別・器種別の集計を行いさらに詳しく検討を加える。

　この住居跡の床面は標高55.0mから55.1mの間に構築され、やや傾斜が存在する。このため、標高55.1m以下から、0.1mごとに石材別に集計を行ってみた。すると、黒曜石とチャートの石材別の比率が標高55.2mを境に下層では黒曜石が7割を越えるのに対して、上層ではチャートが6割と比率が逆転する。また、器種別にみても、石核は上層のチャートしか存在せず、石鏃・石鏃未成品も上層のものがほとんどであることが判明した。

　このように、当初は石核から完成品までが含まれ、一連の工程が復元できるように見えた石器群であるが、詳細に見るとこの住居跡の石器集中は黒曜石を主体とし、剥片・砕片が多い一群を残した活動と、チャートを主体とし石核や石鏃などを含む一群を残した活動が重複し形成されたものだと言える。そして、個体別土器からみた覆土の形成過程も考慮すると、それぞれの一群には時期差

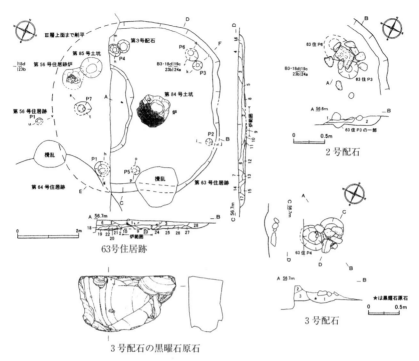

図11　63号住居跡と配石

があり、下層に分布する資料は、個体別土器の時期である勝坂1a式の時期に残されたものと考えられる。

(3) 63号住居跡の事例

　63号住居跡は西側の一部を破壊されていたが、復元すると一辺5m強の隅丸方形の住居跡であろう。中期中葉の64号住居跡と、時期不明の56号住居跡の一部を壊して構築されていた。この住居跡の覆土中からは土器片・石器類あわせて959点が出土し、そのうち剥片なども含めた小形剥片石器類は256点である。小形剥片石器類は剥片・砕片が多く、石核（残核）、石鏃、石鏃未成品などのほか、接合関係から剥片剥離工程が復元できるチャートの母岩別資料も存在する。また63号住居跡が廃棄された後に窪地を利用し2基の配石、1基の土坑が構築されている（図11）。これらの遺構・遺物が残された過程を復元し、関連性を見てみよう。

　土器・石器の集積過程を復元するため、分布状況を検討する。土層断面に遺物を投影すると、個体別資料として復元できる土器は1層下部に分布しレンズ

70　第Ⅰ章　石器石材の流通と社会

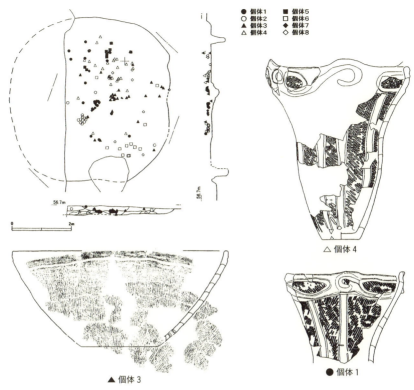

図12　63号住居跡出土土器の個体別分布

状を示すため、窪地状に覆土が堆積した段階で個体別土器が廃棄されたことがわかる。個体別土器は型式的には加曽利E3式でまとまり、出土状況も散在する個体6がやや上層から見つかっているため、ほかよりも廃棄された時期が新しいと考えられるほかは大きな時間差はないだろう。小形剥片石器類は覆土の1層下部から床面近くまで分布する。石器群と個体別土器の時間的関係は、石器群がやや古いか個体別土器とほぼ同時に集積したと考えられよう（図12・13）。

　次に2基の配石と1基の土坑の構築過程を考えてみよう。配石は、どちらも直径0.5mほどで、礫を環状にめぐらした中央に欠損した石皿を配した2号配石とやや大きめの礫を集積した3号配石とがあり、3号配石の下部からは黒曜石原石が出土している。土坑は84号土坑であり、炉跡の一部を壊して掘り込まれ、掘り込みの中には割れた礫が充塡されていた。2基の配石については、その構築場所が住居跡の柱穴の上に位置するという構築位置と、検出された層位

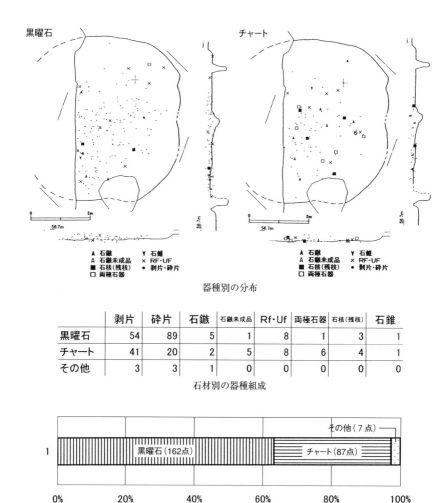

図13　63号住居跡出土小形剥片石器の特徴

の共通性から同時期の構築であると考えられ、土坑についても柱穴ではないが炉跡に重複するように掘り込んでいることと、配石の1基とで礫の接合関係が認められることから、配石と同時期の構築であると判断できる。住居廃絶からの時間経過は、柱穴や炉跡の位置に重なるように構築されていることから、住居廃絶後まもなく、埋没があまり進行せずまだ柱穴や炉跡の位置がわかる段階

72　第Ⅰ章　石器石材の流通と社会

で構築されたと判断される。配石・土坑と個体別土器との時間的な前後関係については、配石よりも個体別土器が住居の中央に近いところに分布することから、埋没がより進んだ段階で個体別土器が残されたと考えられる。

以上を整理すると、配石・土坑の構築→石器群の形成→個体別土器の廃棄となる。

そして、石器類の集積過程であるが、この住居跡では47号住居跡と同じく0.1ｍごとに集計しても石材ならびに器種組成に大きな違いが認められなかった。このため、この住居跡に集積した石器群は活動の内容が変化しない、一連性が高い資料と判断できよう。（奈良）

3　黒曜石製遺物の構成要因と産地の問題

これまで遺物の出土状況から、石器集中の形成過程を探ってきた。次にそれぞれの石器組成に検討を加え形成の背景を探ると共に、産地との問題にふれてみよう。

（1）八ヶ崎遺跡の分析

10号住居跡出土の小形剥片石器の組成　10号住居跡からは418点の小形剥片石器が出土した。そのうち黒曜石製は、実に95％以上を占めている（図14左）。遺構確認面の問題、さらに発掘調査では遺物の回収は手掘りで行い、土壌の水洗選別は実施していないことから、本来はより多くの小形剥片石器が存在していたと推測される。

後述のように石器製作で生じた屑片が主体ではあるが、ある程度の累積性が想定される石器群において黒曜石がこれだけの比率の高さを示している様相は、この時期の剥片石器の主体である石鏃の石材組成の実態をある程度反映していると考えられる。前述した同時期の第7地点住居跡から出土した小形剥片石器でも同様に黒曜石製が85％以上と高い比率を示していることも（峰村ほか2008）、これを裏付けよう。

黒曜石製石器の器種組成においては、石鏃の成品が非常に少ないことが注目される。主体となるのは、石器製作時に生じる各種の剥片類や、ピエス・エスキーユである（表1）。ここからまず指摘できるのは、この黒曜石製石器の集中が、道具の集積ではなく、集落内での石器製作によって生じた不要物を主体に構成されているということである。その中には、少ないながらも石核から、素材剥片の調整加工に至る諸段階で生じた石器が含まれている。ただし、非常に微細であることが推測される石鏃の最終調整で生じる剥片に関してはほとんど確認できていないが、前述のように資料回収の手法の点で問題が残る。実際資料中の最小のサイズは8㎜程度であり、それ以下の資料はほとんど無い。

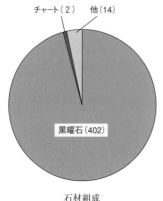
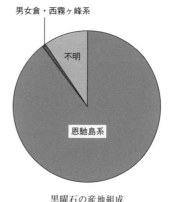

図14　小形剥片石器の石材構成（八ヶ崎遺跡10号住居跡）

　これらは、累積的な形成が推測される集積であり、接合関係の検討も不十分なため、石器製作の一連の工程が連続的に行われたのか、別々の機会に行われたのかを、現段階では明らかにすることはできない。今後の課題である。
　では、残された石器の観察から石器製作技法について検討を加えてみよう。
　石核の素材自体は出土していないが、図15-1や同3の形状などから、やや厚手の板状の剥片が素材であったと考えられる[2]。剥片を観察しても曲面的な礫面が遺存しているものはほとんど無いことから、小形のいわゆるズリなどの小円礫とは異なる形態の原料が、集落内に持ち込まれたのであろう。10号住居跡の黒曜石の産地推定分析では（杉原ほか 2009）、大部分が恩馳島系であることが明らかになっている（図14右）。産地と石核素材の形状の関係については、今後の検討が必要である[3]。
　図15-1は後述のような両極打法ではなく、単面の打面からの剥片剥離、所謂フリーフレイキングの手法により剥片を得ている。本住居跡では石核の出土点数が非常に少ないが、最終的には石核自体も分割して石鏃の素材としたためであろう。小形であるため、その分割には両極打法が用いられたと推測される[4]。小形のピエス・エスキーユの存在（図15-4・5）は、そのような石器製作のあり方を示唆するものであろう。図15-3はやや大形の剥片を素材としており、厚みのある部分の上下に、両極打法によると考えられる潰れが観察される。剥片の大きさは3.5cm前後であり、廃棄された石核（図15-1）とほぼ同サイズである点は、石核原料の大きさと、素材剥片を作り出す技法との対応関係を考える上で、興味深いかもしれない。

74　第Ⅰ章　石器石材の流通と社会

表1　10号住居跡出土小形剥片石器の組成

石材	石鏃	石鏃未成品	削器	2次加工剥片	微細剥離剥片	石核	両極石器	ピエス・エスキーユ	剥片・砕片
黒曜石	3	1	1	21	8	2	1	13	352
チャート									2
他				1					13

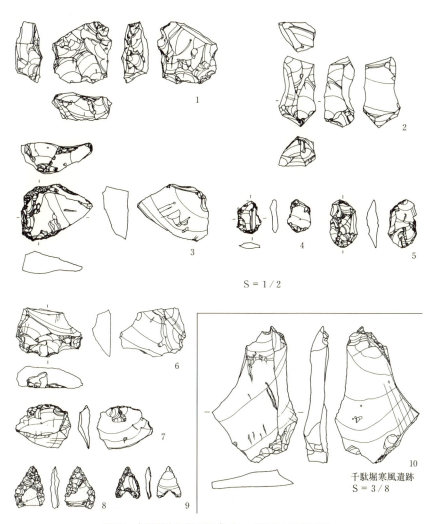

図15　小形剥片石器の組成（八ヶ崎遺跡10号住居跡）

石核の原料自体は、現在のところ八ヶ崎遺跡では出土していない。だが、近隣に位置する中期前半を主体とした松戸市千駄堀寒風遺跡第1地点（須賀ほか2003）や、柏市聖人塚遺跡（田村ほか 1986）などで板状の大形剥片が出土している。両者とも黒曜石製のピエス・エスキーユが出土している点でも、石器組成に類似が指摘できる。千駄堀寒風遺跡の図15-10は長さ9 cmほどで、やはり恩馳島系との産地推定結果を得ている（杉原ほか 2009）。

　出土した石鏃や2次加工のある剥片をみると、素材剥片には、薄形で成品に近い形態のものと、やや大形厚手のものが存在したと考えられる、前者は剥片の周縁加工のみで成品にしあげている（図15-9）。後者は剥片の厚みを減じるなどより多くの調整加工を必要とする（図15-6）。

　黒曜石製石器の製作と消費　先述したように、10号住居跡のような多量の小形剥片石器の集中は、集落内のどの遺構でもみられる事象ではない。前項の石器組成の検討では、それらはほぼ石器製作により生じた廃棄物のみによって構成されていることが明らかになった。そして、その多量性の背景には、廃棄の累積性が推測された。よって、その形成要因として、ほかの少量の集中単位とは異なる、大量の集約的な石器製作をすぐに想定することはできない。多量の遺物集積において、石器だけが多いならば、石器製作に特化した集団が存在したことも想定しやすいが、10号住居跡の場合は、土器なども多いことから、直ちには、石器製作の偏在性を指摘することはできないだろう。最終的に石器製作の偏在性を示すことになるにしろ、この問題の検討には別の視点も含めたアプローチや説明が必要である。まずは、各種遺物の廃棄行為の累積性の高さを想定しておきたい。

　周辺の遺跡において、このような多量の遺物の集積は、阿玉台Ⅰa式期にはみられない。集落を構成する集団の増加や、居住の反復性もしくは継続性が増すと想定される阿玉台Ⅰb式期に至り形成されるようになる。遺物の集積性の高まりの背景には、このような集団の構成や居住形態の変化に伴う、場のある種の長期的な固定性に一因があると推測する。

　累積的な廃棄という点では、比較的少量にしろ、製作がある種継続的に行われた可能性が推定される。石器原料の入手と消費、成品の製作と消費および補充の形態との関係などを、今後考えていく必要があろう。

　小形剥片石器は、ほとんど黒曜石だけで製作されていた。成品自体の出土点数がこれまでの八ヶ崎遺跡の発掘調査では少ないことから、阿玉台式前葉の時期に実際どの程度の量の石鏃が消費されていたのかという点には、不明な部分が残る。だが、その小形剥片石器の石材組成は、需要に必要なだけの黒曜石が供給される状況にあったことを示している。ほかの石材をあまり用いずとも十

分な量の黒曜石を入手したのである。一方で、黒曜石の消費の仕方は、石核を残さないような非浪費的なものであったことも指摘できよう。

今回の産地推定分析では、一型式にほぼ限定できる期間での、一定の継続的な石器製作の原料となる黒曜石の供給元が、ほぼ特定の産地に限られることが明らかになった（図14右）。その一方で、異なる地域の黒曜石が極わずかながら組成することも事実のようであり、今後その背景に注意していく必要がある。
（須賀）

（2） 自由学園南遺跡の分析

自由学園南遺跡出土の特徴ある石器群から、それぞれの集積要因と製作行為の復元にアプローチしてみたい。分析視点としては、石材の構成と黒曜石産地、石器の器種組成、石器のサイズを用いる。

第Ⅳ次調査・第Ⅴ次調査で出土した小形剥片石器類において、石材として主体となる黒曜石とチャート製の定形的な石器として認められるのは石鏃と石錐のみである。石錐は大きなものではなく、小さな剥片の一部に調整と使用痕が認められるものである。出土数は石鏃の方が多いため、黒曜石とチャートに関しては石鏃を主目的とする製作活動が縄文時代中期を通じて行われていたといえる。石錐はそれを目的として剥片から製作したのではなく、石鏃製作の過程で得られた剥片に調整を加え、石錐として使用していたのだろう（図16）。

以上を踏まえた上で、個別の事例を見てみよう。

47号住居跡の場合　47号住居跡は、石器群の石材別組成で大きな違いが見られた、標高55.2ｍ以下で出土した石器群を仮に下部石器群として捉え、その内容を分析する（図17）。

下部石器群は計95点のうち、石材別には黒曜石が73％を占める。黒曜石を器種別に見ると、剥片・砕片が96％と大半を占める。剥片・砕片・二次調整をもつ剥片など（Rf・Uf）の大半は細かな資料で、最大幅・最大長どちらかが1.5cm以上のものは8点のみである。学園で出土した石鏃の最小長・最小幅が1cmほどであることを考えると、この住居跡に残された剥片には石鏃の素材となりうるものはほとんどなく、残滓と考えられるだろう。また、石核が存在しない点も特徴である。このほか、両極石器が1点、二次調整をもつ剥片が2点存在するが、これらもそれ自身が道具として使用され、廃棄されたというよりも石鏃製作の過程で生じたものと考えた方がよいだろう[5]。

この住居跡出土の黒曜石製剥片には、先端が折り取られたものが少なからず存在する。剥片の先端を折り取る技法は、剥片の縁辺に若干の調整を加えたのみで石鏃としたものが出土している点から見て、石鏃に適した薄い剥片を得るためと考えられる。そして、薄い部分を折り取ったあとの剥片も、十分な大き

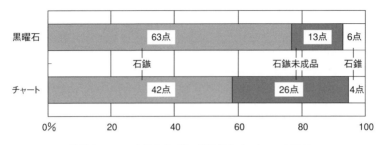

黒曜石・チャート製定形石器の器種組成（Ⅳ次・Ⅴ次調査）

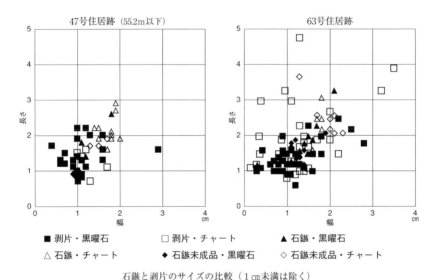

石鏃と剥片のサイズの比較（1㎝未満は除く）
図16　自由学園南遺跡にみる黒曜石・チャートの使われ方

さがあれば石鏃の素材として活用しただろう。この住居跡から石核（残核）が出土しないことと剥片のサイズが全体的に小さいことは、この石器群を残した活動が石材を極限まで使い尽くすようなものだったことが窺えよう。また、未成品・素材剥片からの加工のみが行われたとも考えられる。

　次に、チャートについてみてみよう。この住居跡では、チャートは黒曜石を補完する存在であることが、石器の石材別組成から読み取れる。少ない点数ながら、チャートを器種別に見ると剥片・砕片が82％と大半を占め、剥片・砕片・二次調整をもつ剥片（Rf・Uf）のうち最大幅・最大長どちらかが1.5㎝以上のものは1点のみで大半は細かな資料である点も黒曜石と共通する。器種と

しては石鏃未成品が存在し、両極石器が存在しない点が異なるが、成品と石核が存在しない点は同じである。このため、石材による製作活動の違いは存在しないと判断できる。

産地推定分析によれば、この住居跡から出土した黒曜石97点中、恩馳島系が77点（79％）と大半を占める。これを更に上層・下層で分けると、下層は86％が恩馳島系、上層は64％が恩馳島系とやや比率が変化する。

下層部の石器群は石材別、さらに黒曜石の産地別に見ても、推測される石器製作工程のうち、原材料である石核（残核）と完成品である石鏃を欠く組成となっている。このようなあり方がこの時期・地域で普遍的であったのかどうかは、周辺遺跡のほかの事例を検討する必要があるが、47号住居跡の石器集積は石鏃製作工程のある特定の段階の作業の結果で形成されたといえる。

63号住居跡の場合　63号住居跡の石器群は、より一連性の高い石器群であると層位別の石器器種組成などから判断できた。そして、主要石材である黒曜石・チャートとも推測される石鏃製作工程の最初である石核（残核）から完成品までが存在し、素材となりうる大きさの剥片も存在する。チャートの接合資料に加えて、3号配石の黒曜石原石の存在から、チャート・黒曜石共に原石から持ち込まれ、石鏃まで製作された活動が読みとれるだろう。この場での剥片

	産地	合計	剥片	砕片	石鏃	石鏃未成品	石錐	Rf・Uf	両極石器	残核
55.2m以下	恩馳島系	59	24	32	0	0	0	2	1	0
	西霧ヶ峰系	6	1	5	0	0	0	0	0	0
	判別不可	4	1	3	0	0	0	0	0	0
55.201m以上	恩馳島系	18	9	6	0	0	0	3	0	0
	西霧ヶ峰系	6	0	5	1	0	0	0	0	0
	判別不可	4	1	3	0	0	0	0	0	0

産地別の器種組成

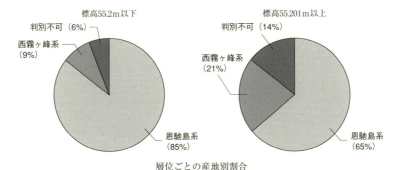

層位ごとの産地別割合

図17　47号住居跡出土の黒曜石製石器の特徴

産　地	合計	剥片	砕片	石鏃	石鏃未成品	石錐	Rf・Uf	両極石器	石核（残核）
恩馳島系	44	12	27	0	1	0	4	0	0
西霧ヶ峰系	86	34	41	4	0	1	2	1	3
冷山・麦草峠系	6	2	3	0	0	0	1	0	0
男女倉系Ⅰ	2	1	1	0	0	0	0	0	0
畑宿系	1	0	1	0	0	0	0	0	0
判別不可・未測	23	5	16	1	0	0	1	0	0

産地別の器種組成

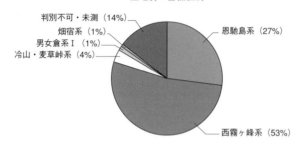

産地別の割合

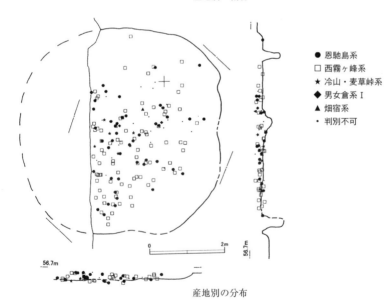

産地別の分布

図18　63号住居跡出土の黒曜石製石器の特徴

剥離工程として、フリーフレーキングがまず行われ、その技法では剥片剥離が困難になると両極技法が用いられるという技法の順位があった可能性と、目的的剥片として石鏃の素材に適した剥片をどんな形でも良いから得ようという意図がチャートの接合資料からは窺える。
　黒曜石でも同じような工程で剥片剥離が行われたと思われるが、そうした接合資料は存在しない。そして黒曜石の産地分析を器種別の集計に反映させると、チャートの接合資料で確認された原石からの作業工程とは違った工程が存在したことが推測される。
　この住居跡の黒曜石を産地推定した結果、主体は西霧ヶ峰系であったが、その割合は162点中86点（53%）と圧倒的とは言えず、恩馳島系、冷山・麦草峠系、男女倉系Ⅰ、1点のみだが畑宿系も存在するなどバラエティーに富んでいる（図18）。産地別に器種を見た場合、石核から完成品までが存在するのは西霧ヶ峰系のみである。恩馳島系、男女倉系Ⅰ、冷山・麦草峠系には残核が存在しないため、素材剥片や半成品の持ち込みの形態をとっていた可能性がある。また、西霧ヶ峰系の剥片・砕片でも風化礫面を残す資料は少ないため、西霧ヶ峰系でも素材剥片や半成品の形態での搬入も組合わさっていた可能性がある[6]。3号配石出土の黒曜石原石のように原石で搬入されるのは、稀なケースなのではないか。
　石器の集積化の過程を推測する資料としては、産地別分布図の冷山・麦草峠系が興味深い。分布図では直径1mほどの範囲にまとまっているが、これが一つの「単位」であり、点数が多く住居覆土全体に広がっている恩馳島系や西霧ヶ峰系も、こうした「単位」の累積で形成されたのではないだろうか[7]。
　63号住居跡の黒曜石製石器の分析が示している現象は、同じ黒曜石でも、自由学園南遺跡に持ち込まれる過程の違いを示しているのかもしれない。この点、同じ信州系と括ることもできる男女倉、冷山・麦草峠系と西霧ヶ峰系とで、遺跡にもたらされた過程の違いが存在するのか大変に興味深い。また、チャートでも良質の剥片は、剥片に自然面が存在することが少ないこと、母岩別にみても石核（残核）が存在しない剥片があることから、素材剥片あるいは未成品での持ち込みがあった可能性があるだろう。石材による搬入形態の違いだけでなく、同じ石材でも搬入形態が違うとするならば、それはどんな社会状況と集落内での活動・活動の選択の結果なのだろうか。
　さらに、時期の違う2軒の住居跡で認められた活動の違いは何に起因するのだろうか。集落規模を考えた場合、47号住居跡の段階ではまだ拠点的な集落の萌芽の時期であり、この遺跡はキャンプ地の一つだったのかもしれない。これは、住居に炉がないことが一つの推測根拠となる。そして、63号住居跡の段階

は、集落規模が一番拡大した時期であり、この遺跡は拠点集落と考えられている。こうした遺跡の性格の違いが、集積された石器群に反映した可能性がある。遺跡内での検討を深めると共に、周辺遺跡や原産地遺跡の活動との比較・検討が今後の課題である。（奈良）

4　おわりに

　本論文で取り上げた2遺跡の事例を通してわかったことは、遺跡内における黒曜石遺物の集中が、ただ単に石器製作跡であるとか、一回性の廃棄物であるという解釈がきわめて危険であることを示唆するものであった。その一方で、石器の集中部には、土器などのほかの廃棄物も含まれていることが指摘できる。この場合、石器群の時期を決定するためには、共伴した縄文土器の編年学的な位置づけが有力な情報になる。産地推定法が確立した現在、ただ多量の資料を分析することを目的とするのではなく、石器として黒曜石を観察し、さらに遺跡内における廃棄物としての集積過程の復元など、むしろ遺跡内の多様な人類活動を復元することが重要であろう。

　また、こうした分析に耐えうる資料的な価値を保障する必要もある。そのためには、出土層位や出土位置の記録化が最低限必要となるのである。そして、中期や後期といった目の粗い時間枠ではなく、土器の細別型式を単位とした分析を行うことにより、集落内部での石器製作活動の復元が、ある程度可能となろう。

　機器分析の機能が向上した現在、分析資料自体の考古学的な情報の整備が重要な課題となるであろう。

註
1）この個体を阿玉台Ⅰb式とする考え方もある（峰村ほか 2008）。その場合、この集積は阿玉台Ⅰb式期に形成されたことになろう。まとまって土器が出土した場合、そのことをもって直ちにすべての個体を同一型式として扱うのではなく、個々の個体の型式学的検討を経た上で、その「一括性」の背景を理解するべきであると考えている。いずれにせよ、比較的短期間の間に、大量の土器が住居跡内に廃棄されたことに変わりはない。
2）八ヶ崎遺跡の石核原料の形態に関しては、阿部芳郎氏にご指摘頂いた。
3）八ヶ崎遺跡第1・2地点の包含層から4cm程のズリが出土しており、産地推定を行ったところ、男女倉系との結果がでている。包含層中出土のため、時期の特定はできないが、産地と石核素材の関係を考える上で注意される。
4）中期の関東東部におけるこのような石器製作の工程に関しては、千葉県鹿島台

遺跡（新田 2006）などの研究がある。
5）両極石器はいわゆる楔形石器と呼ばれるものであるが、石鏃製作と関連があるとする見解が近年では強い。その一例として、楔形石器が石鏃の素材剥片を得る石核であるということを実験的に確かめた研究がある（松田 1999）。
6）風化レキ面をもつ黒曜石製剥片が少ないことは、東久留米市周辺地域でも共通する現象であることが指摘されている（門内 2001）。
7）この「単位」が、廃棄の単位なのかその場での製作を留めるものなのかは別の角度からのさらなる検討が必要であろう。ここでは、「単位」を指摘するに留めておく。なお、接合関係はない。

引用・参考文献

阿部芳郎 1987「縄文中期における石鏃の集中保有化と集団狩猟編成について」『貝塚博物館紀要』第14号、千葉市立加曽利貝塚博物館
伊藤恒彦・松浦宥一郎 1983『自由学園南遺跡』自由学園
門内政広 2001「付編　東村山市および周辺市町村出土の黒耀石製石器の原産地推定分析（旧石器時代・縄文時代）」『東村山市史　5　資料編　考古』東村山市
栗田則久ほか 2006『東関東自動車道（木更津・富津線）埋蔵文化財調査報告書5』財団法人千葉県教育振興財団
須賀博子ほか 2003『千駄堀寒風遺跡第1地点発掘調査報告書』松戸市遺跡調査会
須賀博子ほか 2006『八ヶ崎遺跡第1・2地点発掘調査報告書』松戸市遺跡調査会
杉原重夫ほか 2009『蛍光X線分析装置による黒曜石製遺物の原産地測定』明治大学古文化財研究所
田村　隆ほか 1986『常磐自動車道埋蔵文化財調査報告書Ⅳ－元割・聖人塚・中山新田Ⅰ』日本道路公団東京第一建設局・財団法人千葉県文化財センター
戸沢充則・山崎　丈・千葉敏朗 1996『自由学園南遺跡Ⅲ』東久留米市教育委員会
奈良忠寿・金澤真理子・佐々木憲一 2005『自由学園南遺跡Ⅳ・Ⅴ』自由学園
新田浩三 2006「第4章第2節　縄文時代中期後半における石鏃製作関連遺構について」『東関東自動車道（木更津・富津線）埋蔵文化財調査報告書5』財団法人千葉県教育振興財団
松田順一郎 1999「楔形両極石核の分割に関する実験―縄文時代晩期サヌカイト製打製石鏃製作技術の復元にむけて―」『光陰如矢』「光陰如矢」刊行会
峰村　篤ほか 2008『八ヶ崎遺跡第7地点発掘調査報告書』松戸市遺跡調査会

コラム

黒曜石の一括埋納例と流通

山科　哲

　産地が限定されるにもかかわらず、石器時代を通じて広く石器作りの材料に用いられた黒曜石は、それゆえに考古学における流通というテーマでも活躍する資料である。理化学的な産地推定分析の開発と最適化がこの種の研究を後押ししてきたのはもちろんだが、考古学的にもより具体的に論じられる資料は蓄積されてきた。その一例が、縄文時代の集落遺跡における黒曜石の一括埋納例である。埋納、などと言うと、いかにも「埋めて収納した」ような印象を与えるが、実際出土状況は多様である（表1）。性格についての評価もさまざまであろうから、いっそ一括出土例とでも呼べばよいのかもしれないが、無味乾燥に過ぎて面白味がまったくない。

　黒曜石の一括埋納例は、八ヶ岳山麓や諏訪湖盆地における発掘調査で注意され、その発掘経験のある長崎元廣氏が1984年に初めて集成した（長崎 1984）。この集成により学界に広く認知され、以降の黒曜石流通をめぐる議論への貢献度は高い。事実、1982年のシリーズ『縄文文化の研究』の黒曜石からみた交易では、当時進展著しい理化学的な産地推定分析の勢いが如実に記録されている一方で、考古学的に具体的な交易活動を論じるのは至難である、との告白がある（小田 1982）。

　その金字塔とも言える集成から、早四半世紀が経過した。類例はさらに増加

表1　長野県内の黒曜石一括埋納例の集計

	遺跡総数	埋納例総数	住居内	住居内ピット	住居外ピット	住居外
前　　　期	4	10	4	2	1	3
前期末～中期初頭	9	32	1	0	6	25
中期中葉	11	24	11	6	3	4
中期後葉	13	21	15	1	1	4
（中　期）	4	4	2	0	1	1
後　　　期	5	6	0	0	1	5
晩　　　期	1	11	0	0	0	11
時期不明	6	7	0	0	2	5
合　　　計	53	115	33	9	15	58

し、中期末〜後期初頭では土器内に格納する事例も確認されるようになってきた（奈良・保坂 1993、山田 2009）。とりわけ長野県での類例増加が顕著であるようだが、長野県内でも、やはりと言うべきか、諏訪湖盆地から八ヶ岳山麓にかけての事例が圧倒的に多いようだ。霧ヶ峰から八ヶ岳にかけて分布する黒曜石原産地と指呼の間にある位置関係ゆえの多さであることは疑いないだろう。

一括埋納例の時期と出土状況

　一括埋納例は、現在のところ延べ53遺跡115例がある（山科 2009に一部追加、土器格納はこの数に含んでいない）。

　いつごろからこうした一括埋納が行われるようになったのか。茅野市高風呂遺跡や富士見町坂平遺跡は、前期初頭の集落で、集落を構成する住居址内外から出土している。現状ではこの2例を遡る事例がなく、ひとまず最古の事例と言えるだろうか。後続する前期中葉までを確認すると、塩尻市舅屋敷遺跡や原村阿久遺跡といった事例があり遺跡数はやや増えるが、顕著に増加するのは何と言っても前期末〜中期初頭である。前期初頭から諸磯a〜b式までの間に延べ4遺跡10例だったのが、前期末〜中期初頭では延べ9遺跡32例と急激に増加する。この時期には、東俣原産地や星ヶ塔原産地の採掘が行われた可能性が高く、黒曜石原産地の積極的な開発と連動した現象との指摘がある（宮坂・田中 2001、大工原 2002）。以降、中期中葉から後葉にかけて相応の数が残されたが、後期以降は極端に減っていくことになる。

　急激な増加を示すこの時期の一括埋納例は、

図1　下諏訪町一ノ釜遺跡第55号土坑の黒曜石出土状況
　　（下諏訪町教育委員会提供）

出土状況を見ると、住居址内から見つかる例がほとんどなく、長野市松原遺跡で1例あるほかは、すべて住居址外から見つかった。しかも、岡谷市大洞遺跡、清水田遺跡では、大小の黒曜石原石が密集しただけの状態で見つかっている。それも、大洞遺跡では7例（内2例は微小な剥片の集中で、石屑の廃棄場所らしい）、清水田遺跡では12例もある。前期中葉までの事例では、坂平遺跡を除き、ほとんどが住居址内から出土しているので、前期末～中期初頭になって事例数が増加するだけでなく、出土状況も大きく変化していくようである。

ところが、中期中葉～後葉にかけて、再び住居址内に埋納するようになる。著名な縄文のビーナスが出土した茅野市棚畑遺跡でもこの一括埋納例が確認されているが、中期中葉の第108号住居址には住居内に穴を掘って埋納したらしい状態で3例も見つかっている。原石は3例合計128点（これ以外に石核1点、剥片4点が伴う）にもなる。さすがに同一住居址内に複数例を持つのはこの棚畑遺跡以外には、一ノ瀬芝ノ木遺跡第41号住居址の1例しかないが、中期中葉と後葉の住居址外出土例は合計しても8例しかなく、ほとんどが住居址内出土で、前期末～中期初頭とは大きく様変わりしている。この点について興味深いのは、八ヶ岳山麓の住居址覆土から出土した軽石製品や土製品に関する功刀司氏の検討である（功刀 2008）。功刀氏によれば、儀器としての位置づけが想定できる各種資料の出土状況から、中期初頭と中期中葉とでは儀器の組成が異なり、中期中葉の事例には、黒曜石の一括埋納（「黒曜石集積遺構」）が、それまでにない組成要素として加わる場合があるという。儀礼的な状況を示す黒曜石の一括埋納の事例は少なく、出土状況も1例ごとに異なるため、功刀氏は一般性が認められないと述べるが、黒曜石一括埋納例の出土状況の違いの意味を考える上では、傾聴に値する指摘だろう。

また、黒曜石原石に限らず、あらゆる資料の一括埋納例を研究している田中英司氏によれば、住居址内と住居址外という違いには理由があるはずだとして高風呂遺跡、梨久保遺跡、大洞遺跡、棚畑遺跡の事例を検討した（田中 2001）。住居址内外の双方から見つかった高風呂遺跡、梨久保遺跡、棚畑遺跡では、住居址内で見つかった一括埋納原石のほうが量的、サイズ的、そして質的に優良なものが多い、つまり、選りすぐられた原石が各住居内にある、と指摘する。そして、大洞遺跡や岡谷市船霊社遺跡や諏訪市荒神山遺跡などにおける、住居址外の一括埋納と住居址の平面分布から、住居址外の一括埋納例は環状に配置された住居址群の内側に位置するとも指摘する。このような状況は、黒曜石原石以外の一括埋納例とも共通するあり方だという。こうした違いについて田中

氏は、住居址内から出土した例は住居址に居住した世帯所有で自己消費用、住居址外から出土した例は集団管理の交換・交易用という評価をしている。

仮にこれらの評価を援用するとしたら、諏訪湖盆地～八ヶ岳山麓の黒曜石一括埋納例は、時期ごとに性格の異なる存在と想定できることになる。そうした性格の違いが、霧ヶ峰産黒曜石の遠隔地への供給・流通の強弱と連動した姿と言えるのか、あるいはまた、時期によっては供給や流通という理由では語ることができないかもしれない。いずれにせよ、今後の研究に注目だ。

引用・参考文献

小田静夫 1982「黒曜石」『縄文文化の研究第8巻 社会・文化』雄山閣出版

大工原豊 2002「黒曜石の流通をめぐる社会―前期の北関東・中部地域―」『縄文社会論（上）』同成社

功刀 司 2008「住居跡出土の軽石製・土製儀器」『考古学ジャーナル』578、ニュー・サイエンス社

田中英司 2001『日本先史時代におけるデポの研究』平電子印刷所

長崎元廣 1984「縄文の黒曜石貯蔵例と交易」『中部高地の考古学Ⅲ』長野県考古学会

奈良泰史・保坂康夫 1993「黒曜石原石格納の土器と黒曜石について」『山梨県考古学協会誌』6

宮坂 清・田中慎太郎 2001『長野県下諏訪町黒曜石原産地遺跡分布調査報告書―和田峠・霧ヶ峰―Ⅰ』下諏訪町教育委員会

山科 哲 2009「縄文時代の黒曜石一括埋納例および土器格納例の集成と課題」『信州黒曜石フォーラム2009―黒曜石の研究はどこまで進んだか―』（当日配付資料）

山田武文 2009「岡谷市志平遺跡出土の黒耀石埋納土器」『長野県考古学会誌』130

第Ⅱ章　モノの流通経路と分布圏の形成

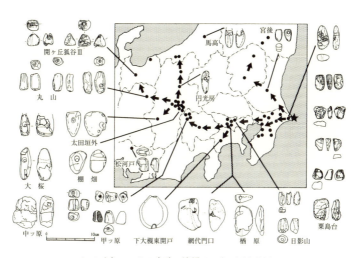

ヒスイとコハクの大珠の流通ルート（栗島論文）

1　ヒスイとコハク

―翠（みどり）と紅（あか）が織りなす社会関係―

栗 島 義 明

はじめに

　本論では考古遺物の分布や流通およびその背後にあるモノの交易・交換を考えるにあたって、東日本の縄文時代中期を中心に見いだされる大珠を取り上げてこの問題へのアプローチを試みてみたい。大珠の機能やその社会的意味については後述することとして、考古学的に注目すべき点は、大珠のほとんどが翡翠（硬玉）という特定素材によって製作されていること、その素材（原石）が新潟県西部の糸魚川周辺でのみ産出するものであるにもかかわらず、製品としての翡翠製大珠は東日本全域に及ぶ分布圏を形成している点にある。形態的な特徴に加えて材質（素材）認定が容易である大珠は、縄文時代の交易を考える場合に最も良好な分析資料の一つと評されている。

　以下、本論では翡翠製大珠の特質を踏まえつつ、その分布実態をミクロ、マクロ双方の視点から明らかとし、遠位地産の石材で製作された遺物分布＝縄文時代の交易範囲という単純な図式的理解の再検討を行いたい。そのうえで、何故、特定の遺物が地域社会の明確な単位となる土器型式圏を横断するかたちで分布・流通しているのか、その社会的な意義と背景についても言及できればと考えている。加えて翡翠製大珠の分析から導き出された分布・流通システムに関するモデルの一般化を目標として、近年とくに資料増加の著しい琥珀（大珠）製品を検討俎上に置いて比較研究を行うことで、交易モデルのより一層の客観化を目指してみたい。そのうえで物資を巡る縄文時代社会、威信財の流通やその社会的な意義づけに関して何らかの提言ができたならばと考えている。

1　大珠とは

　大珠は縄文時代中期、東日本地域のほぼ全域に認められる「装飾品」の一種とされている遺物であり、形態的なバラエティーはあるものの基本的には長楕円形を基調とした鰹節型と円形を基調とした緒締め型とに区分されることが多い（鈴木 2004、図 1）。一般的に大珠と呼ばれるものは文字通り大玉を意味し

たものであったが、その基準は明確とされないまま大凡5cm以上を大珠と呼ぶ場合が多い。

　大珠のもう一つの特徴が、紐を通すための穿孔がなされている点にある。円盤状に近い緒締め型は無論であるが、不思議なことに楕円形に近似した鰹節型の大珠についても、その穿孔部位が所謂垂飾りのように端部側に片寄ることがなく、むしろ中心部付近に存在することは注目すべき特徴である。穿孔がされていることから、大珠が紐を通して初めて機能するものであったことは疑いようもないが、それは我々が想像するような垂飾りの類ではなかった可能性が高い。

　さて大きさが5cm以上、希に大型例では10cmを上回る大珠の佩用（装着）は恒常的か、限定的か、あるいは死者への副葬品であったのかなどと言った問題が山積している。しかし、特定人物の胸部付近の装着に関わるものであったことは、いくつかの人骨装着事例や遺構内での出土状況から判断しても間違いあるまい。福岡県山鹿貝塚や静岡県の蜆塚貝塚、そして北海道礼文島の船泊遺跡などで検出された人骨では、いずれの場合も大珠が胸部付近に在ったことが明白である（図2）。加えて列島各地における土壙内より検出された大珠の出土状況を見ると、いずれも中心部ではなくやや壁側に片寄った場所にあり、埋葬方法（横臥、仰臥）を勘案するまでもなく大珠一般が死者の胸部付近に佩用されたものとの見解を支持している。

　加えて注視しなくてはならない点は、大珠が他の所謂装飾品一般と比較してみてもその出土数が極めて少ないことにある。再度、山鹿例を参考とすれば、10体もの人骨が発見された共同墓地内で大珠を佩用した人物は僅かに1人であり、しかも墓の位置や埋葬時の頭位方向などの点で、この人物は他の人物とは明らかに区別されている。出土例が膨大な数に及ぶ中部日本においても、大珠が発見される遺跡は基本的に環状集落と呼ばれる中期段階における拠点集落で

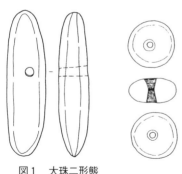

図1　大珠二形態
　　　左：鰹節形　右：緒締め形

図2　翡翠大珠を身につけた男性　北海道礼文島船泊遺跡（縄文時代後期）（礼文町教育委員会提供）

あり、住居跡が数軒から数十軒程度の小規模な遺跡から発見されることはまずない。

このような意味からも、大珠については我々がイメージする装身具とは相違し、それが集団内での特定人物の役割や位階表示のための装置として機能していた、即ち一種の威信財と看做すべき遺物であることは間違いあるまい。加えて大珠はその素材となる翡翠貴石と強く結びついており、両者は密接不離の強固な相関関係を成立させている点も見逃せない。実はここに威信財、ひいては大珠研究の大きな意味・意義がある。産出地が限定されていることを主要因として、その獲得が容易に行うことができない地域において、硬玉製大珠は遠位地からもたらされた貴重な奢侈品（Luxuries）となる。素材自体の希少性に加えて、硬質な素材加工に多大な労働（研磨・穿孔）が投下されることから、大珠にはより一層の価値が付与されることとなる。希少で貴重な大珠は、集団内の特定位階と結びつき、やがては威信財として社会的に認知されていったに違いない。

要するに大珠を威信財と看做すことにより、従来から指摘されてきた評価とは違った視点から、その再検討が可能となるのである。著者がとくに指摘しておきたい点は、大珠などの威信財が広域的な分布圏を形成していた背景には、生活資材である黒曜石などとは相違した交易システムが介在した蓋然性の高い点にある。以下で具体的に検討していくことにしよう。

2　広域分布の実態

かつて研究の初期段階では、硬玉製大珠が原産地である糸魚川周辺を中心として同心円的な広域分布が形成され、その出土量も原産地を核とした濃淡が形成されていると指摘されてきた。これは考古遺物が原産地を離れるに従いその分布密度と重量が減少（小型化）していくという、先史学のセオリーに照らし合わせても極めて理解し易い仮説であったし、またそれは隣接し合う集団が互いに物々交換の機会を通じて、翡翠製大珠もバケツリレー方式で次々に遠隔地集団へと運ばれていったという交易の姿をも彷彿とさせたのであった。

だが80年代以後に関東中部地方の翡翠製大珠の資料蓄積が進むにつれて、こうした理解が如何に分布実態とかけ離れたものかが次第に明らかとなっていく。それは原産地から周辺地域へと続く、同心円的にではなく帯状に連なったルートの存在であり、そのルートに沿うように大珠分布の粗密が形成された状況が極めて明瞭に確認されたのである（栗島 2007a）。具体的に翡翠大珠の分布状態を眺めてみることにしよう。

図3をみると原産地である糸魚川周辺を起点として松本平、諏訪、八ヶ岳西南麓へと延びる分布が明瞭である。それぞれの地域の核的な大珠分布が連なっ

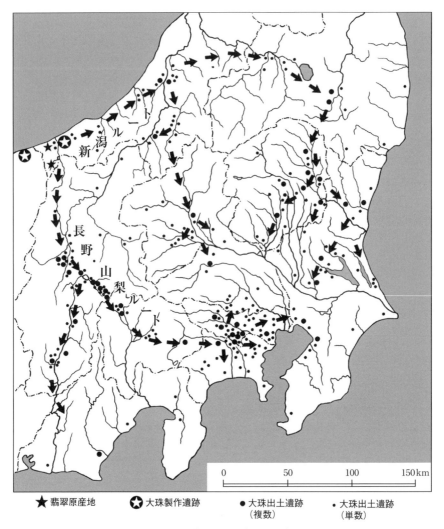

★ 翡翠原産地　✪ 大珠製作遺跡　● 大珠出土遺跡（複数）　・大珠出土遺跡（単数）

図3　中部日本の翡翠大珠分布とその交易ルート

て帯状のルートが形成されている。このルートは一旦、天竜川沿いに南下する分岐がありながらも、山梨を経由して関東西部へと通ずるものである。これを「長野・山梨ルート」と呼称しておこう。南関東地域（東京、神奈川、千葉、埼玉南部）の大珠分布はこのルートで運ばれたものであったに違いない。

　一方、糸魚川から海岸沿いに上越平野、長岡周辺へと延びる「新潟ルート」

が存在する。この新潟ルートは信濃川中流域の十日町周辺や魚野川を経由して群馬県へと通じるルートと、会津盆地を経由して福島県の中通りや栃木県の那須方面へ至るルートとに分岐しているようである。群馬県内や埼玉県北部の大珠分布は前者のルートからもたらされたものであろうし、栃木県から茨城県にまたがる全国でも屈指の大珠分布は後者のルートによって形成されたものと考えて間違いないだろう。

　中部日本地域の大珠分布からは、原産地から連なる密集地域の連鎖によって形成されたルートの存在、その先には関東地方に顕著に見られるような拡散的分布を読み取ることができる。仮に前者を帯状分布、後者を拡散分布と呼称するならば、両者が一体となって広大な大珠分布圏が形成されていることが一目瞭然となる。翡翠大珠というものが決して原産地から周辺へと暫時拡散していくものではなく、帯状分布で示唆されたように特定ルートを一定方向に速やかに移動した後、今度は一転して多方向へと拡散的に分布していると言うことができようか。

　翡翠製の大珠の分布は、原産地を挟んで東西方向にも及んでいる。その分布は上記見解を強く支持するように思われる。原産地から西方に位置する富山・飛騨方面では帯状分布を介すことなく拡散的な様相を示している。共に原産地からは100km圏内に位置し、そこから更に拡散した状況を現状では確認できない。一方、東北地方日本海側の山形、秋田、青森各県内でも比較的密な大珠分布が知られているが、各々の県単位にみるとそれは明らかに拡散的な分布である。それぞれが原産地から300km、400km、600kmもの距離を隔てていることを考えると、長野・山梨ルートと同様に各地での拡散分布を支える「日本海ルート」の存在が想定されてくる。そのルートに沿って速やかに北上した大珠は、山形、秋田、そして青森の平野部に至って拡散的な分布圏を形成していたと予想されるのである。

　ジェイド・ロードと形容される翡翠大珠の分布経路の実態は、以上のように動きの違う、したがって分布形態の違うそれぞれの実態を区別せずに総称したものであったと考えている。実際はこうした二つの分布形態が結合して広範囲な翡翠製品の分布圏が形成されていたと考えてよいだろう。次に中部日本地域に典型的に見られる二つのルートの解析を進めるなかで、原産地からの距離が200km程の帯状分布とそれに続く拡散分布との違い、経済的な要因・背景ではなくその社会的な意味について考えていきたい。

3　分布形成の背景

　さて、前節では翡翠大珠について素材の希少性に加え、敲打・研磨・穿孔な

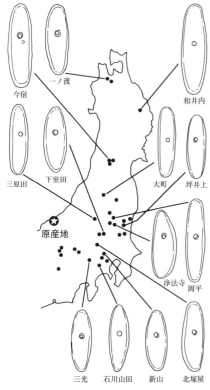

図4 大珠大型品（10cm以上）・優品の分布

ど一連の加工工程に多大な労力が投下され、それ故に集団内の特定位階の人物へと結びつきその威信表示のために佩用されるものとなった可能性を指摘した。関東地方では、その地域を代表する拠点の集落（環状集落）であっても翡翠製大珠の出土は単数の場合がほとんどであり、大珠が集団内で極めて高位の威信財として評価されていた情景を伝えている。しかし、原産地に近い長野県などの集落では状況が異なり、集落内から複数の翡翠製大珠が検出されることが多い。同じ素材から製作された同一形態の大珠でありながらも、こうした集落内保有数に明瞭な違いの生じる背景には一体何があったのだろうか。

　大珠が集落、集団内で特定の威信財として機能する最大の要因は、そもそも素材となった翡翠の希少性にあったと考えられる。故に原産地やその周辺では翡翠の価値・評価は低く、原産地から距離を隔てるに従いそれが増大していき、良いものほど原産地周辺にはなくて価値の増大する遠位地へと動くこととなる。

　実際に点在する資料に目を向けると、10cmを上回る大型品や翠色や透明度の見事な「優品」は、実は原産地から遠く離れた地域へと動いていた事実が指摘できる（図4）。日本最大の大珠製品として有名な富山県朝日貝塚（15.9cm）に続く大型大珠は岩手県和井内（15.2cm）、山形県今宿（14.3cm）、栃木県岡平（14.1cm）となる。朝日例を除きいずれも原産地から200km以上も離れた遺跡であり、和井内に至っては直線距離でも500kmを上回る遠位地に相当する。また均整のとれた鰹節型を呈し、色調も翠が濃くて透明度の高い優品大珠（神奈川県石川山田、山梨県三光、東京都新山、群馬県下室田、栃木県古舘、同湯津上、福島県我満平、同大町）のすべてが、原産地から200km以上離れた地域に存在していることは極めて示唆的であると言えよう。

翡翠製大珠の広域分布形成の背景には、数量・重量という経済的側面よりは、むしろ希少性に裏付けられた美品・優品などと言った社会的価値が大きく関わっていたことがわかる。例えば経済的な価値が優先された黒曜石などでは、原産地およびその周辺の遺跡から大型の石核・剥片が多量に検出され、そこから離れるに従い、その数量もともに減少して小型品が多くを占めるようになる。その結果として資源の分布と密度、その大型品・優品などの類が原産地を中心として同心円的な分布状況を形成することとなるのである。黒曜石などの生活資材と威信財である翡翠製大珠の在り方と比較した場合、この点で分布傾向の際だった違いを認めることができ、改めて翡翠大珠が威信財として中期縄文社会内で認知されていたことを明示している。

4　遺跡内分布の地域的格差

　翡翠大珠分布のマクロ分析から、威信財故に当該遺物が黒曜石などの生活材とは相違した分布形成を示すことを指摘したが、次はミクロな視点からの遺跡内におけるその分布状況はどうであったかを検討していこう。

　翡翠製大珠は、関東・中部地方の拠点的遺跡（環状集落）から出土する。しかも注目すべき点は、大珠においては墓とされる土壙内出土例が突出している点にあり、集落内のどの地点に大珠副葬土壙が存在するか空間的に分析することを可能としている。環状集落に看取される規格性と統一性は、空間的に反映された集団の社会組織そのものと捉え得るものである。そこで大珠副葬土壙を見てみると、関東地方では、環状集落の中央墓域のなかでもとくにその中心部に位置する土壙（単独）内からの検出例が圧倒的多数を占めている。群馬県三原田遺跡、栃木県八剣遺跡、茨城県坪井上遺跡、埼玉県北塚屋遺跡、東京都滑

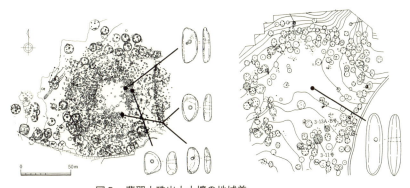

図5　翡翠大珠出土土壙の地域差
　　　左：長野県聖石遺跡　右：群馬県三原田遺跡

川遺跡、同恋ヶ窪遺跡、神奈川県忠生遺跡、同上中丸遺跡などがその好例である（図5右）。

　中央墓群の中心部から翡翠大珠が検出される関東の事例とは異なり、新潟や長野といった中部地方では、ほぼ同じ構成を示す環状集落内の墓域でも中央部分にではなくそれを取り囲む墓群内から出土している。新潟県岩野原遺跡、同中道遺跡、長野県棚畑遺跡、同長峰遺跡、同立石遺跡、同聖石遺跡、そして山梨県甲ツ原遺跡などが該当しよう（図5左）。集落構成の明らかな中道や棚畑、聖石などを取り上げるまでもなく、それらが関東地方と同様な集落形態と構成を有しながらも、何故、翡翠大珠の出土位置に違いが生じているのだろうか。

　「関東」と「甲信越」との環状集落の構成に基本的相違が認められないにも関わらず、大珠の検出される場所（土壙位置）が相違することに対する最も合理的な仮説は、威信財としての社会的な扱い（評価）に関する地域社会での違いにあると考えている。即ち、環状集落にはそこに暮らした集団の社会的諸関係が空間的に反映されていることから、大珠出土位置の地域的違いはそもそもそれを佩用した人物の集団内での位階的相違の反映であり、それはまた翡翠大珠に付与された威信財としての価値（社会的）が関東と甲信越では違っていたことを示唆している。当然、集落構成の中心に位置した墓から検出される関東地方での大珠に対する社会的価値の方が、甲信越に比べてはるかに高かったと判断してよいだろう。

　こうした仮説は先の大珠分布とも整合的であり、また関東では基本的に1集落からの大珠出土が1点ほどに留まるのに対して、甲信越地域では複数の大珠出土がしばしば報告されていることとの矛盾も見当らない。更には原産地に近い当該地域での翡翠大珠の社会的価値（威信）の低さを物語るように、一つの墓の中から複数の大珠が出土する例が山梨・長野両県で報告されている（甲ツ原：3点、聖石：2点、立石：3点、的場遺跡：3点、上木戸：5点）。

　一遺跡での大珠保有数に加えて単一土壙内での大珠保有数からも、関東地方と比べて原産地により近い甲信越地域での翡翠大珠の社会的価値は低く、したがってその流通も活発であったに違いない。集団内での最高の位階表示用の財と位置づけられた関東地方を始めとした原産地から200km以上離れた地域では、翡翠大珠の流通・交易といった財の動きはそれ程に活発で頻繁なものではなかったと考えるべきだろう。それに比べて200km以下の原産地に比較的近い甲信越地域では翡翠の希少性は薄れ、集団内における低位の位階と結びついた大珠の動きは活発となっていたのである。そうした社会的に付与される威信財としての価値の違いが、大珠の流通・動きに反映していたことを改めて分布図から読み取ることも可能であろう。

5　琥珀製品との整合性

　これまで翡翠製大珠の分析を通じて、縄文時代における威信財の在り方を検討してきたが、当該威信財研究において近年、とくに注目されるのが琥珀製品の中部日本地域での広域的分布である（相京 2007ab）。タカラガイやツノガイ、オオツタノハなどの貝製品が翡翠大珠と同様に威信財として広汎に分布していた点に疑いを挟む余地は無いが、有機質遺物の残存は極めて限定的であり内陸部遺跡で発見されることはまず無いと言ってよい。翡翠大珠の分析から導き出された成果や仮説が正鵠を得たものであるのか、その検証を行うという意味でもここで琥珀を対象とした分析を進めていくことは有意義と考えている。

　現在、国内での琥珀産地は12箇所であるが、岩手県の久慈、千葉県の銚子を除き、何れの産地も産出量が極端に少ないうえに装飾品として使用するには劣悪な質のものが多い。唯一の例外が福島県いわき産の琥珀であるが、ここでは石炭を含む地層中からの破片、小塊状態での出土であり縄文時代にそれが採集可能であったか検討を要する。何れにしても本論で対象とする中部日本地域の各遺跡から出土した琥珀製品については、その原産地を銚子と想定することで論を進めていきたい。

　翡翠と同様に琥珀も原産地を間近に控えた製作遺跡が存在する。銚子市の粟島台遺跡であり、ここからは琥珀原石や破片のみならず砥石や欠損品など一連の製作工程を示す資料が多量に出土している。今後、新たな原産地遺跡発見の可能性は高いが、粟島台遺跡の継続性（前期末から中期後葉）はほぼ関東中部地方の琥珀製品の帰属時期に対応していることから、この地域がその流通を一手に握っていた蓋然性は高い。こうした状況は翡翠原産地に形成された長者ヶ原遺跡と酷似していると言えよう。

　琥珀製品の分布を見ると、銚子周辺の原産地周辺50km圏内よりも東京湾に面した地域からの出土例が圧倒的に多く、まずはこうした在り方も翡翠製品のそれと相通ずる現象と判断してよいだろう（図6）。翡翠製品では原産地からの距離が100kmを超えると出土遺跡数が著しく増加し、遺跡から出土する製品そのものも原産地周辺に比べ大型品となっていたが、やや不鮮明なものの琥珀製品でもほぼ同様な傾向を指摘することか可能である。原産地からの距離が100～150kmの間にある東京都西部には比較的まとまった琥珀製品の出土遺跡が報告されているが、そのなかでも栖原遺跡、網代門口では長さが6cmを超える極めて大型品の出土例がある。また神奈川県の下大槻東開戸遺跡からも6cmを超える大珠2点が各々土壙内から出土しているが、ここも原産地から直線距離で約150km程の距離を隔てている。銚子産の琥珀製品のなかで原産地周辺を含め

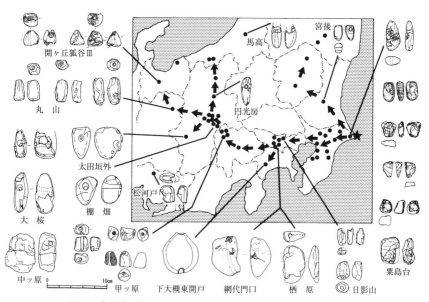

図6 中期琥珀製品の分布とその交易ルート（星印は琥珀原産地）

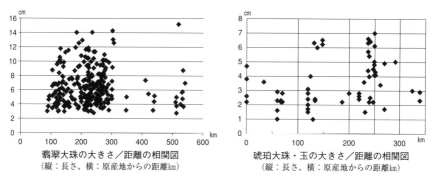

図7 翡翠と琥珀の産地からの距離

100km圏内での大型品（大珠）は唯一、粟島台の1例のみで、他はすべて大きさは3cm前後の小玉に留まってしまう。琥珀製の大型品がむしろ原産地を離れた遺跡で数多く検出されている現象も、また翡翠大珠の在り方と同様な現象と理解してよいだろう（図7）。

原産地より更に遠方（200〜250km）の琥珀製品の分布は、山梨県北部から長野県諏訪地方にかけて認められ、現在では本地域が全国的にも最も濃密な琥珀製品の分布地域となっている（山梨県：4遺跡、長野県：13遺跡）。しかもこの

うち長野県域側には大珠とされる大型品が多く、最大長が4cm以上のものだけを列挙しても棚畑、大桜、中原、中ツ原、梨久保、志平などの各遺跡から出土し、そこからの総数は10点を上回っている。しかも一つの遺跡で複数の琥珀製品が検出される例が多いのもこの地域の特徴であり、岡谷市上向B遺跡などのように一つの土壙内から複数の琥珀製品を出土した例もある。

現状ではこの琥珀製品の密集地域からさらに離れると製品の分布は極めて散漫となり、新潟県3遺跡（和泉A、大久保、馬高）、岐阜県1遺跡（丸山）、富山県2遺跡（開ヶ丘狐谷Ⅲ、境A）に留まってしまう。何れにしても琥珀製品が原産地から300〜350kmという遠距離にまで及んでいる事実は興味深く、しかも境Aを始めとして翡翠原産地付近でも発見されている事実も見落とせない。何故ならば略同一形態を採りながらも材質を違えた琥珀製品が、翡翠原産地に形成された遺跡で翡翠とは違った別種の威信財として認識されていた可能性が存在するからである。

6　ヒスイとコハクの相似点

翡翠製品と同様に、琥珀製品も同じく産地を離れて極めて広範囲に分布していたことが明らかである。翡翠が日本海側の糸魚川周辺に原産地を有し、そこに産する原石や未製品、完成品などが西廻りの長野・山梨ルートや北廻りの新潟ルートを経由して関東地方に広く分布したのに対し、琥珀製品は太平洋側の銚子を原産地として、東京湾を迂回あるいは横断して長野・山梨ルートを逆流するように流通した状況を確認することができた。言うならば日本海側で産する翠（ヒスイ）の財と太平洋側に産する紅（コハク）の財とが、あたかも対向するように双方向的に交換されていた可能性が浮かび上がってくる。次にそうした財の動きと威信財としての社会的価値が地域的にどのように推移していたのかを検討しよう。

まず翡翠製の大珠では地域的に威信財としてのランク差（中部：高位、関東：最高位）の存在することが、各集落での大珠保有数および大珠副葬土壙の空間的構成から推測された。要約すれば翡翠製大珠が威信財として縄文社会内で共に認知されながらも、それが示す位階や威信はそれぞれの地域社会およびその構成員が翡翠をどのように認知しているか、という社会学的側面と密接に関係していた。翡翠原産地から遠く離れた関東地方などでは、翡翠を素材とした大珠は集団内での最高位階（集落内で一人＝首長）と結びついていた反面、原産地に比較的近い中部地方ではそれより下位の位階を示す財と認知されていた。何故ならば中部地方では大珠が関東のように中央部の墓壙ではなく、その周囲に展開する特定土壙群内から検出される傾向が顕著なことから、集団内で

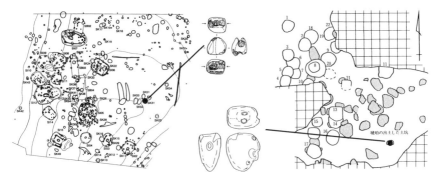

図8　琥珀大珠副葬土壙を中心に構成される環状集落
左：富山県開ヶ丘狐谷Ⅲ遺跡　右：長野県太田垣外遺跡

の特定位階と結びついていたと判断されるのである。

　関東地方では環状集落の中央部に展開する墓壙群、その中央部に位置する土壙内に埋葬された人物、その社会的地位および集団内での位階を示す最高位の威信財とされたのが翡翠製大珠であった。これに対して中部地域では琥珀製大珠がそれに代わる最高位の威信財と看做されていた蓋然性が高い。長野県太田垣外遺跡、新潟県馬高遺跡、そして富山県開ヶ丘狐谷Ⅲ遺跡などでは、墓壙群の中央部に位置する土壙内から琥珀製の大珠が検出されているが（図8）、その環状集落内での位置関係はまさに関東地方の翡翠大珠が検出される場所（墓）に相当している。長野県棚畑遺跡や同上向B遺跡、荒神山遺跡、棚原遺跡などでも類似した出土状況が看取され、琥珀原産地から250〜300km以上という遠位地に属する長野県以北の地域では、琥珀製大珠がその希少性を大きな要因として集落、集団内での最高位の位階表示に関わる威信財として位置づけられていたと考えてよいだろう。

7　威信財が織りなす社会関係

　これまでの分析成果に立脚するならば、縄文時代中期社会での中部地方における最高位の威信財は琥珀製品であり、翡翠製の大珠はそれに次ぐ威信財であったと考えられる。これに対して関東地方では翡翠と琥珀に対する社会的価値が逆転しており、翡翠が集落内での最高位の威信を示す財である一方で、琥珀はそれに続く威信財と位置づけられていた可能性が高い。同一の貴石（翡翠、琥珀）を素材とし、同じ形態に仕上げられた威信財が、地域によってその価値を違えていた最大の要因は、翡翠や琥珀の原産地からの距離、即ち流通経路の長短（＝各地域における威信財の獲得難易度）を背景として、その社会的価値が

地域毎に変動していたからに他ならない。

　しかし、本論での論理展開の大きな柱となった環状集落内の土壙群の形態、分布の意義・解釈については研究者間でも意見の分かれるところであろう。だが定式化した集落形態が通時間的に形成される背景には、強固な構造性の介在を無視する訳にはいかない。環状に巡る住居設営や維持については強い空間利用に関する集団規制が働いていたことは多くの研究者が指摘するところである（谷口 2005、高橋 2004）。その中央部に展開する墓が一定の群構成を持ち、住居群に対応するかのように単位性を顕在化させていることは、現世どころか来世に至るまで人々が強い集団的意識の基に社会的規制の影響下にあった姿を彷彿させている。ならば当然そこに副葬された威信財についても、個人レベルに佩用、管理が託されていたはずはなく、現世どころか死後までもそうした威信が保持され続けていた可能性もある。

　無論、こうした評価や解釈にもそれなりの根拠がある。関東地方では資料的な制約から不明瞭であるが、諏訪地域を中心とした中部地域では翡翠や琥珀製の威信財が出土する土壙は、集落中央部の土壙群のなかでも特定区域に集中する傾向が顕著である。居平遺跡・大花北遺跡（富士見町）、長峰遺跡・聖石遺跡、立石遺跡（茅野市）、梨久保遺跡・上向Ｂ遺跡（岡谷市）などでは、何れも隣接・近接土壙の中から大珠出土が報じられており、立石遺跡では翡翠大珠の副葬された土壙どうしの切り合い関係さえ認められている（図9）。

　このように数十から数百ある土壙群のなかでも翡翠・琥珀製の威信財が副葬された土壙が隣接・近接した特定空間内にあり、一定の群構成を示していることは無視できない。上記したような環状集落の構成に関わる集団内での社会的規制や規則を評価するならば、当該地域において翡翠や琥珀という貴石製の財と結びついた威信は、集団内での特定個人を表示していたことは言うに及ばず、継続的に同一空間に葬られる人々に継承されていた可能性を指摘することもできるのかもしれない。他の土壙群も各々が明確な群構成を有していることから、そのような単位性を出自集団や家系と評価した場合、翡翠や琥珀などの威信財によって表象された集団内での

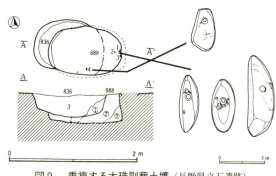

図9　重複する大珠副葬土壙（長野県立石遺跡）

何らかの役割が、特定家系へと代代にわたり引き継がれていたことを暗示していよう。加えてそれは威信財出土土壙の数や土壙どうしの切り合い事例などから推察すると、恐らく代々その家系のみが持ち得た一種の伝承的威信であった蓋然性が高いのである。

　関東地方を離れた山梨、長野などの地域において、翡翠と琥珀が同一価値の財であったか否かという問題は、今後も詳細な観察・検討を要する研究テーマと言えるものの、何れの威信財も原産地を離れるに従ってより高位の威信を表示するものとなっていった点だけは間違いないだろう。遺跡数や調査事例が突出した関東地域においても、翡翠大珠副葬土壙を取り囲む土壙群内に中部日本地域における翡翠・琥珀のような威信財の副葬を見いだすことができない。しかし、これはそれらを佩用する位階が関東に存在していなかったのではなく、他の威信財がそれに代わって用いられていたと考えるべきなのであろう。すでに南関東の貝塚遺跡を中心に鹿骨製腰飾り、ベンケイ貝製腕輪、イモ貝製装飾品、イノシシ牙製腕輪、イルカ顎骨製腰飾りなどと言った多種多様な威信財の存在が知られているからである。だがこれらの威信財のうちどれを、集団内のどういった位階と結びつけるかは個人や個々の集団が決定し得るものではない。関東の翡翠大珠や中部の琥珀大珠のように、それぞれの地域集団が獲得難易度や希少性、形態、色彩などを社会的判断の基にランクづけを行い、集落構成世帯から地域集団に到るまでのさまざまな位階や役割分担に見合う表示装置として、地域社会毎にその導入（価値決定：特定位階との対応関係）が図られていたと考えられる。そうした位階装置となった考古遺物の種類と各々が表示する位階との関係を突き詰めていくことは、遺物研究と遺構研究を統合した新たな縄文時代研究のテーマとなり得るに違いない。

8　まとめ

　縄文時代の流通や交易について翡翠と琥珀という威信財を通して概観してきた。今後の新たな資料検出に拠るところが大きいものの、翡翠大珠の在り方を中心に据えていくつかのモデル抽出を行った。

①原産地には集約的な製作遺跡が存在するものの、その周辺部を含めて製品がほとんど残されていない。威信財と生活財とはこの点が最も大きな相違点の一つである。
②大型品や優品は、原産地から遠く離れた地域（300km以上）でとくに顕著に発見される。大きく良い財ほど遠くへと流通するのは、社会的な価値が空間的移動と共に増大することに関係している。
③翡翠大珠の保有数は地域毎に相違しているが、その主要因は威信財としての

地域社会での位置（価値）づけに起因すると考えらえる。威信財としての認知や集団内における位階との対応関係（位階表示）の決定は各地域社会でなされるものであり、両者の関係（威信財と位階）は普遍的なものではない。

　こうしたモデルの検証を行う目的で琥珀製品の分析を行い、ほぼ同様な傾向を指摘することが可能であった。恐らく有機質遺物であることから遺跡内に遺存せずに分布などが不明な骨・角・貝製の各種威信財についても、同様に獲得難易度などに基づいて地域社会毎に特定位階との結びつきを有していたものと考えられる。

　本論での分析から導き出されたように、威信財の価値は同一でなく地域社会によってそれぞれ異なっていたと考えられる。同じ翡翠製大珠でありながらも中部と関東ではその価値を違えており、同様な在り方が琥珀製大珠でも予想されたところである。同一素材で製作された同じ形態の威信財でも地域によってそれが結びつき、表示する位階は相違していたと思われる。これは地域間での威信財の流通・交換を考えた場合に興味深い事実を提示する。例えば関東と中部それぞれの地域集団間での威信財交換を考えた場合、原産地を背後に控えた地理的位置から判断して中部からは翡翠、関東からは琥珀がそれぞれ交換・交易財として提示されたのであろうが、実体はそれぞれの地域で比較的入手し易い財を相手方に提供することで、自らの集団はより高位ランクに位置づけた威信財を獲得することを意味する。地域間で生じるこのような威信財の社会的価値の差異は、その流通や交易の円滑化や活性化を促す大きな要因となっていたものに違いない。

　威信財を巡って形成された広域的なネットワークの存在は、他の生活物資や情報、人々の活発な交易や交換を促し保証していたのであろう。そして最も重要で見過ごしてはならない点は、翡翠や琥珀を用いた大珠の成立やその広域的分布の実態とは、縄文時代中期の活発で広域的なモノを巡る流通や交易を示すのではなく、多種多様な威信財を必要とした地域社会の多様化と構造化にこそ主たる要因があったということにある。

引用・参考文献
　相京和茂 2007a「縄文時代に於けるコハクの流通（上）」『考古学雑誌』第91巻第2号
　相京和茂 2007b「縄文時代に於けるコハクの流通（下）」『考古学雑誌』第91巻第3号
　忍澤成視 2004「縄文中・後期におけるタカラガイ・イモガイ加工品の社会的意義」『縄文時代の社会考古学』同成社
　栗島義明 2007「威信財流通の社会的形態〜硬玉製大珠から探る縄文時代の交易〜」『縄文時代の社会と玉』日本玉研究会第5回シンポジューム

栗島義明 2007 b「硬玉製大珠の社会的意義〜威信財としての再評価〜」『縄文時代の社会考古学』同成社
鈴木克彦 2004「硬玉研究序説」『玉文化』創刊号
谷口康浩 2005『環状集落と縄文社会構造』学生社
高橋龍三郎 2004『縄文文化研究の最前線』トランスアート

2　製塩土器の生産と資源流通

―関東地方における土器製塩の再検討―

阿部芳郎

はじめに

　土器の利用は縄文時代を特徴づける現象である。そして土器の多様かつ多量な消費の形態は、縄文時代においても複雑な展開を見せる。土器をもちいて鹹水を煮詰め、塩に結晶化させる技術は、煮炊きを主な用途として出現した縄文土器の後半期における発達の一形態として説明することができる。
　そして、土器製塩は多工程にわたる労働力の投下と、集落から離れた浜辺などでの多量の薄手の土器と加熱施設（製塩址）の発見から、専業化した生業活動として理解され、縄文時代における資源の生産と流通の問題として論じられてきた（近藤 1962）。しかし、その論理に死角はないだろうか。
　これまで加熱施設と大量の製塩土器の出土から推測される製塩址と、それらが流通した証拠と見なされる少量の製塩土器のみを出土する遺跡とのあいだには、生産地から消費地へ、または二次的な加工地へ、という資源流通を想定させる比較的単純なモデルが描かれてきた。
　縄文時代の土器製塩の実態を理解するためには、こうした解釈とは別に、製塩土器の分布圏自体が、どのような経緯で形成されたのかという、やや視点を変えた見方も必要であろう。
　ここでは、関東地方における土器製塩のこれまでの議論を見据えつつ、流通先と考えられてきた地域から製塩土器および塩の生産と流通について再検討し、その端緒を開きたい。

1　土器製塩址を中心とした交易・流通論の展開

　霞ヶ浦に面した低台地上に形成された茨城県広畑貝塚の発掘を通じて、縄文時代における製塩活動の実態を解明したのは近藤義郎である（近藤 1962）。近藤は広畑貝塚における薄手無文土器と発掘によって確認できた厚い灰層の存在などから縄文時代における土器製塩の存在を指摘した。
　ところで、資源の生産と流通の関係を実態的に検証するためには、基点とし

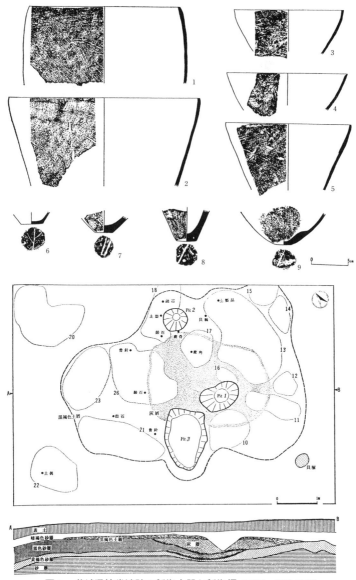

図 1　茨城県法堂遺跡の製塩土器と製塩炉（戸沢・半田 1966）

ての生産地または産出地の確認が重要である。小論であつかう土器製塩の場合には製塩址である。そして流通先における生産物、あるいは生産器具としての製塩土器の破片の出土遺跡などが想定される。この2つの類型化された遺跡の空間的な分布から、製塩址を残す生産遺跡を中心として、消費地遺跡がその周辺に分布するという同心円形のモデルが描ける。ただし、生産地の確認は考古学的な認識方法からは絶対的なものではない。なぜならば、それらの痕跡は、規模や遺存状況によっては遺跡において確認されにくい、または発見されない事例も想定されてくるからである[1]。

しかし、広畑貝塚の近くの法堂遺跡の調査が明治大学によって実施され霞ヶ浦に面した微高地上に炉址と大量の製塩土器が出土したことから、専業的な製塩活動の存在が指摘され、この地域における土器製塩の具体像が復元された（戸沢・半田 1966）（図1）。

その後も霞ヶ浦周辺では製塩土器の出土遺跡が探索された結果、出土遺跡は関東地方で100箇所を超え、さらに分布も一部では太平洋岸から奥東京湾など広域におよぶことが明らかにされ、霞ヶ浦を中心とした製塩活動の展開と塩の流通論が立ち上げられた（図2）（寺門 1983など）。

製塩土器とされる無文薄手の土器は、その製作技術の特殊性や量産化などから、製塩活動そのものの専業化・特殊化という理解が、より一層補強された（常松 1994など）。これらの議論のなかで、例えば埼玉県や千葉県などの後晩期の遺跡から出土する製塩土器を流通品として考えたり、あるいはまたその間接的な影響をうけた製塩土器の模倣品と考える前提が形成され、塩をめぐる流通論は霞ヶ浦を中心とした一極集中型の同心円モデルが完成・強化された。

また、近年では高橋満が霞ヶ浦西岸の法堂遺跡や広畑貝塚を中心とした製塩活動を復元し、海浜製塩遺跡を中心にそれをとりまく遺跡を霞ヶ浦外郭汽水系貝塚遺跡群と呼称し、これらの集団の参画によって製塩がおこなわれたことを推測し、実態の詳細を復元する（高橋 2007）。だがしかし、これらの仮説を考古学的に検証するためには、生産地の研究だけではなく、流通先と推定される地域での製塩土器の在り方を検討する作業が等しく重要である[2]。

本論ではこの点を定点として、東京都北区西ヶ原貝塚における晩期の製塩土器の分析を紹介し、これまでの仮説に対して流通先と目されてきた製塩土器の分布の周縁地域からの検討を加えたい。

2 製塩土器の技術

土器製塩を論ずる場合、行為としての製塩の証拠となるのは、製塩土器と製塩炉の存在であろう。筆者は「製塩土器」が本当に製塩に用いられたものなの

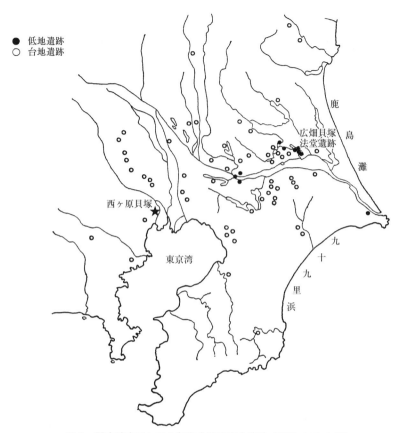

図2　関東地方における製塩土器の出土遺跡（寺門 1983に加筆）

かという、ごく基本的な点でいくつかの疑問と解明しなければならない課題を認識しつつも、小論では二次焼成による変色が著しいこと、器表面にケズリによる痕跡をそのままに残し、薄手であることなどを一応の製塩土器の特徴として議論をすすめる[3]。その中でも薄手の器体は、とくに土器の製作技術的な特殊性の1つとされている。

（1）薄手の器体の製作技術と系譜

　製塩土器の器体が薄手であることは、これまで多くの研究者によって土器製作技術上の特殊性として認識されてきた。筆者は製塩土器の製作技術を検討する中で、薄手の器体の成形はケズリによるものではなく、「当盤押圧技法」と命名した、当て具を器体に押し当てて押圧する技術によったものであり、製塩

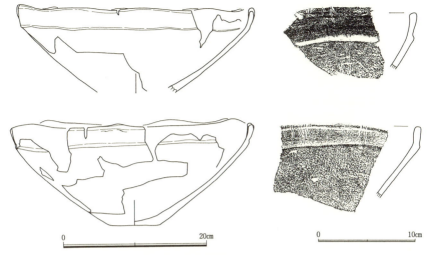

図3　ケズリ痕を残す煮沸用浅鉢（千葉県吉見台遺跡A地点）

　土器を特徴づけると考えられてきたケズリは、すでに器面が薄手に製作された後におこなわれた工程であることをまず指摘した（阿部 1998a）。そしてケズリには薄手の器体を成形する目的とは異なる意味があったと考えたのである。
　筆者は、製塩土器が難易度の高い特殊化した土器作りではなく、伝統的な土器製作技術の中から生まれたもので、その背景に直ちに専業化した製塩作業を想定する根拠とはなり得ないと考えている。関東地方の後期中葉の加曽利B式から安行1式土器の中には、煮沸用の浅鉢形土器の器表面に粗いケズリ痕を意図的に残すものがある（図3）。これは器表面を粗面に仕上げることによって、被熱効率や熱膨張による器面の剥離・破損率を低下させる機能があったと考えられる。さらにまた、土器製作技術の問題として注意すべき点は、加曽利B式から安行1式期に起こる精製・粗製土器の底部の小形化である。
　とくに安行1式以降の深鉢は小形の底部に薄手化した器体を成形し、その後に隆起帯縄文などの装飾を付加したものであり、土器製作技術の上では製塩土器よりも多工程であり、その製作ははるかに難易度が高い。これまでの製塩土器の製作技術の難易度を指摘する見解は、薄手の器体製作を、ただそれのみに限った表面的な観察に基づき、かつ現代陶芸学的な見地から感覚的に推測したものであり、方法論的にも誤りである。
　筆者は製塩土器の製作技術は、後期後半の土器製作技術から考えた場合、決して特異なものではなく、安行1式や同2式土器の器体製作技術が運用された

ものと考えている。むしろ、重要な点は集落外で大量に消費する製塩行為のために、あらたな器種として薄手無文の土器が登場したことであり、この労働用具としての意義は近藤の主張に雄弁である（近藤1962）。

一方、晩期の土器製作技術は、東関東では姥山Ⅱ式から前浦式への変遷と、西南部では併行して安行3b式から同3c・3d式へと変遷する段階で、精製土器と粗製土器の装飾上の相互関係は変容し、同時に器体の厚手化が進行する。この段階で、製塩土器と精製・粗製土器の器体製作技術は完全に分離し、薄手の製塩土器の製作技術は後期後半以来の薄手化の技術が土器製作技術として継承されたと考えられる。

（2）熱効率と使用痕

製塩土器の特徴には、器体が薄手であることとともに、器体の「剥離性」があり、また器面が被熱によって赤化している点が指摘されてきた（近藤1962）。この両者の特徴から、鹹水を土器で煮沸した行為が指摘されている。こうした特徴は被熱加工を示唆する痕跡であろう。

ところで、平坦な地表面の火床に土器を設置し、周囲に薪を囲んで火を焚いて煮炊きをした場合、土器は胴部上半以上に煤が付着し、黒色を呈することが普通である。こうした使用痕跡は、煮沸実験や、実際の出土品に広く認められるものである。

この場合、器面の顕著な赤化は炎の外炎が当たる胴部下半となるが、製塩土器の場合には、こうした煮沸用の土器とは異なり、口縁部以下が赤化しているものが圧倒的に多く、剥離も顕著である。さらにまた、小形の底部も底面を含めてほぼ全面が赤化しているものが多く、通常の煮沸方法とは異なる状況を想定する必要がある。

さらに煮沸対象物が肉やドングリなどの固形の有機物である場合、内面には焦げつきによる黒変が認められる場合が多い。しかし、これまで筆者が実見した製塩土器の中には、そうした痕跡を残すものは認められなかった。

土器の底面が被熱している状況や、底部自体が小形である点、さらに尖底の底部さえ出現する地域があることなどを考え合わせると、灰やオキなどを底面に貯めて、熱源としてその上に直接土器を設置した可能性が高い。

また、製塩は土器に鹹水を入れてから加熱する場合と、予め土器を火床で加熱してから鹹水を注ぎこむ場合とでは、生産効率が大きく異なる。常温の鹹水を加熱して水分を気化させた場合、数時間の加熱が必要できわめて効率が悪い。しかし、火床で土器自体を空焚き状態にして、その内部に少量ずつの鹹水を注ぎ込めば、水分は瞬間的に水蒸気となり、塩が土器の内面に結晶化する。こうした行為を繰り返して土器の内部に結晶塩を生成する方法が合理的であろう[4]。

その場合、1つの土器を火床に置いて鹹水を注ぎ込むよりも、複数の個体を並べて置いて、順次鹹水を注ぎ込むと生産性が向上する。同時に消費する土器の量も倍増するため、結果として相当量の土器が消費されることになる。こうした製塩作業には、大形の土器は必ずしも必要なく、むしろ小形の土器を数多く火床に置いた方が合理的で、古代の製塩土器が小形品であることなどは、この方法に適応して形態変化を遂げた結果といえるだろう。

　法堂遺跡で検出された製塩炉と考えられる炉址は地面を掘りくぼめた構造で、多数の土器を火床に設置して一気に大量の製塩土器を加熱した可能性は低く、その方法、あるいは「製塩炉」とされた遺構の性格については、再考の余地がある。

　また、法堂遺跡の製塩土器の中には、深鉢以外にも鉢形など、複数の形態があることが指摘されている（戸沢・半田 1966）。こうした形態差は製塩作業の工程で用いられる土器自体に使い分けが存在した可能性を示唆するが、現時点では製塩土器のサイズや形態分類は低調なようだ。

3　東京湾沿岸の製塩土器出土遺跡の実態

　製塩土器の分布の周縁地帯に含められる東京都北区西ヶ原貝塚からは、製塩土器の出土が確認されている（図2）。その中でも、東京都によって実施された調査では、晩期中葉の住居跡が検出され、その覆土中から安行3d式とともに複数の製塩土器が出土した（阿部 1998b）（図4）。

　この調査では、遺構調査の段階で製塩土器が出土した場合の分析を事前に準備して臨んだため、住居の覆土の調査では出土位置だけでなく、製塩土器と非製塩土器の周辺とその直下の土層・覆土などを比較のサンプルとして計画的に採取することができた。

（1）製塩土器と鹹水との関わり

　これらのサンプルを用いて実施した分析は、土器のクラックなどに後天的に入り込んだケイソウ分析と土器の胎土分析による産地推定である。また土器については、同様の方法で製塩遺跡の代表例として考えられてきた茨城県法堂遺跡の製塩土器を比較資料とした。

　製塩土器の埋存した土壌内のケイソウ分析では、鹹水に棲息する種類が一定量含まれていた。この事実は晩期における土器製塩の痕跡と考えるよりは、西ヶ原貝塚における中期から後期の貝塚の魚介類に由来する可能性もあるだろう。

　こうした土壌環境にあっては、多孔質な土器の内部に二次的にケイソウが入り込む状況を想定しなければならない。しかし、製塩土器と非製塩土器との間には、こうした埋没環境にありながらも、ケイソウの種類に比較的明確な違い

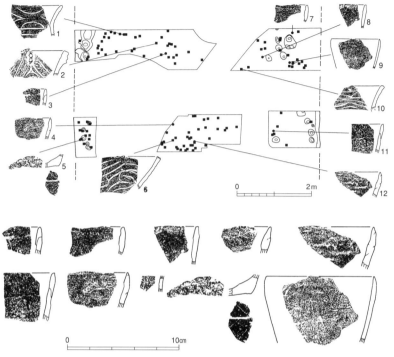

図4 東京都西ヶ原貝塚における製塩土器の出土状態

を指摘することができた(図5)。

すなわち、製塩土器には同じ埋没過程にある安行3d式土器と比較して、多くの浮遊性の鹹水産ケイソウが検出されたのである。こうした事実から、少なくとも製塩土器とされた土器が、鹹水に関係しているという事実は、ある一定の確実性をもって指摘できる。

(2) 胎土分析による製塩土器の産地推定

土器製塩がおこなわれた場所はどこか。この問題は土器製塩と塩の流通の仮説を考える場合、議論の展開の重要な前提になる。しかし、関東地方におけるこれまでの土器製塩に関する議論は、広畑貝塚や法堂遺跡の発見により、製塩の中心地が想定されて以後、モデル化とその解釈はなされてきたものの、土器製塩の多元性という問題についてはほとんど議論されてこなかった。

そのため、埼玉県などの奥東京湾周辺の遺跡で出土する製塩土器については、模倣品(鈴木 1992)や塩類の再加工具(常松 1994)としての理解が示された。

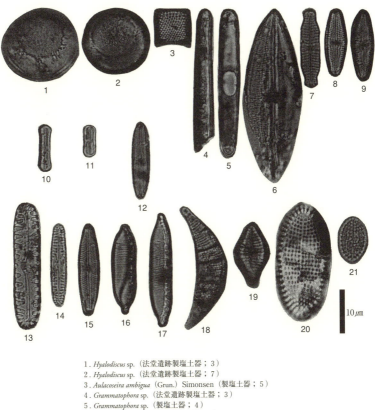

1. *Hyalodiscus* sp.（法堂遺跡製塩土器；3）
2. *Hyalodiscus* sp.（法堂遺跡製塩土器；7）
3. *Aulacoseira ambigua*（Grun.）Simonsen（製塩土器；5）
4. *Grammatophora* sp.（法堂遺跡製塩土器；3）
5. *Grammatophora* sp.（製塩土器；4）
6. *Mastogloia* sp.（法堂遺跡製塩土器；7）
7. *Navicula ignota* Krasske（C-11グリッド；1）
8. *Navicula mutica* Kuetzing（製塩土器；4）
9. *Navicula mutica* Kuetzing（法堂遺跡製塩土器；10）
10. *Navicula contenta* Grunow（非製塩土器；6）
11. *Navicula contenta* Grunow（C-11グリッド；1）
12. *Neidium alpinum* Hustedt（製塩土器；4）
13. *Pinnularia borealis* var. *scalaris*（Ehr.）Rabenhorst（製塩土器；6）
14. *Pinnularia subcapitata* Gregory（製塩土器；5）
15. *Stauroneis obtusa* Lagerst（製塩土器；5）
16. *Hantzschia amphioxys*（Ehr.）Grunow（C-11グリッド；1）
17. *Hantzschia amphioxys*（Ehr.）Grunow（製塩土器；4）
18. *Rhopalodia musculus*（Kuetz.）O. Muller（製塩土器；4）
19. *Achnanthes delicatula* Kuetzing（法堂遺跡製塩土器；7）
20. *Cocconeis scutellum* Ehrenberg（法堂遺跡製塩土器；3）
21. *Cocconeis scutellum* var. *parva* Grunow（法堂遺跡製塩土器；3）

図5　西ヶ原貝塚と法堂遺跡の土器から検出されたケイソウ化石

これらは霞ヶ浦における土器製塩の一元的な中心性を前提としてのものであったことは否めない。

関東地方における後晩期の土器製塩は、霞ヶ浦沿岸だけに特定されるのだろうか。そこで、流通圏内に位置する東京都西ヶ原貝塚の製塩土器と、これに共伴した安行式土器について胎土分析を実施した（河西 1998）。それによれば、製塩土器と安行式土器は、胎土中の岩石鉱物組成においてよく一致した組成を示しており、両者のあいだに産地の違いを推定できる差異は認められないこと。さらに岩石鉱物の組成は荒川流域において共通する特徴をもつ反面、霞ヶ浦沿岸地域とは異なることが明らかにされた（河西 1998）。

この事実は、西ヶ原貝塚の製塩土器が遺跡周辺の粘土で製作されたことを意味している。安行3d式土器は大宮台地や武蔵野台地を分布圏としており、この時期に製塩址が発見されている霞ヶ浦沿岸は、前浦式土器の分布圏の中心に位置しており、両地域間には土器型式においても明確な地域性が指摘できる。

胎土分析とこれらの型式学的所見は調和的であり、製塩土器は量の違いはあれ、両方の地域でそれぞれに生産されていたことを示唆する。

この仮説を検証するために、霞ヶ浦沿岸に位置する法堂遺跡の製塩土器を対象にして同様の手法によって胎土分析を実施した。それによれば法堂遺跡の製塩土器の胎土の岩石鉱物組成は、遺跡が立地する霞ヶ浦周辺の岩石鉱物組成と類似している事実が明らかにされた（河西 1998）。この事実から、西ヶ原貝塚の集団が自分たちで生産した製塩土器を携えて霞ヶ浦に遠征し、そこで生産した塩と土器を持ち帰ったという、やや飛躍した仮説も排除される。

西ヶ原貝塚の製塩土器の胎土分析の成果は、これまでの縄文時代土器製塩の歴史的な意義の検証という面において、その意味は小さくはない。すなわち、西ヶ原貝塚で、在地土器型式である安行3d式土器と共通した特徴をもつ粘土で製塩土器が製作されていたことは、西ヶ原貝塚の位置する東京湾沿岸において独自の土器製塩がおこなわれていたことを強く示唆することになるからだ。

4　製塩土器の生産と流通

（1）東京湾における土器製塩の可能性

土器製塩については近藤義郎がすでに道具としての製塩土器の出現以前に行為として、土器で塩を生産した可能性について指摘している（近藤 1962）。近藤が重視した考古学的現象は、鹹水から塩を結晶化させる化学的変化ではなく、製塩活動の定着を想定させる専用土器（製塩土器）の出現である。そして、その多量性から、自給的な消費を上回る「流通品としての塩」が出現したと見るのである。近藤の指摘は土器製塩の歴史的な意義と展開を説明したものとして

重要である。
　筆者は近藤の指摘にある土器製塩の歴史的意義を評価しつつ、考古学的な遺物の観察と分析から、製塩土器をもちいた土器製塩は霞ヶ浦沿岸だけに限定されるものではなく、広く東京湾岸の集団間においてもおこなわれていた可能性を指摘したい。
　また、これまでの研究の歴史の中でも清算されたように、土器製塩は貝塚の消滅とは本来的に切り離して考えるべきであろう。さらに土器製塩に用いられる土器は、製塩実験によるならば、鹹水の煮沸によって土器内面に塩が白色に結晶化して厚みをもった段階で土器そのものが破損してしまう場合が多い。
　おそらく、土器の器体と結晶化した塩の膨張率の違いが器体の損壊の原因となるのであろう。縄文時代においても薄手の土器で鹹水を煮沸すれば同様な状況が頻発したことは想像に難くない。
　そして、こうした原因で土器が破損したと考えた場合、製塩址から出土する多量の製塩土器は、使い回しの可能な他の煮炊き用土器とはライフサイクルが根本的に大きく異なる。したがって、遺跡における製塩土器の出土量の多寡を他の土器と同一のレベルで比較すべきではない[5]。
　東京湾に分布する後晩期の集落で、製塩土器を出土する遺跡は多く、むしろ例外を見出すことができないほどだ。それは現時点では安行2式以降の土器を出土する遺跡であり、今後の出土状態の詳細な観察から、細別時期を決定できる様になるのは、おそらく時間の問題であろう。
　しかし、これらの遺跡から出土する製塩土器の量は、西ヶ原貝塚と同様に乏しく、さらに製塩址のような施設が発見された例もない。筆者はこれらの少量出土の製塩土器の産地は、これまで考えられてきたように霞ヶ浦沿岸ではなく、西ヶ原貝塚での分析事例と同様に、在地産である可能性が高いと考えている。
　すなわち、製塩土器の流通圏として考えられてきた東京湾沿岸においても、東京湾岸の海浜部では独自に土器製塩がおこなわれたと考えるのである。そして、その生産物が台地上の集落へと持ち込まれ、一部がさらに内陸部へと流通したというのが筆者の考えである。

（2）関東地方晩期土器製塩の多様性

　縄文時代における土器製塩の研究は、それまでの貝塚の形成や、水産資源の伝統的な食資源利用の延長上において議論され、晩期における縄文貝塚の数的減少の原因として考えられたり（後藤1973）、また塩分に食物の保存用の防腐剤としての役割が想定されたりしてきたが、これらの議論は、製塩遺構が発見された霞ヶ浦西南部を中心とした製塩集団の専業的な活動としてモデル化され、遠隔地で出土する製塩土器の由来は、これら特定地域からの塩の流通を示

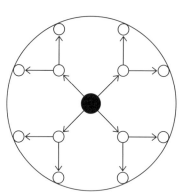

● 製塩(生産)遺跡　　○ 流通(消費)遺跡

A：中心的な製塩遺跡から広域な範囲へと流通。
B：地域毎の空間的な広がりと需要に応じた多様な流通構造が群在。

図6　土器製塩の展開と流通モデル

す証拠として考えられてきた（図6A）。

　この指摘は茨城県法堂遺跡などにおける多量の製塩土器の出土によっても跡付けられたわけであるが、以後の議論は遠隔地から出土する製塩土器を流通圏の問題として展開し、この仮説の前提を検証する作業は捗らなかった。

　東京都西ヶ原貝塚から出土した製塩土器の胎土分析は、これまでの霞ヶ浦沿岸を中核とした製塩活動の一元的な流通モデルに再検討の余地があることを示唆する結果をもたらし、筆者はこの事実をもとにして東京湾沿岸における土器製塩の可能性を指摘したのである（阿部1998b）。

　筆者は、鹹水を高温で煮詰めて、塩分を結晶化させる土器製塩は、資源利用における煮沸技術系の問題として正視し、広い海に囲まれる列島の、より広い範囲の中に製塩に関する技術が展開したものと考える。そして、霞ヶ浦西岸という地域社会の内部における塩の生産と消費の関係化が、法堂遺跡などにおける集約的な土器製塩をもたらしたのであって、東京湾にはこれらとは別に、異なる需要と生産規模をもつ独自の土器製塩が展開したに違いない。

　そのことは、例えば大宮台地や武蔵野台地などの後晩期遺跡における製塩土器の出土時期をみれば、その多くが晩期中葉に集中しており、霞ヶ浦沿岸の土器製塩よりも時期的には遅れているし、製塩土器の口縁部や底部形態などに異なる特徴がある（鈴木1992、阿部1998b）。これらの現象は、筆者が想定する

奥東京湾から東京湾岸での独自の土器製塩の存在を示唆する現象と考えることができる。

東京湾岸で出土するこれらの製塩土器は、今後に胎土分析による産地推定をおこなう必要があるが、西ヶ原貝塚の例と同様に在地産である可能性が高いであろう[6]。

いずれにしてもこうした議論は、今後机上論的な解釈のみに偏せず、製塩土器の胎土分析による産地推定や、製塩土器そのものに鹹水の痕跡を検出してゆく理化学的な分析を積極的におこない、より検証力のある前提をふまえた議論が必須となろう。

(3) 結晶塩の食文化史上の意義

法堂遺跡や広畑貝塚の製塩址は、集中的・集約的な土器製塩の存在を否定するものではない。その立地は現霞ヶ浦の湖面に面した低位の微高地上に位置している。こうした製塩址の立地は、東京湾における製塩活動を推測する場合に参考になる。

しかし、現実的な問題として、東京湾において海浜部に面した微高地はすでに埋積し、また都市化によって地表面において遺跡の存在すら確認することができない場合が多い。西ヶ原貝塚をはじめとした台地上の遺跡において、少量が出土する製塩土器は、本来こうした低地部に形成された、より海浜部近くの遺跡において主体的に利用されたものであり、台地上の遺跡からの出土量をもってして、土器製塩の規模を推測することは妥当ではない。

とはいえ、こうした推論も製塩活動にかかわった集団の組織と遺跡群との関係から本来は論じるべき問題であり、共通の課題として霞ヶ浦周辺地域と東京湾岸地域における後晩期の地域社会の動態解明が今後の課題となる。

縄文時代における土器製塩の問題をどう捉えるかという視点もまた、複眼的な視点と検証の方法を確立する必要があろう。沿岸部における塩の生産が自給的なものである場合、鹹水の入手が容易な地域での塩の生産は、結晶化させた食用固形資源としての意味（持ち運びや、賞味など）を内在させている可能性が高い。

塩分は、鹹水産魚介類などに本来的に含まれるものであり、またこれらの食品を鹹水で煮詰めることにより、凝縮した高濃度の塩分を得ることは技術的にも難しいことではない。

結晶塩とは、これらとは本質的に異なり、塩分のみを単純に固形化している点に特徴が指摘できるのではないか。こうした資源は、魚介類の味覚から塩分のみを分離した食文化上の「味覚の独立化」とも表現することができる。

一方で、塩分がたんぱく質などの防腐作用をもつことは良く知られている。

しかし、この効用を重視するのであれば、その効果を見込んで、より多くの製塩遺跡が存在しなければならないが、それらがきわめて偏在的であり、特定の遺跡を除いては、その量が著しく少ない。この矛盾は、今後の発見に託しても到底解決できそうにもない。この点からみても、縄文塩に単なる食料の防腐剤としての意味を推定することは合理的ではない。

縄文時代の土器製塩の意義は、それぞれの地域社会の内部において、多様な食資源としての意味を内在させており、各地における塩の消費の在り方が、製塩遺跡の規模や数に反映したものと考えるべきであろう。

その場合、近藤が指摘し、鈴木らが展開した霞ヶ浦沿岸における専業的な製塩活動と周辺地域への塩の流通は説得的である。ただし、その及ぶ範囲は、関東地方の内部においても、より限定されたものであったのではないだろうか。東京湾沿岸の集団は霞ヶ浦沿岸の集約的な製塩作業ではなく、自給性の高い小規模な製塩活動を独自におこなったのであり、現状ではその一部が内陸地域へと持ち運ばれた可能性が高いと考えておきたい。

本論では、縄文時代における土器製塩の意味を食資源上の問題として捉え、自然資源における「味覚の独立化」と意義づけておく。このことは、もとより塩分濃度の高い鹹水の味自体を渇望した結果であったのかもしれない[7]。

そして、資源の流通という視点からは、霞ヶ浦の製塩址で独占的に生産された塩と製塩土器が広域に流通したという、これまでの一元的な考え方に対し、東京都西ヶ原貝塚における製塩土器の産地推定の成果をもとに、東京湾岸地域における独自の土器製塩の存在と、これを基点とした小地域単位での内陸部への塩の流通を指摘したのである（図6B）。

ふたたび縄文時代土器製塩の原点となる近藤の発言に耳を傾けよう。近藤は広畑貝塚の製塩土器と類似した土器が東京や埼玉方面の晩期の遺跡から出土している事実を把握していた。そして「製塩遺跡は原則として、その性質上、汀線にほど近い箇所に形成されるものが普通であるため、－中略－たいてい水田があったり、家がたっていたりして開発が早くから進んでいることが多いので、おのずから調査されることも稀となる。おそらくこうした理由で、これまで製塩土器遺跡が知られていなかったものとも思われる。したがって、右のいくつかの遺跡のうち、今後の探索によって製塩遺跡を伴うことが明確化されるものが出てくることは充分期待できる」（近藤 1962）とした。近藤の慎重な発言は今日の製塩研究において再認識されるべきであろう。

小論は関東地方後晩期における土器製塩を介した資源流通の中心と周縁というモデルが従来考えられてきたほど単純ではなく、東京湾の海浜地帯における小規模製塩と霞ヶ浦沿岸における集約化した製塩活動がそれぞれに展開した可

能性を指摘した。

　それは製塩土器の産地推定の結果から予測し得ることであって、東京湾岸に製塩遺跡が存在することを予測させるものであった。それはまた、複雑化した縄文社会の一断面を資源流通という側面から垣間見たともいえる。

註
1 ）近藤義郎は製塩址の立地が当時の海岸線のある沖積地などの低地部にあたることから、そうした場所が現在では開発されている場合が多く、発見されにくい状況を指摘している（近藤 1962）。
2 ）翡翠や黒曜石など特定原産地が理化学的な方法によって特定された遺物が、原産地からはなれた遠隔地の遺跡より出土する事実をもって、ただちに流通や交易と結論する場合が多いが、流通先と解釈される遺跡での在り方について充分な検討を経ていないことが多く、理論的な鍛え上げとともに、状況に応じた柔軟な解釈が必要であろう。
3 ）実際に実験製作した土器を用いて土器製塩をおこなってみると、多くの場合、土器の上半部はほかの煮沸土器と同様に煤が付着するものが多いが、出土した製塩土器にはそうした痕跡が認められないこと、製塩をおこなって鹹水を吸水した土器は、その後に空気中の水分を取り込み、内外面が脆くなるものが普通であるが、出土品はきわめて堅緻な器体を残しており、実験土器との間に大きな差異を認めうる。実験考古学の立場からは、こうした差異を生じさせた要因を解明する必要がある。
4 ）近藤はこうした方法を「補注式」と命名しているが、実験考古学的に観た場合、可能性の高い手法であると考えられる。
5 ）高橋満は製塩作業に用いる土器生産の技術的な理解から難易度の高い土器生産を想定し、複数集団の持ち寄りによる土器製塩を想定しており、筆者とは異なる前提での土器製塩に関する理解を示している（高橋 2007）。
6 ）むしろ、霞ヶ浦沿岸との関係が深いのは、千葉県内陸部の印旛沼沿岸であり、この地域では安行 2 式から姥山Ⅱ式期にかけて、比較的多くの製塩土器の出土をみる。内陸部における製塩土器の在り方と奥東京湾沿岸の製塩土器はその在り方を違えている可能性がある。
7 ）例えば佃煮や煮貝などにも塩分を豊富に付加するのは可能であり、東京湾沿岸の大形貝塚の形成背景にこうした意義を見込んで貝塚の形成背景を推定した意見もあった（後藤 1973）。しかし、これらの加工品は、塩分のみを単純に取り出しているものではない点で一致している。

引用・参考文献

阿部芳郎 1998a 「「当盤押圧技法」の起源と系譜」『貝塚博物館紀要』25
阿部芳郎 1998b 「西ヶ原貝塚出土の製塩土器の機能と技術」『都内重要遺跡等調査報告書』
池上啓介 1933「広畑貝塚」『史前学雑誌』5-5
河西　学 1998「西ヶ原貝塚出土縄文晩期土器の胎土分析」『都内重要遺跡等調査報告書』
金井慎司・辻本崇夫 1998「西ヶ原貝塚における自然科学分析調査」『都内重要遺跡等調査報告書』
近藤義郎 1962「縄文時代における土器製塩の研究」『岡山大学法文学部学術紀要』15
近藤義郎 1994『日本土器製塩研究』
戸沢充則・半田純子 1966「茨城県法堂遺跡の調査」『駿台史学』18
後藤和民 1973「縄文時代における東京湾沿岸の貝塚文化について」『房総地方史の研究』
鈴木加津子・鈴木正博・荒井幹夫 1989「正網遺跡―荒川右岸における縄紋式後晩期遺跡の研究」『富士見市遺跡調査会紀要』5
鈴木正博・渡辺裕水 1976「関東地方における所謂縄紋式「土器製塩」に関する小論」『常総台地』8
鈴木正博 1981「縄紋時代に於ける「土器製塩」の研究（序説）」『取手と先史文化』下巻
鈴木正博 1992「土器製塩と貝塚」『季刊考古学』41
高橋　満 2007「土器製塩と供給」『縄文時代の考古学』6
常松成人 1994「1 関東各都県」近藤義郎編『日本土器製塩研究』
寺門義範・芝崎のぶ子 1969「縄文後・晩期にみられる所謂「製塩土器」について」『常総台地』4
寺門義範 1983「製塩」『縄文文化の研究』2　生業
堀越正行 1985「縄文時代の土器製塩と需給」『季刊考古学』12

コラム

内陸における製塩土器の出土事例
―入間川流域を中心として―

宮内 慶介

はじめに

　関東地方における土器製塩は、先行研究によって縄文時代後期後葉の安行式期にはじまることが指摘されている（近藤 1962）。また海から遠く離れた内陸地域でもいわゆる製塩土器が広く出土することは、分布図の作成を通じて古くから指摘されてきた（寺門・芝崎 1969、常松 1994、高橋 2007ほか）。
　今回は関東地方西部、入間川流域での出土事例を紹介し、内陸における製塩土器出土遺跡の特徴を紹介する。

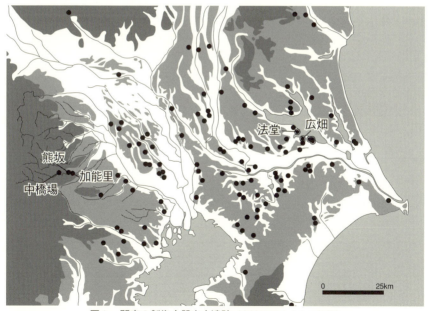

図1　関東の製塩土器出土遺跡（高橋 2007をもとに加筆）

入間川流域の出土事例

　入間川流域の縄文時代中期以降の遺跡数の変動を概観すると、中期勝坂式～加曽利E式前半に増加のピークがあり、中期末以降遺跡が分散、後期中葉の堀之内2式～加曽利B1式期を境にして激減するという、関東地方西部の一般的な遺跡動態と同じ様相を示している。遺跡の激減する後期中葉以降の遺跡は、現在のところ飯能市の熊坂遺跡・加能里遺跡・中橋場遺跡にほぼ限られる。

　熊坂遺跡　秩父山地を流れ出た入間川と、東京都青梅市に源を発する成木川が合流する地点の、入間川左岸段丘上に熊坂遺跡は位置する。遺跡北側の段丘崖から昔は湧水が流れていたらしく、湧水下の平坦面に広がる遺跡といえる（図2）。
　過去2次にわたる発掘調査が行われており、採集された遺物から中期末～晩期中葉にわたる遺跡の継続期間が確かめられている。台地縁辺部では石囲炉が見つかり、住居の構築も確認された。大量の土器や石器のほか、土偶や土版、石棒などの遺物も見つかっていることから、長期にわたる集落遺跡と考えることができる。
　図2-1～4が検出された製塩土器の代表的なものである。1・2は口唇部直下に1ないし2段の粘土紐の接合痕を残す。1の口唇部はナデにより整えられやや厚みをもつが、2～4はやや先細った口唇部形状を呈する。1・2は横方向のケズリ、3は斜め上方へのケズリによって外面が整形される。1・2・4は外面、3は内面の一部が剥落している。
　共伴した土器から細かな時期決定を行うのは難しいが、調査では安行3c式が多く検出されているため、おおむね晩期中葉に位置づけられる。

　加能里遺跡　加能里遺跡は熊坂遺跡から下流へ約1.2kmの距離に位置する。

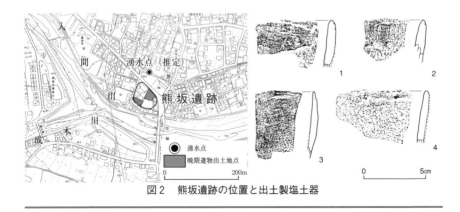

図2　熊坂遺跡の位置と出土製塩土器

遺跡は入間川左岸の段丘上に位置し、遺跡付近には 2 本の段丘崖線が東西にはしっている。ここからは豊富な湧水が流れ出ており、現在でも 8 ヶ所の湧水が確認できる（図 3）。

　これまでの調査では、縄文時代草創期から晩期中葉の遺物が検出されており、中期末〜晩期中葉には上下の段丘崖にみられる湧水点付近に遺構・遺物の集中がみられる。とくに下段の段丘崖の上部では晩期前葉の竪穴式住居跡や後期前葉〜晩期中葉にわたる複雑な土層の累積状況が認められる。また段丘崖下の湧水脇では、後期前葉〜晩期前葉にわたる複雑な配石遺構の累積も認められる[1]。大量の土器や石器のほか、土偶や耳飾り、石棒なども検出されており、未だ不明な点が多いものの、熊坂遺跡同様長期にわたって営まれた集落遺跡と考えられるだろう。

　製塩土器は 8 次調査区や試掘調査 9 地点から検出されている（図 3-1〜4）。1・4 は口唇部直下に粘土紐の接合痕を残し、1 はタテ方向のケズリによって外面が調整される。1・2 はナデにより角頭状の口唇部形態を、3 は図 2-1、4 は図 2-2〜4 と同じ口唇部形態を呈する。1 は内面、2〜4 は外面に剥落が認められる。

　加能里遺跡も明確な共伴関係が不明であるが、8 次調査区や試掘調査 9 地点

図 3　加能里遺跡の位置と出土製塩土器

では、晩期前葉〜中葉の土器が検出されている。

中橋場遺跡 中橋場遺跡は、熊坂遺跡から成木川をさかのぼって約4.2km、成木川支流の直竹川左岸段丘上に位置する。北側には山地がせまり、熊坂遺跡、加能里遺跡とは異なる立地といえる（図4）。

過去の発掘調査では、配石遺構が多数見つかった遺跡として注目されたが、いずれも形態がはっきりとは残っていなかったためその性格は明らかではない。しかし出土土器は中期末〜晩期中葉まで認められ、生産用具である石器も豊富に出土している。また土偶や耳飾り、石棒なども出土しているため、中橋場遺跡全体としては、長期にわたって営まれた集落遺跡と考えられる。

未報告資料中からは、製塩土器の可能性が高い土器片が400点ちかく確認できた。図4-1〜11が中橋場遺跡出土の製塩土器の代表的なものである。

1〜4はナデにより整形された角頭状の口唇部を呈するが、3・4は若干丸味を帯びる。5・6はナデにより口唇部が調整され、先細りの形状を呈する。7〜10は口唇部に目立った調整が認められない。7・8はやや厚みを帯びるが、9・10はやや内側へ折れ、先細りの形状を示す。11は製塩土器の底部と考えら

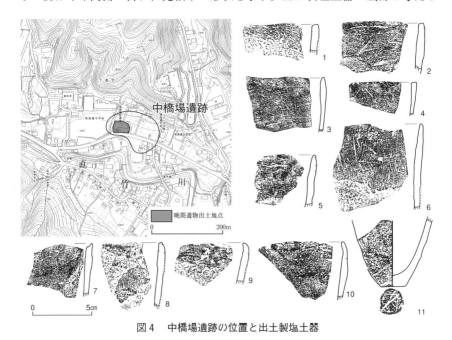

図4　中橋場遺跡の位置と出土製塩土器

れる資料で木葉痕を残す。
　以上が入間川流域の後・晩期の3遺跡と、そこから検出されたいわゆる製塩土器の代表的なものである。いずれの遺跡においても細別型式を特定できるような共伴関係はとらえられていないが、今回紹介した調査区からは後期安行式はわずかしか検出されておらず、晩期前葉〜中葉（とくに安行3b〜3c式）の土器が多い。このため、おおむね安行3b式〜3c式に位置づけられるものと考えられる。
　また霞ヶ浦沿岸における製塩土器の型式学的な研究（関・鈴木・鈴木 1983ほか）で安行3b式期に位置づけられた口唇部をヘラで切るような形態は多くは見られなかった。つまり入間川流域でみられた先細りの口唇部形態を作出するものは、霞ヶ浦沿岸の製塩土器とは時期的にも異なる特徴をもち、在地もしくは別の製作地の存在を示唆するものである可能性が高い。

内陸における製塩土器の位置づけ

　大宮台地以西の内陸地域で出土するいわゆる製塩土器について、霞ヶ浦沿岸の製塩遺跡から搬入された内容物を消費集団が再加熱する道具として、最終的な土器製塩の工程に組み込む考え方（高橋 1996）と、土器製作の情報が内陸に伝わったに過ぎず、土器製塩には直接関与しないという考え方（関・鈴木・鈴木 1983ほか）が存在する。しかし両者とも内陸出土の製塩土器は、霞ヶ浦沿岸で作られた土器が直接搬入されたものではなく、内陸地域で作られたものと考える点では一致している。
　確かに内陸から出土するいわゆる製塩土器にも器表面の剥落や二次焼成による特徴的な色調の変化が認められるのだが、こうした特徴的な器表面の変化が海水などの加熱によってのみ引き起こされる現象であるのかは吟味が必要である。内陸における製塩土器研究の次なるステップとして、理化学分析などを援用した基礎データの蓄積、つまり搬入品である可能性や土器製塩に使われた蓋然性はどの程度なのか、客観的に分析する必要があるだろう。
　内陸の遺跡での出土事例を細かく洗い直し、場合によっては胎土分析や珪藻分析など理化学的な方法も視野に入れながら、多角的な視点でもう一度関東地方の土器製塩研究を構築すべき時期といえる。

課題と展望

　いわゆる製塩土器が出土した入間川流域の3遺跡は、遺跡の減少期にあって

近接した位置に営まれた長期継続型の集落遺跡である可能性を指摘した。熊坂・加能里・中橋場は当時の遺跡群の一単位ととらえることができるだろう。

近年の後晩期集落研究では、遺跡群内での各種遺構や遺物の偏在性が注目され、相互補完的な遺跡間関係のモデルも提示されている（阿部ほか 2000）。そうした場合、各遺跡が保有する製塩土器の量には違いがあるのか、つまり遺跡群内において多量保有遺跡とそうでない遺跡があるのかは、製塩土器の存在から個々の遺跡の性格を考えるうえで重要であろう。

これまでは土器製塩というテーマのもと、製塩遺跡との関係に焦点が集中してきた傾向はいなめないが、今後は地域社会の成り立ちを考える視点から製塩土器を考えることも必要となってきているのではないだろうか。

註
1）配石の間からは後期前葉～晩期前葉の土器片が検出されている。定型的な型態の配石は少なく、長期にわたり石が累積された結果残されたもののように見える。湧水を利用した何らかの施設の可能性も考えられる。水場の可能性も視野に入れつつ検討中である。

引用・参考文献
阿部芳郎・建石　徹・小口英一郎・堺　陽子・宮本淳一 2000「縄文後期における遺跡群の成り立ちと地域構造―印旛沼周辺遺跡群の踏査と研究の成果―」『駿台史学』109、駿台史学会
近藤義郎 1962「縄文時代における土器製塩の研究」『岡山大学法文学部学術紀要』15
関　俊彦・鈴木正博・鈴木加津子 1983「大森貝塚出土の安行式土器（三）」『史誌』19
曽根原裕明 1986『飯能の遺跡（5）』飯能市教育委員会
曽根原裕明・富元久美子 1989『飯能の遺跡（8）』飯能市教育委員会
高橋　満 1996「土器製塩の工程と集団」『季刊考古学』55、雄山閣
高橋　満 2007「土器製塩と供給―関東地方の2遺跡を中心に―」『縄文時代の考古学6 ものづくり―道具製作の技術と組織―』同成社
常松成人 1993「関東地方の製塩土器」『考古学の世界』9、学習院考古会
常松成人 1994「関東各都県」『日本土器製塩研究』青木書店
寺門義範・芝崎のぶ子 1969「縄文後・晩期にみられる所謂「製塩土器」について―関東地方における製塩研究の整理のために―」『常総台地』4、常総台地研究会
富元久美子 1995『飯能の遺跡（19）』飯能市教育委員会
柳戸信吾 1997『飯能の遺跡（21）』飯能市教育委員会

第Ⅲ章　土器の移動と社会

土器型式にみる地域性（河西論文）

1 胎土分析からみた土器の産地と移動

河西　学

はじめに

　土器は、ヒトによって作られたものであり、土器だけの移動は不可能である。土器の移動には、多くの場合背後にヒトの働きかけがあるが、洪水、土石流、地すべり、地震、火山噴火などの自然営力によっても移動が起こりうる。
　使用されたほとんどの土器は、移動を経験している。遺跡から発掘された土器のうち使用された土器は、さまざまな移動を繰り返し最終的に遺跡の地層中に埋もれたものである。土器が出土した遺跡は、土器の移動の終点である。土器の移動を知るには、終点とともに始点が明らかにされなければならない。土器の移動の始点は、土器が製作された地点である。始点・終点間の移動の中継地点を見いだすことは、同一個体土器片が異なる遺跡から出土した場合などを除いて、極めて困難である。したがって土器の移動をここで考える際には、移動途中の経歴はとりあえず後回しにして、始点と終点との関係のみを扱うことにする。終点である出土遺跡は明白であるので、明らかにすべき重要なことは、土器の生まれ故郷である製作地である。土器の製作地を明らかにする研究は、大きく二つの側面から検討されている。ひとつは、土器の形態・製作技術などの特徴から評価する考古学的、型式学的側面であり、他方は土器を構成する物質（胎土）の特徴から評価する側面である。後者を胎土分析と呼ぶ。
　ここでは、土器薄片を用いた岩石学的胎土分析によって、土器の特徴を表現し、地質との比較から原料産地を推定し、土器が地域ごとに作られているかの判断を基に、土器の製作地を推定するまでを説明し、土器製作と移動についていくつかの事例を紹介したい。

1　考古学的手法と胎土分析

　具体的な土器の移動を知るとは、どのようなことか。
　土器は、時期や地域によって特徴が異なる。型式学的分類に属する土器は、分布範囲が知られている。土器の分布範囲は、出土土器がどの遺跡から出土し

ているかの位置情報の集合として認識される。また、複数の土器の分布範囲が重複している場合があるが、その地点における各土器型式の土器の出土割合によって、多く出土する土器は主体的、少なく出土する土器は客体的とされ、主体的な土器は移動距離が少なく、客体的土器は移動距離が大きくとらえられる傾向がある。また、地元の土器型式の土器が多く出土する中に、明らかに遠方に分布の中心がある地元とは異なる土器型式の土器（異型式土器）がわずかに遺跡から出土した場合には、これら異型式土器は移動してきたものと考えられる。これが土器の考古学的な移動の認識方法である。

　胎土分析は、さまざまな分析方法を用いて、土器を構成する物質のさまざまな特徴を明らかにする[1]。土器を構成する物質は、砂や粘土など主として地質に由来している。地質分布は、岩石・鉱物・化学組成・化石などの分布に地域差を生じさせている。この地域差を利用して土器胎土と地質分布を比較することによって土器の原料産地推定が可能となる。土器の原料産地推定に有効な胎土の特徴は、土器全体の化学組成、岩石組成、鉱物組成、鉱物の化学組成、化石群集組成など地質に関連する特徴である。なおここで推定できるのは、原料産地であり、土器の製作地そのものではない。土器胎土全体の化学組成の分析には、古くは湿式化学分析、最近では蛍光X線分析、中性子放射化分析、誘導結合プラズマ発光分光分析法（ICP‐AES）などが用いられている。このうち土器を非破壊で分析するには、蛍光X線分析が有効である。岩石組成は、ルーペによる肉眼観察や実体鏡観察などの非破壊分析のほか、土器薄片を用いた偏光顕微鏡観察などによって得られる。鉱物組成は、粒子法・重液分離法・薄片法などで調整された試料に偏光顕微鏡観察、X線分析、X線回折分析、中性子回折分析などを行って得られる。さらに最近では、X線分析装置EPMA・EDSやレーザーアブレーション誘導結合プラズマ質量分析（LA/ICP‐MAS）などテフラの同定に用いられる手法で鉱物粒子ごとの化学組成を明らかにして、土器原料産地の推定が行われている。

　土器は、自然物を原料としているが、土器作りに人為的要素が大きく関わっていて、土器胎土内の不均質な構造をもつことから、黒曜石などの石器石材のようには産地の推定が簡単にはいかない。また土器原料が粘土や砂というどこにでも分布する地質から構成されていることから、原料産地は無数にあるといえる。原料産地内での特徴の均質性は必ずしも保証されているわけではない。人為的に複数の原料産地の原料を意図的に混合した場合には産地推定については極めて困難な状況となる。したがって胎土分析方法は、どれかひとつの分析方法だけですべての土器の原料産地が明らかになるというものではなく、複数の手法の組み合わせによって精度の向上が期待できる。また胎土分析結果だけ

では原料産地を限定しきれない場合には、型式学的な情報をあわせて原料産地の推定をすることになる。

2 土器薄片を用いた岩石学的胎土分析の実際

　以上のように胎土分析では、多様な分析方法が存在する。また技術革新によって新たな分析方法が今後出現することが予想される。異なる分析法の結果は、原料産地推定において相互補完的な関係で有効に作用することから、多様な分析方法が同一試料に対して実施されることは好ましいことである（藤根ほか2007、河西ほか 2008・2009）。しかし実際には、さまざまな制約の中で同一分析者が複数の分析方法を選択する場合はあまり多くなく、限定された分析方法が選択される傾向が強い。筆者の場合、薄片を用いた岩石学的胎土分析法を継続している。この分析法について具体的に以下に述べる。

　土器薄片は、以下の方法で作製し、同定・計数する。土器試料をダイヤモンド切断砥石装着の切断機で3×2.5cm程度の大きさに切断する。そのままの土器片は、もろいのでエポキシ樹脂を含浸させて補強し、さらに器壁に直交する鉛直方向の断面切片を切断する。エポキシ樹脂を用いて鉱物用スライドグラス（28mm×48mm）に土器片を接着する。土器の接着面と反対側の面を#400、#800などのカーボランダム研磨材、あるいは#110、#1000などのダイヤモンドパッドを用いて研磨し、最終的に#1500のアランダム研磨材で研磨して仕上げ、乾燥後に再度スライドグラスに貼り付ける。切断機で研磨面の反対側の不要部分を切断し、この切断面を先と同様に研磨し、偏光顕微鏡で石英の干渉色が白色になる程度まで薄くして厚さ0.02～0.03mmの薄片に仕上げる。カリ長石を染色するため、薄片をフッ化水素酸蒸気でエッチングし、コバルチ亜硝酸ナトリウム飽和溶液に1分程度浸漬し、水でおとなしく洗浄し、乾燥後カバーガラスを接着してプレパラートとする。岩石鉱物粒子は、偏光顕微鏡下での光学性に基づいて同定する。同定した岩石鉱物の集計は、偏光顕微鏡ステージに装着した自動ポイントカウンタを使う。観察者は、顕微鏡視野にある十字線交点下に位置する粒子を同定して、自動ポイントカウンタ上の該当する岩石鉱物ボタンを押すと数が集計され、薄片を固定している試料ステージが一定間隔で移動し、新たな同定を継続することができる。試料ステージ移動ピッチは、薄片長辺方向に0.3mm、短辺方向に0.4mmとし、土器薄片で2,000ポイントを計測している。計数対象は、粒径0.05mm以上の岩石鉱物粒子、およびこれより細粒のマトリクス部分とし、植物珪酸体（プラント・オパール）などはマトリクスに含めている。

　分析結果の一例を示す（河西 2005）。試料は、山梨県北杜市酒呑場遺跡出土

表1　酒呑場遺跡出土異系統土器試料表（河西 2005）

試料番号	地区	時期	型式	注記	備考
No. 1	B区	早期終末〜前期中葉	木島式	94サケB	
No. 3	B区	早期終末〜前期中葉	木島式	94サケB　3住	
No. 5	B区	前期初頭	中越式	サケB　3住	
No. 6	B区	前期初頭	中越式	94サケB	
No. 8	C区	前期後半	北白川下層Ⅱa式	95サケC　D'-39	黒い胎土
No.10	C区	前期後半	北白川下層Ⅱa式	95サケC　J'-44	白い胎土
No.14	B区	前期後半	北白川下層Ⅱb式	94サケB　15住P-30	
No.16	B区	前期後半	北白川下層Ⅱb式	94サケB　2住	
No.17	C区	中期初頭〜中葉	平出3類A	95サケC　E'-45	
No.19	C区	中期初頭〜中葉	平出3類A	95サケC　C'-41	
No.21	B区	中期後半	唐草文系土器	94サケB　D-11	
No.25	B区	中期後半	里木Ⅱ式	94サケB　3住　P-162	

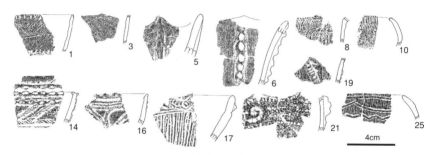

図1　酒呑場遺跡分析試料実測図（河西 2005）

の縄文前期〜中期の異系統土器とされるものである（表1、図1）。表2は、胎土分析そのものの結果でありもっとも基本的なデータである。表2では、岩石鉱物の種類ごとにカウント数を表示し、下部には、岩石や鉱物の特徴、植物珪酸体などの情報が記されている。土器ごとの特徴をさらにわかりやすく表現するためグラフを表示する（図2・3）。

図2は、粒子構成・岩石鉱物組成・重鉱物組成を示す。粒子構成は、胎土全体の中での砂粒子・赤褐色粒子・マトリクスの組成を示す。赤褐色粒子は、褐鉄鉱などが濃集したブロックでときに植物珪酸体や砂粒子を含み、色調を除くとマトリクスと類似する構造が認められるほか、変質あるいは風化した粒子である場合もあり、ここでは砂粒子・マトリクスと区別した。粒子構成に占める砂粒子の含有割合（含砂率）は、胎土調整の特徴を示すと考えられ、型式や器種ごとに特徴が認められる場合がある（河西 1999a）。岩石鉱物組成は、粒子構成の砂粒子の部分を100%として各岩石・鉱物の割合を示したものである。岩石鉱物組成において岩石は、試料ごとに特徴が多様である。鉱物は、石英・

表2 酒呑場遺跡土器胎土中の岩石鉱物
(数字はポイント数を、+は計数以外の検出を示す) (河西 2005)

試料番号	No. 1	No. 3	No. 5	No. 6	No. 8	No. 10	No. 14	No. 16	No. 17	No. 19	No. 21	No. 25
石英－単結	173	249	23	190	78	125	214	207	214	86	30	128
石英－β型												
石英－多結晶	38	108	1	17	75	109	85	88	23	18	9	30
カリ長石	13	15		48	12	13	18	28	29	18	15	28
斜長石	98	122	45	73	6	11	93	55	138	57	61	42
黒雲母	4	1		22		+	3	3	85	54	4	23
白雲母	4	3			+	+	3	4	6	3		6
角閃石	7	5	2	8		+	1	5	1	3	1	
単斜輝石			26									
斜方輝石			4								1	
カンラン石			2									
緑簾石		+			1	+				1		
ジルコン	1			+					+			
ザクロ石		1				+	+					
電気石												+
不透明鉱物		1	12	19				3			6	1
玄武岩			7									
安山岩			314	2							3	
デイサイト			3	1							2	
変質火山岩類			12	7		1				1	14	
花崗岩類	38	140	1	193	186	152	75	83	194	193	350	20
ホルンフェルス		1		2	5	13			1			6
片岩									4			2
変成岩類(マイロナイト様岩)									5			
砂岩					108	54			1			80
泥岩			1		1	21			30		1	207
珪質岩	1	1		1							4	5
炭酸塩岩												
火山ガラス－無色		1	1	2		3	1	3				
火山ガラス－褐色	1		2			1						
変質岩石		1	1	5	10	1		2	8	1	7	9
変質鉱物	2		14	6		2	2	5	2	2	2	6
泥質ブロック			5	5		1		4		1	1	14
赤褐色粒子		2	6	31	10	2			2	2	4	2
マトリクス	1620	1350	1517	1367	1507	1492	1504	1510	1257	1560	1485	1391
合計	2000	2000	2000	2000	2000	2000	2000	2000	2000	2000	2000	2000
石英波動消光	+	+	+	+	++	++	+	+	+	+	+	+
パーサイト	+			+	+	+					+	
マイクロクリン				+	+	+			+			
玄武岩の斑晶鉱物			ol									
安山岩の斑晶鉱物			cpx, opx, ho, ol	cpx, opq							opq	
デイサイトの斑晶鉱物												
変質火山岩類岩質			AD	AD		AD			AD	AD, D		
花崗岩類含有鉱物	bi	bi,mu, ho		bi, ho	bi,mu	bi,mu	bi	mu,ho		bi,mu, ho	bi>ho	bi, mu
ミルメカイト									+	+		
マイクログラフィック組織										+		
火山ガラス形態	B	B	B, C	B		A', C	C	C				
植物珪酸体	+	+	++	+			+	+		+		
植物遺存体		+	+	+				+				

鉱物：bi黒雲母，mu白雲母，ho角閃石，cpx単斜輝石，opx斜方輝石，opq不透明鉱物
変質火山岩類：ＡＤ安山岩質～デイサイト質，Ｄデイサイト質
火山ガラス形態：Ａ泡壁型平板状，Ａ'泡壁型Ｙ字状，Ｂ塊状，Ｃ中間型，Ｄ中間型管状，Ｅ軽石型繊維状，Ｆ軽石型スポンジ状

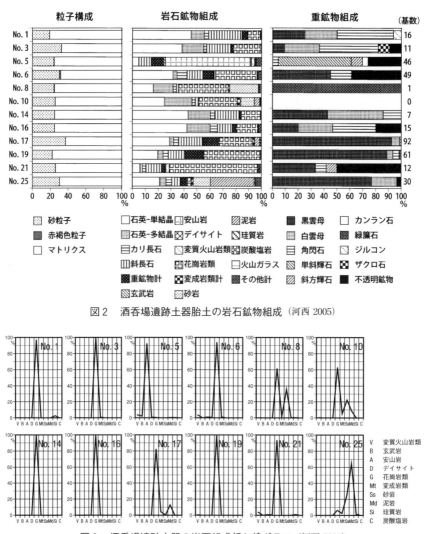

図2 酒呑場遺跡土器胎土の岩石鉱物組成（河西 2005）

図3 酒呑場遺跡土器の岩石組成折れ線グラフ（河西 2005）

斜長石・カリ長石・重鉱物が主体である。重鉱物組成は、岩石鉱物組成の重鉱物の部分を100%として各重鉱物の割合を示したものである。重鉱物組成は、テフラあるいは砂岩などを特徴づけ、給源火山や給源地を明らかにするために従来から広く利用されている。図2の重鉱物組成は、試料ごとの特徴が顕著で

表3 折れ線グラフによる酒呑場遺跡土器の分類 (河西 2005)

分　類	折れ線グラフの特徴		試料番号
A群	安山岩の第1ピーク	顕著な第1ピーク	5
G群	花崗岩類の第1ピーク	顕著な第1ピーク	1, 3, 6, 14, 16, 19, 21
G－ss群		砂岩の第2ピーク	8, 10
G－md群		泥岩の第2ピーク	17
Md－ss群	泥岩の第1ピーク	砂岩の第2ピーク	25

岩石鉱物組成との関連性が認められる。ほかの分析法による重鉱物組成と比較する際に注意すべき点がいくつかある。図2の重鉱物組成は、重鉱物分析だけの場合に比較して重鉱物を計数した基数が少ない場合があり、精度が一様ではないため、右列表示の重鉱物組成の基数を参考にしながら比較する必要がある。また図2では、重液分離をせず機械的に黒雲母・白雲母を重鉱物組成に含めている。雲母類は、重液比重（2.9前後）とほとんど同じであり、風化や表面張力などの影響で重液分離をした場合に必ずしも重鉱物側に区分されるとは限らないので、重液分離法を用いた重鉱物組成との比較の際には注意が必要である。以上のように重鉱物組成において若干の問題があるものの図2では、土器胎土の岩石鉱物の特徴を総合的に把握することができる。

図3は、岩石組成折れ線グラフを示す。岩石組成は、土器原料産地推定のために土器胎土と地質とを比較しようとする場合、もっとも有効な指標のひとつである。なぜなら比較しようする地質そのものである岩体や地層が岩石粒子として土器中に存在しているからである。図3は、主要な岩石である変質火山岩類、玄武岩、安山岩、デイサイト（デイサイト～流紋岩）[2]、花崗岩類、変成岩類、砂岩、泥質岩、珪質岩、炭酸塩岩のポイント総数を100％として各岩石の割合を折れ線グラフで示している[3]。同一の折れ線グラフを示す土器は、同一の原料産地あるいは同一の地質環境をもつ原料産地の原料で作られた土器と考えられる。異なる折れ線グラフを示す土器は、異なる原料産地をもつと考えられる。折れ線グラフを用いて土器を分類する場合、便宜的方法ながら、第1ピークと第2ピークの岩石種の組み合わせを用いると便利である（表3）。試料が多量にあって細分が可能であれば、さらに第3・第4のピークを用いて分類することができる。この作業によって、土器胎土分類の概要が把握される。

3　土器の原料産地推定のための比較対象

土器は、地質を原料にしている場合が多いことから、土器の原料産地の推定には各地域の地質と土器胎土とを比較することが重要である。土器と比較すべ

き地質としてどのようなものが用いられているか、以下に述べる。

地質図 地質図は、地質の概要を地図上にまとめて表現してあるため手軽で比較対象として便利である。比較対象としての地質試料がないときは地質図の情報を利用する場合が多い。しかし土器胎土中の岩石内部の鉱物組成や配列の特徴などを具体的に比較しようとした場合には、実際のサンプルとの比較が必要になる。

河川砂 河川堆積物は、上流域に分布する地質が風化し細粒化し砕屑物となったものが主として水の作用で運搬され堆積したものである。河川堆積物は、上流地質の性質を反映しており、河川が合流することによって堆積物組成はそれぞれの河川の組成を鋭敏に反映して変化することが知られている。河川堆積物のうち2㎜を超える粒径を示す礫は、粗粒な土器胎土中に含まれる場合があるが量的には少ない。これに対して2～0.0625（1/16）㎜の粒径を示す砂は、土器胎土中に普通に含まれ、偏光顕微鏡観察において岩石鉱物を識別するのに適した粒径である。砂礫の粒子は、母岩の性質をほとんど持ち合わせているので粒子と上流域の地質とを関連づけ易い。

土器胎土と河川砂を比較する方法は、増島（1979）、天野・大場（1984）、河西ほか（1989）、河西（1989）、松田（1997）などによって従来から行われている。河川堆積物は上流域の地質組成を反映した組成を示すことから、土器の胎土組成と比較する上で極めて有効である。縄文土器の原料産地は、黒曜石の場合のように限定的に決められるものではなく、複数ある候補地を当初は広域的に把握し、次第に範囲を狭めて絞り込むような段階的な推定作業が必要に思う。

図4は東海地域の河川砂の分類で、図5は関東地域の河川砂の分類である（河西2006・2009）。土器胎土分析と同様の岩石組成折れ線グラフを作成し、それらの類型化によって地域が大きく分類された。細部の検討でこれらの分類がさらに細分される可能性はあるものの、図4・5に示された分類の範囲が、薄片による胎土分析の原料産地推定の精度を示しているといえる。土器と同一の分析方法で比較試料を分析し比較対象を地域ごとに分類できることは、原料産地の推定において重要である。

河川砂の岩石組成や重鉱物組成は地質を反映したものであり、土器胎土との比較に適している。しかし前述したようにすべての土器が堆積性の砂や粘土ばかりを利用しているわけではなく、多摩ニュータウンNo. 245遺跡でのテフラ起源の風化粘土の使用（永塚ほか1995）や、断層粘土を原料とした生駒西麓の縄文土器（藤根ほか1997）などが報告されている。だが、土器原料が河川堆積物か否かに関係なく、河川砂組成と土器胎土との比較は、原料産地候補を絞りこむためのプロセスとして重要である。その際、比較結果ばかりでなく、構成

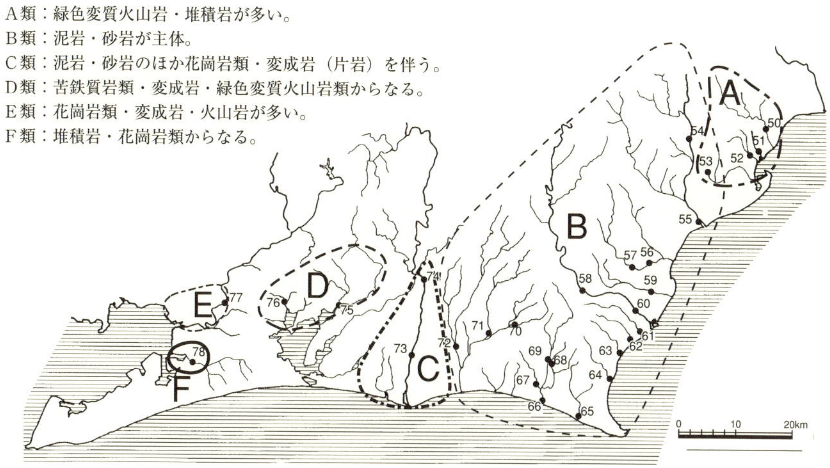

A類：緑色変質火山岩・堆積岩が多い。
B類：泥岩・砂岩が主体。
C類：泥岩・砂岩のほか花崗岩類・変成岩（片岩）を伴う。
D類：苦鉄質岩類・変成岩・緑色変質火山岩類からなる。
E類：花崗岩類・変成岩・火山岩が多い。
F類：堆積岩・花崗岩類からなる。

図4　東海地域の河川砂分類（河西 2009）

A類：堆積岩が多い。
B類：変成岩（片岩）を伴う。
C類：火山岩類が多い。
D類：雑多な岩石種の混在。
E類：花崗岩類を伴う。
F類：花崗岩類・変成岩類が多い。

図5　関東地域の河川砂分類（河西 2006）

粒子の組織などの特徴を踏まえ総合的に候補地を絞りこむことが必要である。

粘土・泥質堆積物 粘土・シルトなどの泥質堆積物は、土器の主原料である。粘土採掘坑などの遺構が遺跡内に出土することから、土器製作と直接的に関連づけられる原料として比較されている。粘土・泥質堆積物は、砂より細かい粒子から構成されているため、薄片による岩石学的分析法には適さず、ICPや蛍光Ｘ線分析など元素分析が主流である。また粘土・泥質堆積物は、地層として存在するため、層位ごとの分析が必要になり、分析試料数が膨大となる。多摩ニュータウンでは、粘土採掘坑の試料と土器が比較されている（永塚ほか1995）。松本建速氏は、東北地方の粘土試料をICP‒AESで分析し、地域ごとの粘土試料の特徴を明らかにし、東北北部や北海道南部地域での粘土の分析で地域差を示す元素は、Al, Fe, Ti, Mg, Ca, Na, K, Sc, V, Zrなどであるとした（松本2006）。粘土・泥質堆積物の元素組成データの蓄積が、土器の原料産地推定につながると期待される。

テフラ 火山噴出物は、連続した液体として噴出する溶岩と固体として噴出するテフラ（火砕物）とが区別される。テフラは、軽石・スコリア・火山灰などの降下テフラと、火砕流堆積物、火砕サージ堆積物などから構成される（町田・新井 2003）。溶岩は火山の火口周辺に分布するのに対し、テフラは広域に分布する。長い地質時代の中において火山の1サイクルの噴出は極めて短いことから、特定のテフラを複数地点の地層中で検出することは、地層の対比と同一時間面を設定するのに極めて有効である。テフラの分布範囲が極めて広い場合には、土器原料産地候補が複数存在することもあり得る。実際にはテフラを含む地層はかなり分布が限定される場合が多く、考古学的型式学的情報と組み合わせるとさらに原料産地は限定されることが期待される。土器胎土の産地推定の場合には、分布範囲の狭いテフラの検出がより原料産地推定には有効であるといえる。

土器胎土にテフラ粒子が混在している場合には河川堆積物との比較だけでは不充分である場合がある（藤根ほか 2007）。テフラ粒子が混入している場合には、テフラの同定法を用いた原料層位の限定が可能であることを藤根ほか（2007）は示している。テフラの場合はカタログの蓄積があるので高温焼成でテフラ粒子が変質していなければテフラカタログが適用でき高精度の地域限定が可能となる。

比較対象としての土器 考古学的な型式学的手法と類似した方法として、土器の胎土組成と比較する方法がある。従来は、地質試料との比較ができないときに用いられる場合が多かった。土師器・須恵器などの生産遺跡すなわち窯跡などが明瞭の場合に有効である。窯跡周辺では、生産途中で廃棄された未使用

の土器片が多く出土すること、および窯跡周辺には土器原料採掘坑などが伴う場合があることなどから窯跡周辺出土土器の胎土組成で窯跡から生産された土器の胎土を代表させることができる。この方法は、須恵器の産地分析に多用されている。

　胎土分析の蓄積とともに分析結果がデータベース化していくと、縄文土器など非窯生産の土器においても、地質との比較によって原料産地を推定後に、胎土分析で地元地質に原料産地が推定された各地の胎土組成と比較できるようになり、地質とは別の基準での原料産地の確認作業として重要となる。なぜなら土器の組成は、原料そのものではなく、製作プロセスを経た結果としての組成を示すので、地質試料とは基準が異なるからである。この比較方法では、原料産地が未知である土器 a が、他地域において原料産地が地元と推定された土器 b と組成が一致した場合、a の原料産地は b の地元の原料産地に一致すると推定される。

4　土器の原料産地の推定

　具体的な土器の原料産地の推定は、土器と比較試料の組成の比較からはじまる。クラスタ分析による樹形図は、折れ線グラフ間の類似度（非類似度）を視覚的に表現するのに便利である。図6は、クラスタ分析樹形図である。クラスタ分析は、互いに類似したものを集めてグループ化し対象を分類するものである。クラスタ分析には、折れ線グラフと同様の岩石種のデータを用いる。クラスタ分析での非類似度は、ユークリッド平方距離を用い、最短距離法によって算出した。類似したものは、短い距離（非類似度）で結合される。図6は、甲府盆地周辺の河川砂試料、酒呑場遺跡および近くの石原田北遺跡の土器試料を比較した。図6には、便宜的に1〜8の番号をクラスタに付した。

　図6クラスタ8には、八ヶ岳周辺の河川砂とともに石原田北遺跡縄文中期土器や酒呑場遺跡No. 5の中越式などの安山岩主体の胎土が含まれる。石原田北遺跡・酒呑場遺跡は、八ヶ岳火山南麓の安山岩主体の火山岩地域に位置するため、石原田北遺跡縄文中期土器や酒呑場遺跡No. 5中越式は、地元地域に原料産地が推定される。

　図6クラスタ4aには、花崗岩類主体の胎土が含まれる。クラスタ4aを構成する試料は、笛吹川とその支流（日川・重川・浅川・境川など）の河川砂、木島式、中越式、諸磯b式、北白川下層式、平出3類Aなどの土器が含まれる。しかしこれらの土器すべてが、笛吹川流域河川砂と岩石組成の類似性が高いので、笛吹川流域に原料産地が推定できるというものではない。ここで比較した河川砂は山梨県内の河川砂であるため、それ以外の地域に原料産地をもつ土器の場合

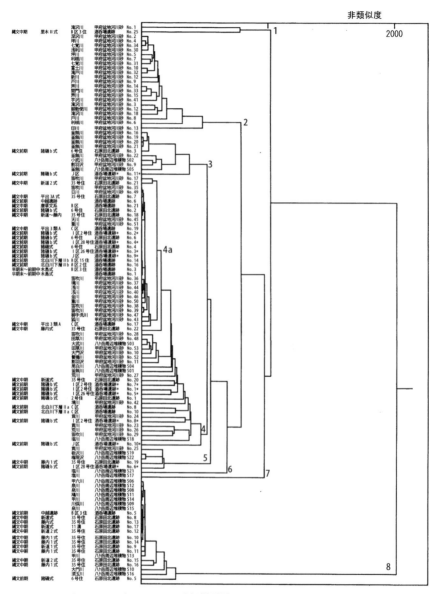

図6　土器・河川砂のクラスタ分析樹形図（*は河西（2003）分析試料）（河西 2005）

142　第Ⅲ章　土器の移動と社会

は、この樹形図で正しく比較したことにはならない。図6クラスタ4aを構成する試料は、重鉱物組成での白雲母の含有率で細分ができる（図2）。甲府盆地内の花崗岩類分布地域の河川砂は、白雲母の検出が極めて少ない。白雲母をほとんど含まない中越式No. 6、諸磯b式塑期は甲府盆地内の花崗岩類分布地域に原料産地が推定される。白雲母を含む木島式・北白川下層式・平出3類Aなどは、甲府岩体・甲斐駒ヶ岳岩体とは異なる花崗岩体に由来するものと推定された。さらに土器の分布範囲を考慮して木島式・平出3類Aは、領家帯花崗岩分布地域に原料産地を推定した。このようにクラスタ分析樹形図は、比較対照試料数が限定されていることもあり、あくまで岩石組成に基づいた暫定的な分類にすぎない。土器の原料産地は、クラスタ分析樹形図の成果に加え、岩石組成以外の重鉱物組成や岩石内の組織・構造、石英・斜長石・カリ長石の割合、土器の分布範囲などのあらゆる情報を活用して、土器ごとに個別に推定されることが重要である。

　以上の作業で、遺跡出土土器の原料産地が推定される。

5　土器の製作地の推定

　土器の原料産地が明らかとなったら、次は土器の製作地を考える。

　土器が完成した土器として運ばれてきたものなのか。他地域で採取された原料を運んできて作られた土器なのか。土器がどこで作られたかを明らかにするには、土器胎土分析だけでは解決できない部分がある。そこで明らかにしなければならないのは、型式学的単位ごとに土器がどのようなシステムで作られているかである。具体的には、地元原料を利用して各地域で土器製作をしているのか、特定の原料だけは遠方のものを調達してきて地元原料と混ぜ合わせて土器製作をしているのか、あるいは特定原料を用いて特定地域のみで土器製作をしているのかなどである。原料採取地点と土器製作地点との位置関係が、重要である。この位置関係は、時期や地域によって必ずしも一様であるとは限らない。

　表4は、土器の胎土組成の地域差と土器の型式学的特徴の地域差とを組み合わせて、土器製作のあり方を推定しようとするものである。例えば陶磁器などは、生産地内における個別の多様性は存在するかもしれないが、消費地では土器胎土および型式学的特徴に出土遺跡ごとの地域差は認められない。これに対し出土地点ごとの土器において型式学的特徴あるいは土器胎土に地域差が存在することは、各地域ごとに土器が作られていることを示す。地元原料を利用した地域ごとの土器製作が認められれば、地元と異なる原料産地をもつ土器は、その原料産地周辺にて製作された土器が、ヒトの移動とともに個体として移動

表4　土器製作のあり方（河西 2008）

		型式学的特徴	
		地域差あり	地域差なし
土器胎土	地域差あり	各地域で作る	各地域で作る （工人の移動） （統一的規範の存在）
土器胎土	地域差なし	限定された原料を使用して各地で作る	・限定された地域で地元原料で製作 ・限定された原料を使用して限定された地域で製作 ・統一的規範により限定された原料を使用して各地域で製作

してきたと推定することができる。問題は、各地域が示す範囲の大きさである。例えば都道府県レベル、郡市レベル、町村レベルというように土器製作範囲が明らかにできればよいが、その分析精度は地質条件によって規制される。

　土器製作のあり方は、複数遺跡の分析データの蓄積の中で判断するのが妥当だが、分析事例が少ない土器型式の場合、地域差をどのように認識できるだろうか。1遺跡の分析例において、地元地域に原料産地が推定される土器が存在し、そのほかの地域にも原料産地が推定される多様な胎土が認められる場合、その土器型式は地域ごとに土器製作が行われている可能性がある。

　以上のように、土器の製作のあり方を推定することで、地元原料を利用して地域ごとに土器製作が行われたと推定される場合には、複数原料産地の原料の混和が無視できるとすれば、原料産地を土器製作地と推定することができる。これによって土器移動の始点が定まる。

6　縄文中期の曽利式土器の生産と移動

　図7は、甲府盆地周辺の主として曽利式を中心とする縄文中期後半土器の原料産地の様相である（河西 2002a）[4]。各遺跡の分析試料は、前述の分析手続きを済ませたものである。遺跡の立地する地質と土器胎土の岩石鉱物組成がほぼ一致し、地元地質の分布地域に原料産地が包含される場合、それらの土器を在地的土器とここでは分類した。遺跡の立地する地質とは明らかに異なる胎土組成を示し遺跡の立地する地質分布地以外の地域に原料産地が推定される土器を搬入土器とした。遺跡の立地する地質の要素とその地質分布地域に隣接する地質の要素とを混在させる胎土組成を示す土器を中間的組成土器と区分した。土器の原料産地と出土遺跡間の距離は、単純化すると在地的土器＜中間組成土器＜搬入土器となる。

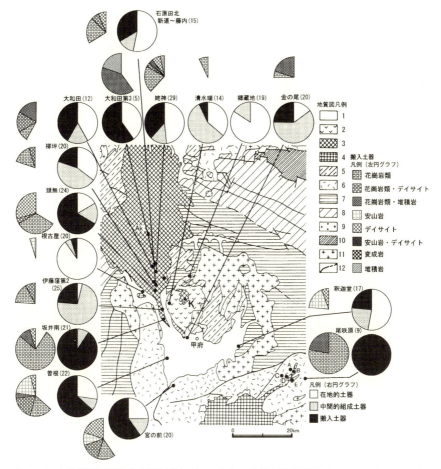

図7　甲府盆地周辺遺跡出土曽利式土器を中心とする推定原料産地（河西 2002aを一部改変）
1．沖積層・洪積層　2．第四紀火山噴出物（デイサイト質）　3．第四紀火山噴出物（安山岩質）
4．第四紀火山噴出物（玄武岩質）　5．新第三紀末～第四紀火山岩類　6．新第三系　7．四万十帯
8．秩父帯　9．領家帯　10．三波川帯　11．花崗岩類　12．断層　Ak．赤岳（八ヶ岳）　K．茅ヶ岳
A．中谷遺跡　B．中溝遺跡　C．久保地遺跡　D．牛石遺跡　E．生出山山頂遺跡

図7から明らかな次の3点について考える。
①各地質に属する大部分の遺跡で在地的土器が認められる。
②ほとんどの遺跡で搬入土器が認められ、搬入土器の多くは隣接地域の地質に由来する場合が多い。
③地元地質に原料産地が推定される土器が検出されない遺跡が存在する。

①は、地質ごとに地元に原料産地が推定される土器が存在することは、土器胎土における地域差を示し、地域ごとに地元原料を用いた土器製作の存在が考えられる。他地域地質に原料産地が推定される土器は、各地域の地質を原料として作られた土器が土器として移動してきて最終的にこの遺跡にたどり着いた搬入土器と考えられる。

　②は、土器の移動が普通にあり、比較的近距離の土器の移動が多かったと推定される。移動距離は、数km～10km以内の移動が多く、遠くても20～30km程度と見積もられる。在地的土器も、製作後の利用過程で地域内移動を繰り返していたと想定される。ただし地元地質分布地域内での移動については、胎土分析からは認識できない。したがって遺跡出土の在地的土器の製作地は、必ずしも遺跡周辺に限定することはできず、遺跡の立地する地質分布地域範囲内に推定される。

　③は、都留市尾咲原遺跡曽利II式において在地的土器が認められず、ほとんど花崗岩類主体の胎土を示す。都留市内出土土器の肉眼観察において、尾咲原遺跡以外に久保地遺跡・牛石遺跡などでも在地的土器が認められない。ただし、都留市内中谷遺跡曽利式土器では肉眼観察で緑色変質火山岩類や玄武岩スコリアを含む在地的土器が認められている（河西 2001 a）。さらに富士火山周辺では、縄文早期の古屋敷遺跡、縄文後期の池之元遺跡など在地的土器が確認されない遺跡が存在することから、在地的土器が少ないことがこの地域の特色である可能性がある[5]。

　以上の縄文中期後半の事例は、土器の製作と移動のひとつのモデルになりうる。地域、時期、土器型式によって土器の製作と移動のシステムがどのように差異があるのか比較するためには、このような事例が広域的にまた通時的に増加することが望ましい。実際の胎土分析では、広域に複数遺跡の試料を大量に処理することは容易ではない。そこで、実際分析したわずかな断片的な分析事例において、曽利式期の事例と比較することで土器製作のあり方や移動の傾向を比較検討するのが現実的である。そこで、以下に断片的な胎土分析結果と曽利式期の事例との比較を試みる。

7　縄文前期の諸磯式の事例

　図8は、山梨県北杜市石原田北遺跡（河西 2001 b）、酒呑場遺跡（河西 2003）、笛吹市花鳥山遺跡（河西ほか 2008）[6]、長野県長和町鷹山遺跡（河西 2000 a）、群馬県桐生市三島台遺跡（松田 1997）、神奈川県伊勢原市坪ノ内・宮ノ前遺跡（松田 2000）、相模原市風間遺跡（松田 2008）から出土した諸磯式土器の原料産地の様相である。八ヶ岳南麓の石原田北遺跡・酒呑場遺跡を除く各遺跡では、

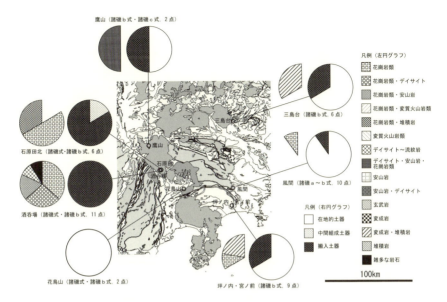

図8 諸磯式土器の推定原料産地（地質図は産業技術総合研究所地質調査総合センター（2003）200万分の1日本地質図 第5版 CD-ROM版を利用、承認番号第63635500-A-20100707-002号）

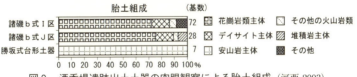

図9 酒呑場遺跡出土土器の肉眼観察による胎土組成（河西 2003）

　地元に原料産地が推定されることから、地元原料を利用しての各地域ごとの土器製作が推定される。これは、甲府盆地の曽利式土器の傾向とも一致し、また関東地域の諸磯式土器と浮島式を対象にした古城（1981）の胎土分析結果とも一致する。しかし、八ヶ岳南麓の石原田北遺跡・酒呑場遺跡では、在地的土器が認められず、石原田北遺跡で中間組成土器が1点検出されたのみであり、搬入土器は、花崗岩類分布地域と関連性が強い特徴を示す。図9の酒呑場遺跡の肉眼観察でも、同様の結果となっている。このような八ヶ岳南麓地域の諸磯式期の状況は、図7の曽利式期の同地域の状況とは明らかに異なる。

　諸磯式土器では、全体の傾向と八ヶ岳南麓の状況とが一致しない結果となった。諸磯式期の八ヶ岳南麓では、富士山周辺の富士吉田市古屋敷遺跡の縄文早期土器（河西ほか 1990）や池之元遺跡の堀之内2式土器（河西 1997）と同様に、

地元原料を利用した土器製作がほとんど行われていなかった可能性があるのかもしれない。これに対し酒呑場遺跡出土前期初頭中越式土器（図1～3 No. 5）は地元に原料産地が推定される。また愛鷹山麓の縄文早期押型文土器や撚糸文土器でも地元に原料産地が推定された（河西 1992 a・1996）。このように火山麓地域と土器胎土の関係は、一様ではない。土器製作システムは、型式学的単位ごとに多様である可能性が考えられるので、型式学的単位ごとの胎土情報の蓄積が必要である。

伊豆諸島地域では、三宅島西原遺跡、神津島上の山遺跡、式根島ヘリポート遺跡などの諸磯式土器で胎土分析が行われている（清水 1977、古城 1978、今村 1980）。花崗岩類が主体の胎土、堆積岩が主体の胎土、堆積岩と片岩を伴う胎土、安山岩・流紋岩を伴う胎土、花崗岩類・火山岩・堆積岩などの混在する胎土などが明らかにされている。花崗岩類が主体の胎土は、松本盆地や伊那谷の調査が行われていない現段階では、花鳥山遺跡で代表される甲府盆地周辺が原料産地の有力候補のひとつと考えられる。堆積岩が主体の胎土は、神奈川都東部および東京西部地域（図5 A）が原料産地候補のひとつと考えられる。堆積岩と片岩を伴う胎土は、荒川流域（図5 B）が原料産地候補のひとつと推定される。伊豆諸島での土器胎土は、諸磯式土器の遠距離移動が複数の地域からもたらされたことを示している。

8　縄文後期の堀之内2式期の事例

南関東の神奈川県綾瀬市上土棚遺跡・上土棚南遺跡および富士山北麓の富士吉田市池之元遺跡で、堀之内2式とそれに併行する土器を分析した（阿部・河西 1994、河西 1997・1999 b）。

上土棚遺跡・上土棚南遺跡は、相模野台地上で隣接して立地する。この地域の河川砂組成は、関東山地四万十帯・秩父帯に由来する堆積岩と降下テフラ由来の玄武岩・カンラン石などで特徴づけられ、その範囲は相模川から多摩川にかけて分布する。精製深鉢、相模系沈線文粗製土器（下北原式系）、それ以外の粗製土器は、ともに地元地域に原料産地が推定された。さらに精製深鉢、相模系沈線文粗製土器では、箱根火山地域などに原料産地が推定された搬入土器が識別された。関東地方の後期前葉以降の土器型式は、精製土器が広域にわたって器種間で類似性が高いのに、各地で大量に生産された粗製土器では地域性が顕著であるとされる（図10、阿部 1993）。相模系沈線文土器は、多摩川以西の神奈川全域に分布する地元の土器であり、胎土分析からも地元の原料を用いて地元で作られていることが推定された。

池之元遺跡は富士山北麓に立地する。池之元遺跡の堀之内2式土器は、遺跡

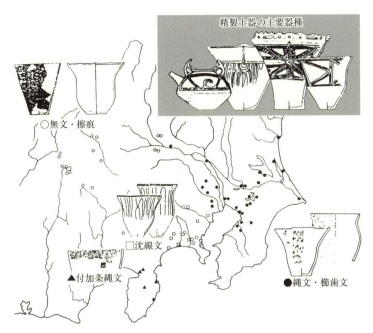

図10　堀之内2式における粗製土器の地域性（阿部 1993）

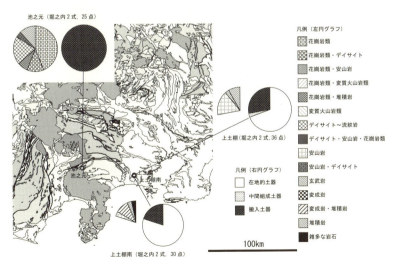

図11　堀之内2式土器の推定原料産地（地質図は産業技術総合研究所地質調査総合センター（2003）200万分の1日本地質図 第5版 CD-ROM版を利用、承認番号第63635500-A-20100707-002号）

の立地する地質に原料産地が推定される土器は認められず、すべての原料産地が他地域に推定された。ヘラ削り無文土器と指ナデ整形技法を示す粗製土器は、中部地方の粗製土器の特徴である無文・擦痕土器である（図10）。これらの粗製土器は、多くが花崗岩類分布地域に原料産地が推定され、わずかに堆積岩・花崗岩類分布地域や安山岩・デイサイト分布地域に原料産地が推定された。付加条縄文の粗製土器は、伊豆半島に分布をもつとされ、変質火山岩類主体でデイサイト〜流紋岩を伴う地域に原料産地が推定された。池之元遺跡では、関東南西地域に分布する相模系沈線文土器が出土しておらず、粗製土器の地域差が顕著に表れているとともに、土器胎土組成もこれに対応して明らかに異なる。池之元遺跡の精製土器は、多様な胎土組成を示し、一部上土棚・上土棚南遺跡の精製土器と類似する組成もわずかに認められるが、多くは異なる。

　長野市村東山手遺跡は、長野盆地東部に位置する。村東山手遺跡の堀之内2式・南三十稲場式土器は、花崗岩類・堆積岩・火山岩などから構成される多様な胎土組成を示し、池之元遺跡、上土棚遺跡、上土棚南遺跡の堀之内式土器とは異なる地元地質を反映した胎土組成が得られている（河西1999ｃ）[7]。堀之内2式無文土器が多いことは、池之元遺跡とともに中部地方の特徴を示す。

　以上のように堀之内2式土器は、それぞれ土器胎土組成において地域性を示していることが明らかにされ、各地域ごとに土器が作られていることが推定された。

9　縄文後期の加曽利B式の事例

　図12は、東京都東村山市下宅部遺跡（河西2006）、茨城県小美玉市部室貝塚[8]、山梨県笛吹市原山遺跡（河西2002ｂ）、長野県鷹山遺跡（河西1999ｄ）の様相を示す。

　加曽利B2式の粗製深鉢は、西関東と東関東で型式学的地域差があるとされる。西関東に位置する下宅部遺跡での出土量は、西関東型＞東関東型である。型式学的に明瞭に地域差が認められる試料を胎土分析したところ、型式の地域差に対応するように、関東西部とされる土器では、堆積岩・変成岩類が多く、図5Ａ類地域あるいは荒川流域（Ｂ類）に原料産地が推定された（表5、図13・14）。東関東型の土器は、茨城県・千葉県の河川砂（Ｃ・Ｄ・Ｅ類）などと類似性が認められ、胎土からも東関東地域に原料産地が推定された。下宅部遺跡では、西関東地域で隣接する荒川流域地域からの土器の移動も多く、さらに移動距離の長い東関東からの搬入も多い特徴が認められる。

　部室貝塚では、多くの加曽利B2式が、石英・斜長石・カリ長石が多く、花崗岩類・安山岩・デイサイト〜流紋岩・堆積岩などを含む組成を示し、地元地

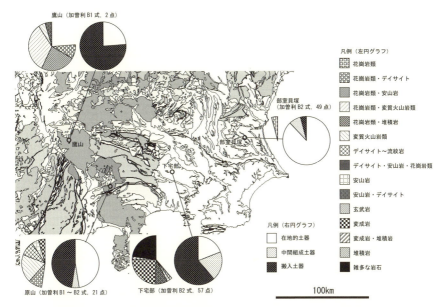

図12　加曽利B式土器の推定原料産地（地質図は産業技術総合研究所地質調査総合センター（2003）200万分の1日本地質図 第5版 CD-ROM版を利用、承認番号第63635500-A-20100707-002号）

域に原料産地が推定された。多くの加曽利B2式土器の組成が類似する特徴があり、花崗岩類を主体とする加曽利B2式がわずかに認められる以外、遠方の地域に原料産地が推定される土器は認められなかった。下宅部遺跡で出土した西関東地域と類似する土器胎土は検出されず、土器の長距離移動は部室貝塚ではほとんど認められず、下宅部遺跡と対照的である。

山梨県笛吹市原山遺跡では加曽利B1〜B2式を分析した。多くは、地元の花崗岩類（甲府岩体）地域に原料産地が推定された。緑色変質した火山岩類を伴う第三系分布地域、デイサイト分布地域、安山岩分布地域など甲府盆地内に原料産地が推定されるものが残りの大部分を占めた。結晶片岩で特徴づけられる粗製土器が1点検出され県外からの搬入が推定された。

鷹山遺跡での加曽利B1式は、地元の火山岩分布地域に原料産地が推定され、やや遠方の変成岩地域に原料産地がもつものも認められた。

以上の遺跡とは別に千葉県柏市岩井貝塚で分析された加曽利B3式（1試料）は、花崗岩類・ホルンフェルス・堆積岩・火山岩など雑多な岩石が混在する胎土組成を示す。この加曽利B3式土器は、茨城南部から千葉県にかけての図5D類地域河川砂と組成が一致し、地元地域に原料産地が推定される[9]。

表5　下宅部遺跡出土加曽利B2式土器試料表 (河西 2006)

試料番号	型式	器形	部位	注記	文様	型式学的分布	石英長石多産	ホルンフェルス	片岩	推定原料産地
No. 1	加曽利B2式	粗製深鉢	口縁部	E19, 3544①	隆帯弧線文	東関東	○	○		東関東か (CDE)
No. 2	加曽利B2式	粗製深鉢	口縁部	B18, 51①	隆帯弧線文	東関東	○	○	○	E G
No. 3	加曽利B2式	粗製深鉢	口縁部	E19, 2834①	複合文	西関東		○	○	A B
No. 4	加曽利B2式	粗製深鉢	口縁部	E19, 3179①	複合文	西関東		○		A
No. 5	加曽利B2式	粗製深鉢	口縁部	D18, 101①	複合文	西関東		○	○	B
No. 6	加曽利B2式	粗製深鉢	口縁部	C19, 585①	縄文+条線文	東関東	○	○		東関東か (CDE)
No. 7	加曽利B2式	粗製深鉢	口縁部	E19, 2029①	縄文+条線文	広域		○		C
No. 8	加曽利B2式	粗製深鉢	口縁部	D20, 1561①	二尖文	西関東		○		A
No. 9	加曽利B2式	粗製深鉢	口縁部	C19, 551①	二尖文	西関東		○		B
No. 10	加曽利B2式	粗製深鉢	口縁部	E19, 2726①	二尖文	西関東		○		A

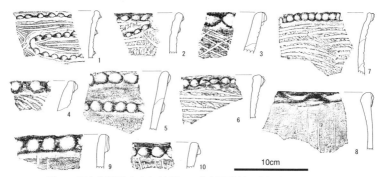

図13　下宅部遺跡出土加曽利B2式土器試料の実測図 (河西 2006)

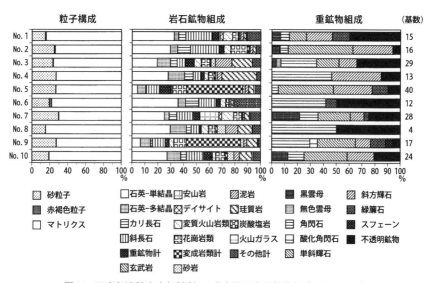

図14　下宅部遺跡出土加曽利B2式土器の岩石鉱物組成 (河西 2006)

加曽利B式は、地域差がある土器型式であるとされているが、土器胎土においても地元の原料を用いて地域ごとに土器製作をしているあり方が推定される。ただし、曽利式期事例と比較すると、やや移動距離が長い個体が認められる傾向がある。搬入土器の割合も遺跡あるいは地域ごとに異なる傾向も見られる。これらの傾向が各地域において普遍的に認められるのか、分析事例を増すことで確認していく必要がある。

10　おわりに

　胎土分析によって土器の原料産地を推定し、さらに製作地を推定することで、土器は、移動の始点を与えられ、移動の終点である出土遺跡との関係から、土器の製作と移動について議論することができた。地質図上に遺跡ごとの原料産地を図示することにより、ある時期の土器の生産と移動の実態を具体化することができる。今回示した事例では、各時期の傾向を把握するために、充分な試料数に達していない遺跡も取り上げたが、型式学的単位ごとの比較によってそれぞれの生産と移動における特徴をある程度明らかにすることができた。このような研究は、今後蓄積すべきことが多い。型式学的単位ごとの胎土情報が、時期や地域ごとにより細分された形で蓄積されていけば、より細かい議論が期待できるであろう。

註
1）胎土分析の研究小史や分析方法などは、河西ほか（1989）・河西（2008）に示した。
2）デイサイト〜流紋岩質の珪長質火山岩類を表2・図12などではデイサイトとしている。
3）最近の事例では10種の岩石種以外に苦鉄質岩類を含め11種による折れ線グラフを使用している（河西2009）。
4）北杜市根古屋遺跡、頭無遺跡、姥神遺跡、清水端遺跡、韮崎市坂井南遺跡は、河西ほか（1989）による。北杜市大和田遺跡、大和田第3遺跡は、河西（1990）による。韮崎市伊藤窪第2遺跡は、河西（1991）による。北杜市柳坪遺跡、郷蔵地遺跡、笛吹市・甲州市釈迦堂遺跡は、河西（1992b）による。甲斐市金の尾遺跡、都留市尾咲原遺跡は、河西（1999e）による。南アルプス市曽根遺跡は、河西（2000b）による。市川三郷町宮の前遺跡は、河西（2001a）による。
5）花崗岩類主体曽利式土器が甲府盆地東部から桂川流域・富士山東麓経由で静岡県東部へ移動した可能性について、別稿に示した（河西2010）。
6）花鳥山遺跡試料は、1点が日本文化財科学会第24回大会研究発表でポスター発

表（小林ほか 2007）の試料、他方が河西ほか（2008）所収試料である。
7）村東山手遺跡は、河川砂などとの比較をしていないので図11には図示していない。
8）報告書の刊行時期は未定。
9）日本文化財科学会第24回大会研究発表による（小林ほか 2007）。

引用・参考文献

阿部芳郎 1993「縄文土器の型式の広がりは何を表すか」『新視点日本の歴史 第1巻原始編』新人物往来社

阿部芳郎・河西 学 1994「綾瀬市上土棚遺跡出土の縄文後期土器の胎土分析」『綾瀬市史研究』創刊号

天野哲也・大場孝信 1984「岩石学的方法による土器の分類と製作地推定の試み」『北方文化研究』16、北海道大学

今村啓爾 1980「胎土中の岩石、鉱物からみた土器の製作地」『伊豆七島の縄文文化』武蔵野美術大学考古学研究会

河西 学 1989「甲府盆地における河川堆積物の岩石鉱物組成—土器胎土分析のための基礎データ—」『山梨考古学論集Ⅱ』山梨県考古学協会

河西 学 1990「大和田第3遺跡出土縄文土器の胎土分析」『大和田第3遺跡』大泉村埋蔵文化財調査報告書、8

河西 学 1991「伊藤窪第2遺跡出土土器の胎土分析」『伊藤窪第2遺跡—埋蔵文化財発掘調査報告書—』韮崎市教育委員会

河西 学 1992a「尾上イラウネ遺跡出土土器の胎土分析」『尾上イラウネ遺跡発掘調査報告書Ⅱその2』沼津市文化財調査報告書、53

河西 学 1992b「岩石鉱物組成からみた縄文土器の産地推定—山梨県釈迦堂遺跡・郷蔵地遺跡・柳坪遺跡の場合—」『帝京大学山梨文化財研究所研究報告』4

河西 学 1996「西洞遺跡出土縄文早期土器の胎土分析」『西洞遺跡（a区）・葛原沢遺跡発掘調査報告書』沼津市文化財調査報告書、59

河西 学 1997「池之元遺跡の堀之内2式土器の胎土分析」『池之元遺跡発掘調査報告書』富士吉田市史資料叢書、14

河西 学 1999a「土器産地推定における在地—岩石学的胎土分析から推定する土器の移動—」『帝京大学山梨文化財研究所研究報告』9

河西 学 1999b「綾瀬市上土棚南遺跡出土縄文後期土器の胎土分析」『綾瀬市史研究』6

河西 学 1999c「村東山手遺跡出土縄文土器の胎土分析」『村東山手遺跡』長野県埋蔵文化財センター発掘調査報告書、44

河西　学　1999d「第1号採掘址出土第Ⅲ群土器の胎土分析」『鷹山遺跡群Ⅲ』鷹山遺跡調査団

河西　学　1999e「縄文中期曽利式土器の胎土分析―山梨県金の尾遺跡・尾咲原遺跡―」『山梨考古学論集Ⅳ』山梨県考古学協会

河西　学　2000a「鷹山黒耀石原産地遺跡群出土・採集縄文土器の胎土分析」『鷹山遺跡群Ⅳ』長門町教育委員会・鷹山遺跡群調査団

河西　学　2000b「櫛形町曽根遺跡出土縄文中期土器の胎土分析」『山梨県考古学協会誌』11

河西　学　2001a「山梨のグリーンタフ地域における縄文中期曽利式土器の産地」『山梨県史研究』9

河西　学　2001b「石原田北遺跡出土縄文土器の胎土分析」『石原田北遺跡Ｊマート地点』石原田北遺跡発掘調査団

河西　学　2002a「胎土分析から見た土器の生産と移動」『土器から探る縄文社会―2002年度研究集会資料集』山梨県考古学協会

河西　学　2002b「御坂町原山遺跡出土縄文後期加曽利B式土器の胎土分析」『桂野遺跡（第4次調査）・原山遺跡』山梨県埋蔵文化財センター調査報告書、199

河西　学　2003「長坂町酒呑場遺跡出土縄文土器（諸磯b式）の胎土分析」『酒呑場遺跡（第4次）』山梨県埋蔵文化財センター調査報告書、209

河西　学　2005「酒呑場遺跡出土の異系統縄文土器の胎土分析」『酒呑場遺跡（第1～3次）（遺物編―本文編）』山梨県埋蔵文化財センター調査報告書、216

河西　学　2006「下宅部遺跡出土の加曽利B2式土器の胎土分析」『下宅部Ⅱ』下宅部遺跡調査団

河西　学　2008「胎土分析と産地推定」『縄文時代の考古学7　土器を読み取る―縄文土器の情報―』同成社

河西　学　2009「磐田市長者屋敷北遺跡出土縄文土器の胎土分析」『長者屋敷北遺跡・東浦遺跡』磐田市教育委員会

河西　学　2010「静岡県東部地域出土曽利式土器の肉眼観察胎土組成―破魔射場遺跡・押出シ遺跡にみられる土器の移動―」『帝京大学山梨文化財研究所研究報告』14

河西　学・櫛原功一・大村昭三　1989「八ヶ岳南麓地域とその周辺地域の縄文時代中期末土器群の胎土分析」『帝京大学山梨文化財研究所研究報告』1

河西　学・中村哲也　1990「古屋敷遺跡早期第Ⅳ群土器の胎土・製作技法の特徴」『古屋敷遺跡発掘調査報告書』富士吉田市史資料叢書、8

河西　学・小林謙一・神山　崇・池田　進・新免歳靖・坂上恵梨・二宮修治・永嶋正春　2008「中性子回折法、蛍光Ｘ線分析法、および岩石学的手法による縄文

土器胎土分析の比較」日本文化財科学会第25回大会研究発表要旨集
河西　学・小林謙一・神山　崇・池田　進・新免歳靖・坂上恵梨・二宮修治・永嶋正春・片根義幸・合田恵美子 2009「栃木県出土縄文早期土器胎土の岩石鉱物組成─岩石学的手法と蛍光X線分析法・中性子回折による縄文土器胎土分析の比較のために─」日本文化財科学会第26回大会研究発表要旨集
古城　泰 1978「伊豆諸島出土土器の製作地について」『くろしお』3
古城　泰 1981「縄文土器の遺跡間移動（英文）」『人類学雑誌』89（1）
小林謙一・河西　学・神山　崇・池田　進 2007「中性子回折を用いた縄文土器の分析と岩石学的手法による胎土分析」日本文化財科学会第24回大会研究発表要旨集
産業技術総合研究所地質調査総合センター（編）2003　「200万分の1日本地質図　第5版 CD-ROM版」産業技術総合研究所地質調査総合センター
清水芳裕 1977「岩石学的方法による土器の産地同定─伊豆諸島の縄文・弥生土器─」『考古学と自然科学』10
永塚澄子・山本孝司・上條朝宏 1995「多摩ニュータウンNo.245遺跡の住居跡内検出粘土の同定」『東京都埋蔵文化財センター研究論集』14
藤根　久・小坂和夫 1997「生駒西麓（東大阪市）産の縄文土器の胎土材料─断層内物質の可能性─」『第四紀研究』36
藤根　久・新藤智子・福岡孝昭 2007「土器の胎土材料と製作地推定法の新たな試み」日本文化財科学会第24回大会研究発表要旨集
増島　淳 1979「土器中の砂粒鉱物から見た上白岩遺跡出土土器の製作地について」『上白岩遺跡発掘調査報告書』中伊豆町教育委員会
町田　洋・新井房夫 2003『新編火山灰アトラス─日本列島とその周辺』東京大学出版会
松田光太郎 1997「群馬県渡良瀬川中流域における縄文土器の胎土分析─桐生市三島台遺跡出土の縄文前期土器の偏光顕微鏡観察─」『神奈川考古』33
松田光太郎 2000「坪ノ内・宮ノ前遺跡（No.17）出土縄文土器の胎土分析」『坪ノ内・宮ノ前遺跡（No.16・17）』かながわ考古学財団調査報告、77
松田光太郎 2008「神奈川県における製作地推定のための胎土分析の基礎的研究─相模川・境川上流域の縄文土器を中心として」『かながわの考古学研究紀要』13、かながわ考古学財団
松本建速 2006『蝦夷の考古学』同成社

2　浮線文土器の型式変化と地域間関係

中沢道彦

はじめに

　縄文時代の土器は年代と分布する地方により一定の形態と装飾をもつ。これは遺構や一遺物層、一地点または一遺跡から純粋なまとまりとして出土し、第三者にも検証される。研究者は縄文式土器のこのようなまとまりを土器型式とし、地方差、年代差の単位として、考古学の年代組織である土器編年を編成する（山内 1932・1935ほか）。

　土器型式は変化する。縄文式土器の全国的型式編年の輪郭を築き上げた山内清男は「概観すると、各地方に似た型式が、似た順序に相継いで居る様である。これは縄紋土器の時代に於いて、各地の交渉が活発であって、一地方に生じた変遷が次の地方に受け入れられ、土器型式の変遷は在来の土器の伝統及び多少の変化と、新しく他地方から来た影響との二者から成立することが多かったためであろう。」（山内 1932・1939）と土器型式の変化を展望した。

　本稿では隣接する地域の土器型式が似た変化をする一事例として、縄文時代晩期後葉の関東、中部高地、東海東部に分布する浮線文土器群諸型式で浮線文土器精製浅鉢が広域的に変化する現象に注目する。そして、その変化の背景と、そこに地域間の影響関係を見出す考え方を示したい。

1　浮線文土器の型式変化

　中部高地の女鳥羽川式、離山式、氷Ⅰ式、新潟や東北南部の鳥屋1式、2a式、2b式、関東の桂台式、杉田Ⅲ式、千網式など、縄文時代晩期後葉の新潟、東北南部、関東、中部高地、東海東部に主体的に分布する土器型式を括って、浮線文土器群という。浮線文土器とはこれら精製土器、半精製土器で、隆線、浮線などで描出する特徴的な文様もつものの呼称である。正しくは浮線網状文土器というべきだが、浮線文土器と略称している（図1～4）。

　まず、中部高地の縄文時代晩期後葉の土器編年を確認しよう。筆者はこれまでの先行する研究成果を踏まえ、中部高地の該期の土器編年を女鳥羽川式→離

山式→氷Ⅰ式古段階→氷Ⅰ式中段階→氷Ⅰ式新段階と序列している（設楽1982、石川1985、中沢1993・1998）。氷Ⅰ式は浮線文土器精製浅鉢の型式学による分類と遺跡における一括資料の比較から3段階に細分できる（中沢1998）（図1）。ちなみに氷Ⅰ式に後続する氷Ⅱ式は1970年代まで中部高地の縄文時代晩期最終末の土器型式に扱われていたが、1980年代以降は氷Ⅰ式が縄文時代晩期最終末、氷Ⅱ式が弥生時代前期土器型式と扱われるのが定説だ。

図1は中部高地の浮線文土器型式の変遷、図5は各地域の浮線文土器諸型式の精製浅鉢の変遷図である。精製土器について中部高地を見てみよう。女鳥羽

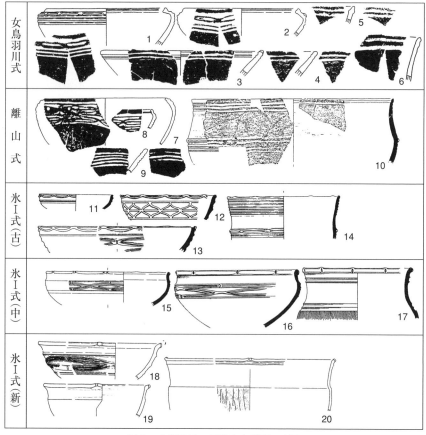

図1　中部高地の浮線文土器群の変遷
1〜6．女鳥羽川　7〜9．離山　10．一津　11．12．15〜17．氷
13〜14．御社宮司　18〜20．石行

川式で図1-1・2、図5-1など内湾、もしくは「逆く」の字の器形で肩部に均等な眼鏡状付帯、下位に1～2条の平行沈線をもつ類、図1-3・4（図8-4）の直線的に外反する器形で内面や内外面に1～2条の沈線をもつ類、工字文をもつ類が、離山式では図1-7・8、図5-2など内湾する器形で曲線や直線で三分岐する浮線文などが発達、また図1-9の直線的に外反する器形で外面や内外面に多条の平行する沈線をもつ類、氷Ⅰ式古段階では図1-12・13（図5-3）など口外帯、頸部無文帯、胴部文様帯に区分されながら、頸部無文帯が未発達で、胴部の浮線文の意匠が離山式に共通するものが多い。氷Ⅰ式中段階では図1-15（図5-4）、図1-16など口外帯、頸部無文帯、胴部文様帯に区分されるが、図7①のとおり頸部無文帯が同一型式内の粗製・半精製甕からの影響で発達し、胴部文様は2条1単位の菱形の意匠やレンズ状の意匠が中心となる。浮線文の文様表出手法については、離山式では図3のとおり浮線は浮線を束ねたものが、氷Ⅰ式では図4のとおり、ネガ部分の器面を削り、残存の

図2　浮線文土器　氷Ⅰ式　　　　図3　離山式　　　　　図4　氷Ⅰ式
　　（小諸市教育委員会所蔵）　　　（長野市立博物館所蔵）　　（長野県立歴史館所蔵）

図5　各地の浮線文土器精製浅鉢の変遷と粗製土器
1：女鳥羽川　2：一津　3・4：御社宮司　5：氷　6：関屋塚　7～9：山王
10：桂台　11：西之原　12～15：杉田　16：向台Ⅱ　17：池花南　18：荒海　19：武士

表1　縄文時代晩期〜弥生時代前期編年表

	九州	中部瀬戸内	山陰	近畿	東海	北陸(福井)
晩期	古閑式	(岩田第4類)	(三田谷ⅠSD04)	滋賀里Ⅱ式	寺津式・清水天王山中層a類	
		(南方釜田)	(板屋Ⅲ・久古第Ⅲ)	滋賀里Ⅲa式	元刈谷式・清水天王山中層b類	
	黒川式(古)	船津原式	(原田)	「篠原式」(古〜中)	桜井式・稲荷山式・清水天王山上層a類	佐開式
	黒川式(中)			「篠原式」(中)		
	黒川式(新)	谷尻式	(神原Ⅱ)	「篠原式」(新)		
	(江辻SX1)	前池式	(桂見自然河川01下層)	滋賀里Ⅳ式	西之山式	大島田式
	山の寺式／夜臼Ⅰ式／夜臼Ⅱa式	津島岡大式	(桂見包含層)	口酒井式	五貫森式(古)・(雌鹿塚)	
	板付Ⅰa式・夜臼Ⅱb式／板付Ⅰb式／Ⅱa式	沢田式	古市川原田式	船橋式	五貫森式(新)・(関屋塚)	
弥生前期		沢田式／津島式	古海式／越敷山式・出雲原山式	長原式／畿内第Ⅰ様式(古)	馬見塚式・(駿河山王)	糞置式(古)
	板付Ⅱb式	高尾式	「前期2式」	畿内第Ⅰ様式(中)	樫王式・(駿河山王)	糞置式(新)
	板付Ⅱc式	門田式	「前期3式」	畿内第Ⅰ様式(新)	水神平式	

隆線を浮線化する手法となる。氷Ⅰ式新段階では図1-18など浮線文土器精製浅鉢は型式学的に中段階と不可分であるが、浮線文浅鉢が激減し、図1-19など無文浅鉢が組成する。

さて、中部高地の浮線文土器群とともに、東海東部、関東西部、関東東部の浮線文土器群の浮線文土器精製浅鉢の主要な類型は、中部高地の氷Ⅰ式の成立と氷Ⅰ式古段階から中段階への型式変化と連動して、併行する時期に広域的に同様の型式変化をする。図5にそれを簡単に図示した。また表1に浮線文土器諸型式を基準とした筆者の広域編年案を参考までに提示する。では各地域の精製土器の変遷を確認しよう。

東海東部では図6の静岡県関屋塚遺跡出土土器群が女鳥羽川式に併行するが、本稿では関屋塚式と仮称する。関屋塚式は図5-6（図6-1）など精製浅鉢では均等な眼鏡状付帯、下位に1〜2条の平行沈線をもつ文様構成は女鳥羽川式と一致するが、女鳥羽川式に比べて沈線の幅が明らかに広く、精製浅鉢は内湾の器形ではなく、図6-1・2など外にひらく器形となる。氷Ⅰ式に併行する静岡県山王遺跡土器群の浮線文土器精製浅鉢は図5-7・8など口外帯、

北陸(石川)	飛騨	中部高地	関東	新潟	東北	
勝木原式 ・御経塚1式		(大花1号 住居主体)	安行3a式		大洞B1式	
勝木原式 ・御経塚2式					大洞B2式	
勝木原式 ・御経塚3式		佐野Ⅰa式	安行3b式		大洞BC1式	
中屋1式					大洞BC2式	
中屋2式		佐野Ⅰb式	安行3c式	朝日式	大洞C1式	晩
中屋3式 ・下野1式		佐野Ⅱ式 (古中)	安行3d式 ・前浦式		大洞C2式古	期
下野2式		佐野Ⅱ式(新)		上野原式	大洞C2式新	
長竹式	(カクシクレ A地点D5 区主体)	女鳥羽川式	「桂台」 ・「向台Ⅱ」	鳥屋1式	大洞A式古	
	阿弥陀堂式	離山式 ／氷Ⅰ式(古)	「杉田Ⅲ」・千 網式／荒海式	鳥屋2a式	大洞A式新	
柴山出村1式	(立石の一部)	氷Ⅰ式 (中〜新)	「杉田Ⅲ」 ・荒海式	鳥屋2b式	大洞A'式	
柴山出村2式		氷Ⅱ式	(境木 ・荒海・沖Ⅱ)	緒立式	青木畑式・砂沢	弥生前期

　頸部無文帯、胴部文様帯に区分される形制（文様帯構成）、また図5-7から8へと頸部無文帯が発達する形制の変化が中部高地の氷Ⅰ式古段階から中段階への変化と共通する。ただ、氷Ⅰ式中段階精製浅鉢の胴部文様が図5-4のとおり、2本1組の浮線による菱形の意匠とレンズ状の意匠が主になるのに対し、山王遺跡土器群でも併行する段階の浅鉢の胴部文様は図5-8のとおり、レンズ状の意匠が主体となる点で中部高地とは異なる。山王遺跡土器群はむしろ図5-13など神奈川県杉田遺跡出土の杉田Ⅲ式と共通する。

　関東西部では図5-10の桂台式、図5-12〜15の杉田Ⅲ式と編年できる。杉田Ⅲ式は離山式から氷Ⅰ式に併行となろうが、杉田Ⅲ式の浮線文土器精製浅鉢も氷Ⅰ式古段階、中段階併行で主となる精製浅鉢の類型の形制が図5-12・13と口縁外帯、頸部無文帯、胴部文様帯に区分され、頸部無文帯が発達する変化が、氷Ⅰ式と共通する。古くは杉田Ⅲ式と氷Ⅰ式との比較でその共通性を戸沢充則が指摘した部分でもある（杉原・戸沢 1963）。

　関東東部は図5-16の向台Ⅱ式、図5-17・18の千網式と変遷するが、図5-18・19と千網式後半段階で氷Ⅰ式／杉田Ⅲ式と同様に口縁外帯、頸部無文帯、

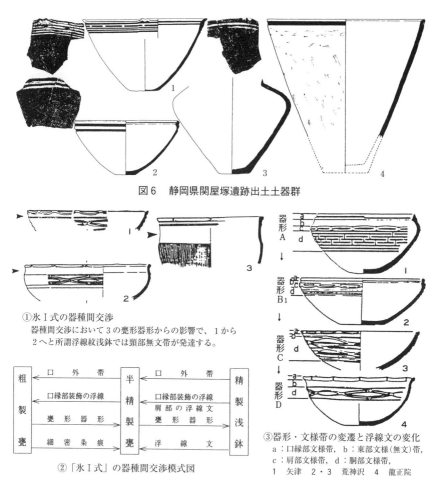

図6 静岡県関屋塚遺跡出土土器群

①氷I式の器種間交渉
器種間交渉において3の甕形器形からの影響で、1から2へと所謂浮線紋浅鉢では頸部無文帯が発達する。

②「氷I式」の器種間交渉模式図

③器形・文様帯の変遷と浮線文の変化
a：口縁部文様帯、b：頸部文様(無文)帯、
c：肩部文様帯、d：胴部文様帯、
1 矢津 2・3 荒神沢 4 龍正院

図7 氷I式精製浅鉢の変化と器種間交渉

胴部文様帯に区画される形制（文様帯構成）をとる類型が多くなる。図5-19の武士遺跡例は文様意匠から千網式というより、氷I式系というべきだろう。
　繰り返すが、以上のとおり、中部高地の氷I式併行期に浮線文土器精製浅鉢の主要な類型の形制（文様帯構成）が東海東部、関東西部、関東東部と広域的に変化する現象が確認できる。

2　浮線文土器精製浅鉢の広域的変化について

(1)　広域的変化の原因

　では何故中部高地、東海東部、関東西部、関東東部で浮線文土器群諸型式の浮線文土器精製浅鉢の主要類型が広域的に連動して型式変化を起こしたのだろうか。筆者はこの現象を、東海東部、関東西部・東部の土器製作者に、中部高地でも長野方面からの何らかの影響があり、精製浅鉢が広域的に型式変化したと理解している。その論拠は2点ある。

　1点は関東東部において図7③-4の千葉県龍正院貝塚Ⅲ層例や図5-19の千葉県武士遺跡例など、精製浅鉢の形制や浮線による2条1単位の菱形意匠の文様から氷Ⅰ式系というべき浅鉢が出土していることが挙げられる。これまで、関東東部で明らかに氷Ⅰ式からの流れがみられる点は諸研究者から指摘されていた（鈴木 1985、柿沼・青木 1983ほか）。ただし、この論拠だけでは中部高地からの影響で中部高地、東海東部、関東の該期諸型式の精製浅鉢が広域的に変化する点を充分には説明できない。何故ならば、各地の浮線文土器群の諸型式内でそれぞれに組成する精製浅鉢の主たる類型の形制（文様帯構成）が同様の変化をする限り、まずはその変化の核となる地域を特定する必要があるからだ。

　ここで筆者は器種間交渉（大塚 1986）の概念を用いることで浮線文土器精製浅鉢の広域的変化の核を中部高地に特定でき、中部高地からの影響により東海東部、関東の該期諸型式の精製浅鉢が広域的に変化するという論拠を説明したい。

　図7③が定説の中部・関東の浮線文土器精製浅鉢の型式変遷モデルだ（石川 1985）。そして、筆者はこれまで図7③の「器形C」から「器形D」への変化に相当する、図7①-1の氷Ⅰ式古段階浮線文精製浅鉢で頸部無文帯が未発達のものが、図7①-2の氷Ⅰ式中段階浮線文精製浅鉢で頸部無文帯が発達する変化の理由を、図7①-3の氷Ⅰ式粗製甕の甕形器形からの影響、つまり同一型式内の器種間交渉に求めた（中沢 1993・1998）。

　そもそも中部高地の氷Ⅰ式粗製甕の系統とは佐野Ⅱ式新段階、女鳥羽川式で東海の五貫森式からの影響で粗製甕が成立するが、東海で五貫森式粗製甕の系統が壺に変化する馬見塚式併行の時期でも、中部高地の長野方面では離山式、氷Ⅰ式古段階と粗製土器の甕形器形が卓越する。粗製土器の甕形器形の起源は数型式前の東海の五貫森式にあるとしても、女鳥羽川式、離山式、氷Ⅰ式粗製土器の甕形器形は中部高地の伝統と評価すべきで、これが精製浅鉢の形制変化の要因となる。一方、氷Ⅰ式に併行する東海東部、関東西部に分布する杉田Ⅲ式粗製土器では図5-9・14・15など口縁部に数条の沈線、胴部に細密条痕が施される砲弾形器形の粗製深鉢が多い。それを遡る女鳥羽川式併行の関屋塚式

でも図6-4など口縁部1、2条の沈線をもつ砲弾形器形の粗製深鉢が卓越する。中部高地でも山梨方面では女鳥羽川式～氷I式で粗製深鉢が砲弾形のものが多い（中沢2003）。また関東東部の千網式粗製土器では口縁部が複合口縁で撚糸文か細密条痕が施される砲弾型器形の深鉢が多い。とすれば、浮線文土器精製浅鉢で頸部無文帯が発達する変化が粗製土器の甕形器形からの影響にある限り、その変化の核は粗製甕の甕形器形が卓越する中部高地でも長野方面と特定できる。この考え方を主たる論拠として浮線文精製浅鉢の広域的変化を中部高地からの流れで説明できるのである。

（2）精製土器と粗製土器の交渉

氷I式の型式構造は安定的でありながら、同一型式内で器種間交渉が活発だ。前述のとおり、精製浅鉢が粗製・半精製甕からの影響で形制変化が生じるのみならず、精製浅鉢の影響で粗製土器、半精製土器の口縁外帯や口縁部浮線の装飾が生じるなどの現象が確認できる。図7②はその型式内器種間の関係性を整理したものである。

では、精製土器と粗製土器との交渉が活発な状況から何が言えるだろうか。そもそも精製土器、粗製土器とは山内清男が東北の大洞式や関東の加曽利B式、安行式の分析から導いた概念だ。ただ、実態として今日的に検討すると、大洞式などは精製土器、粗製土器の階層性を想定できる一方で、関東の後期中葉の粗製土器などは、文様をもつ大型深鉢が地域的変化を経て素文化して成立、堅果類のアク抜きなど「食物加工技術の工程の分立と作業の集約化」のため大量生産化されたものとする阿部芳郎の研究がある（阿部1995・1996）。縄文時代後晩期の粗製土器にしても、地域と時期ごとに意味合いの差がありそうだ。ちなみに精製土器と粗製土器の弁別は文様帯をもつことが大きな基準といえる（阿部1999）。浮線文土器群諸型式の精製土器に関しては浮線の文様をもつ土器といえよう。

さて氷I式では粗製土器・半精製土器が精製土器からの影響で変化する一方、精製土器が半精製土器・粗製土器からの影響で変化する。筆者はこの現象から中部高地の氷I式の土器製作側では、同一の土器製作単位内で精製土器、半精製土器、粗製土器が製作されていた場合が多かったのではないかと考えている。言い換えれば、氷I式では精製土器と粗製土器をそれぞれ別個の土器製作者なり、集団が製作したとは考えにくいのである。

ちなみに氷I式を1型式遡る離山式では精粗の分化が認められる。新潟・東北南部の鳥屋2a式からの影響で浮線文精製浅鉢が成立、発達し、型式構造も大洞式・鳥屋式的に精製・半精製・粗製に区分される。しかし、離山式を遡る女鳥羽川式の成立では、直前の佐野II式新段階系統の粗製甕の影響で図8-1

の大洞Ｃ２式・上野原式系統の精製浅鉢の１、２条の平行沈線が主文様化、また図８-４の内外面、１、２条の平行沈線をもつ精製浅鉢が成立するなど、精製土器の多系の属性が同一方向に変化する収斂化現象が認められ、粗製土器からの影響で精製土器が変化する現象が説明できる。とすれば、中部高地では佐野Ⅱ式新段階から女鳥羽川式にかけても、精製土器・半精製土器・粗製土器を同一の土器製作単位が製作したと説明できる。また精粗の分化が認められる離山式にしても女鳥羽川式から氷Ⅰ式までの精製土器、半精製土器、粗製土器の各系統のスムーズな型式学的連続性の中に位置づけられ、その土器製作も前後の製作体制と同様の体制で行われたと考えられる。よって中部高地の晩期後半佐野Ⅱ式新段階～晩期末氷Ⅰ式にかけて、伝統的に同一の土器製作者なり、集団内で精製土器、半精製土器、粗製土器が製作されていたと筆者は推定している。

（３）　広域的変化の現象とは

　中部高地、東海東部、関東西部・東部における縄文時代晩期後葉浮線文土器群の精製浅鉢の形制（文様帯構成）の広域的変化の核を中部高地に求めた。そして、氷Ⅰ式の成立、変遷に粗製土器の影響で精製土器が変化する現象が認められることから、氷Ⅰ式の土器製作集団では同一の土器製作集団内で精製土器、半精製土器、粗製土器が製作されていた見通しを述べてきた。最後に中部高地、東海東部、関東西部・東部で浮線文精製浅鉢が広域的変化をする現象に関する展望を述べたい。

　これまで筆者は土器製作者なり、集団という語で縄文式土器を製作する単位を説明してきた。まずその前提として、筆者は縄文式土器の製作について、各世帯や集落単位で自給自足的に自家需要の生産が行われたものとは考えていな

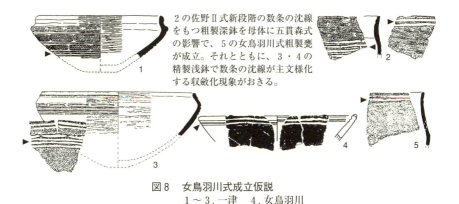

図８　女鳥羽川式成立仮説
　　　１～３.一津　４.女鳥羽川

い。そもそも水が漏れず、今日の我々が土器型式を認識できるレベルの文様や装飾をもつ縄文式土器の製作には、適する粘土の入手や素地土づくりから成形、施文、焼成まで、複雑な工程と高度かつ多様な技術を必要とする（後藤 1980ほか）。縄文式土器は特定の者もしくは集団により、一定の地域で製作されたと想定すべきだろう。そして本稿ではその単位が個人の場合も含めて土器製作集団として、専業、もしくはそれに近い単位を想定している。

　さて、世界の民族誌ではいくつか、土器の製作者が同業者間で土器製作に関する情報を共有する事例が知られている。例えば、パプア・ニューギニアの民族事例では土器製作者が同業者間に多くの友人関係をもち、土器製作技術や土器のデザインなどの情報を共有し、結果としてそれが土器製作技術や土器デザインが共通して広がりをもつ一因という（高橋 2009）。土器製作体制の復元について、民族誌データは考古資料だけでは充分に復元しにくい部分の理論的参照枠として有効である一方、その直接的適応は前提となる社会構造や土器製作者の性別の問題[1]など、民族事例と縄文社会が同一である保証がないため、全面的な直接適用を慎重にすべき面がある。適用できる部分、できない部分を明確にする必要性、また、仮説として理論参照枠を適用したならば、常に考古資料による再検証を試みる必要がある。これを踏まえるにしても、縄文式土器が年代と地方差により一定の形態と装飾をもつ現象とは、同時代の土器製作者間相互、集団内や集団間相互の密な土器製作に関する情報共有の結果と考えられないか。言い換えれば、これが土器型式の単位となるのだろう。

　これを前提に、中部高地における氷Ⅰ式の浮線文土器精製浅鉢の変化と連動した東海東部、関東東部・関東西部の浮線文土器精製浅鉢の広域的変化を考えると、まず何らかの形で氷Ⅰ式浮線文精製浅鉢の情報が東海東部、関東東部・関東西部の土器製作集団に伝わっていることは間違いない。前述の関東などにおける氷Ⅰ式系土器の出土事例はそれを裏付ける。

　他地域の土器型式が出土する現象とは、一般に土器製作者などが移動し、その地で土器を製作するか、土器が動き、それを模倣する場合が考えられる。土器製作者が移動する場合、土器製作者が女性であると仮定すれば、他地域に婚入、また環境や生活の条件の変化で土器製作者もしくは集団の移動などが想定される。

　しかし、氷Ⅰ式土器の製作者もしくは集団が移動したと仮定すると、前述の氷Ⅰ式土器の製作者が同一の製作単位内で精製土器、粗製土器を製作するという前提に立つ限り、氷Ⅰ式精製浅鉢のみならず、氷Ⅰ式粗製甕もしくはそれに類するものが東海東部や関東で製作されることになる。だが東海や関東で氷Ⅰ式系粗製甕の出土例はあることはあるが、杉田Ⅲ式や千網式では精製浮線文浅

鉢ほど粗製深鉢・甕に氷Ⅰ式との共通性は少ない。製作者なり製作集団の移動はそれなりにあっただろうが、浮線文土器精製浅鉢の広域的変化の原因には不十分だ。

そもそも、浮線文土器精製浅鉢の広域的変化について、精製土器が広域的変化をする一方、粗製土器が広域的変化をしていない現象とは、氷Ⅰ式浮線文精製浅鉢そのものが動き、それを杉田Ⅲ式なり、千網式なりの製作者もしくは製作集団が浮線文精製浅鉢の製作において影響を受けた面が大きいと考えるべきではないか。

かつて半世紀前に岡本勇は、縄文式土器型式の背景を探るため、土器を「製作―播布（需要→供給）―使用という一連の過程を統一的に理解」すべきという提案を行った（岡本 1959）。今なお重要な目線だ。縄文式土器が特定の者もしくは集団で製作された前提にたつと、需要に基づき土器を運搬する者もしくは集団の存在が想定できる。氷Ⅰ式浮線文精製浅鉢が交換財もしくは商品として東海東部、関東に流れたと考えられる。

そして、土器製作者もしくは土器製作集団間に土器製作の情報を共有するなんらかのシステムがあり、氷Ⅰ式の流入で中部高地とともに東海東部、関東の縄文時代晩期末浮線文土器精製浅鉢が広域的に変化したのだろう。

3　最後に―浮線文土器精製浅鉢の終焉―

さて、氷Ⅰ式古・中段階併行でこのように中部高地、東海東部、関東で浮線文土器精製浅鉢が広域的変化をしたにも関わらず、氷Ⅰ式新段階併行では状況が激変する。中部高地では、土器型式単位の器種組成で浅鉢の割合が氷Ⅰ式中段階主体の長野県氷遺跡で3割前後であったものが、新段階の長野県松本市石行遺跡では1割前後になるなど、浅鉢の組成比率が激減する。関東西部では浮線文土器精製浅鉢が沈線化する「矢頭段階」（谷口 2003）、関東東部で荒海式など、地域色が顕在化する。

これら氷Ⅰ式新段階併行の激変状況、なかでも中部高地側での浅鉢の激減現象も、前段階の氷Ⅰ式古・中段階併行の浮線文土器精製浅鉢の広域的変化の意味を探る鍵にならないか。

中部・東海・関東では縄文時代晩期後葉浮線文土器群の時期には、従来の植物質食料利用志向の生業に栽培・農耕という新たな生業が加わる。長野県飯田市石行遺跡では女鳥羽川式に籾圧痕、長野県松本市石行遺跡で氷Ⅰ式新段階のアワ、キビ圧痕が確認されている（中沢・丑野 1998、佐々木・中沢・那須ほか 2009）。仮に中部高地の氷Ⅰ式新段階における浮線文土器精製浅鉢の減少が植物質食料利用の変化に対応したものとすれば、その前段階で広域に分布する浮

線文土器精製浅鉢は従来型の植物質食料の調理加工に関わり利用されたものとなろうが、検討すべき点がある。

西日本の縄文時代晩期後半突帯文土器群諸型式後半で精製浅鉢が減少することが知られ、稲作の導入との相関性が指摘されている（石川 1988、阿部 1995ほか）。阿部芳郎は縄文時代後晩期の煮沸痕を残す浅鉢が日常的な堅果類のアク抜きなど調理加工工程の一つの器種であると見通し、煮沸痕をもつ突帯文土器精製浅鉢もその伝統によるものと位置づけた。土器型式で数型式分の時間差があるが、中部高地の浮線文土器群終末の精製浅鉢の減少も、突帯文土器群後半期の精製浅鉢の減少と連動したものと考えれば、これは伝統的な調理加工工程の変化と考えることができる。逆に浮線文土器精製浅鉢の用途の一つには伝統的な調理加工工程に用いるものと考えられ、器種への需要の背景の一つをそこに求めることができる。長野県御社宮司遺跡出土浮線文土器精製浅鉢では赤色塗彩で装飾されるものがある一方で、煮沸痕をもつものの例が指摘されている（小林・百瀬ほか 1982）。ただ、筆者自身、中部高地浮線文土器群精製浅鉢の体系的な使用痕観察を行っておらず、その検証を今後の課題としている。

また、浮線文土器精製浅鉢の用途の一つを堅果類を中心とした伝統的な調理加工としても、その説明のみで氷Ⅰ式の時期に中部高地方面から東海東部、関東方面に土器が動いた背景、同時期の精製浅鉢の形制（文様帯構成）が広域的に変化する背景への説明は充分にできない。土器製作の体制や製作側の文様、形制、器形の選択、採用の問題も絡むので、正直一筋縄ではいかないところだ。問題解決に向けて今後も土器の多面的分析を継続し、仮説と検証を繰り返したい。

註

1) 世界224の民族誌における46種の労働の性別分業を分析した、G. マードックの古典的研究によると、土器の製作は女性が占める割合が7割を超える女性優位の業、骨、角、貝の加工は男性が占める割合が9割を超える男性優位の業という（Murdock, G,P 1937）。山内清男は縄文式土器製作者の性別を「普段は女性」と想定しながらも、大洞式精製土器（亀ヶ岡式）の文様装飾と骨角器、木器文装飾における彫刻手法の類似性から、大洞式精製土器の製作者について男性を想定している（山内ほか 1971）。

引用・参考文献

阿部芳郎 1995「縄文時代の生業―生産組織と社会構造―」『展望考古学』考古学研究会、pp.47-55

阿部芳郎 1996「食物加工技術と縄文土器」『季刊考古学』55、雄山閣出版、pp.

21-26
阿部芳郎 1999「精製土器と粗製土器─学史的検討と土器型式による地域認識の問題─」『帝京大学山梨文化財研究所報告』9、帝京大学山梨文化財研究所、pp. 265-284
安藤広道 1989「横浜市西之原遺跡採集の縄文時代晩期浮線文土器について」『村上徹君追悼論文集』pp. 85-98
石川日出志 1985「中部地方以西の縄文時代晩期浮線文土器」『信濃』37-4、信濃史学会、pp. 152-169
石川日出志 1988「土器」『季刊考古学』23、雄山閣出版、pp. 48-52
稲垣甲子男・笹津海祥・望月薫弘 1975『駿河山王』富士川町教育委員会
大塚達朗 1986「安行1式型式構造論基礎考」『東京大学文学部考古学研究室研究紀要』5、東京大学文学部考古学研究室、pp. 1-41
大塚達朗 2005「紐線紋土器と粗製土器」『アカデミア』人文・社会科学編第80号、南山大学、pp. 131-165
岡本 勇 1959「土器型式の現象と本質」『考古学手帖』6
小野真一ほか 1978『関屋塚』静岡県教育委員会
柿沼修平・青木幸一 1983「千葉県下総町龍正院貝塚の調査」『奈和』21、奈和同人会、pp. 37-54
加納 実・高柳圭一ほか 1996『市原市武士遺跡』千葉県文化財センター
後藤和民 1980『縄文土器をつくる』中央公論社
後藤和民 1981『縄文人の謎と風景』廣済堂出版
小林秀夫・百瀬長秀ほか 1982『長野県中央道埋蔵文化財包蔵地発掘調査報告書茅野市その5』長野県教育委員会
佐々木由香・中沢道彦・那須浩郎・米田恭子・小泉玲子 2009「長野県石行遺跡と中屋敷遺跡出土土器における縄文晩期終末から弥生前期のアワ圧痕の同定」『第24回日本植生史学会大会講演要旨集　植物と人間の共生』日本植生史学会・九州古代種子研究会、pp. 48-49
設楽博己 1982「中部地方における弥生土器の成立過程」『信濃』34-4、信濃史学会、pp. 152-169
設楽博己 2007『日本の美術』499、至文社
島田哲男・設楽博己 1990『一津』大町市教育委員会
杉原荘介・戸沢充則 1963「神奈川県杉田遺跡および桂台遺跡の研究」『考古学集刊』2-1、東京考古学会、pp. 17-48
鈴木正博 1985「「荒海式」生成論序説」『古代探叢』Ⅱ、早稲田大学出版部、pp. 83-135

鈴木正博 1996「続「荒海断想」―故西村正衛先生を偲んで」『利根川』17、利根川同人会、pp. 37-45
高橋龍三郎 2009「パプア・ニューギニアの民族考古学調査」『南山大学人類学博物館オープンリサーチセンター2008年度年次報告書』南山大学人類学博物館、pp. 236-243
竹原　学ほか 1987『松本市赤木山遺跡群Ⅱ』松本市教育委員会
田多井用章 2000「女鳥羽川遺跡出土縄文時代晩期終末土器群の再報告」『松本市史研究』10、pp. 117-124
谷口　肇 2003「ポスト浮線文―神奈川県周辺の状況―（その2）」『神奈川考古』32、神奈川考古学同人会
堤　隆 2010『佐久の古代遺産図鑑』八ヶ岳旧石器研究グループ
都出比呂志 1989『日本農耕社会の成立過程』岩波書店
中沢道彦 1993「「女鳥羽川式」生成小考」『突帯文土器から条痕文土器へ』突帯文土器研究会、pp. 185-203
中沢道彦 1998「「氷Ⅰ式」の細分と構造に関する試論」『氷遺跡発掘調査資料図譜』第三冊、氷遺跡発掘調査資料図譜刊行会、pp. 1 -21
中沢道彦 2003「下り松細密条痕深鉢覚書」『第1回三河考古学談話会研究集会資料集　条痕文系土器の原体をめぐって』三河考古学談話会、pp. 37-42
中沢道彦 2007「関西出土所謂東日本系土器の再検討」『関西の突帯文土器　発表要旨集』関西縄文文化研究会、pp. 113-125
中沢道彦 2008「佐野式土器」『総覧縄文土器』アム・プロモーション
中沢道彦 2010「縄文時代晩期末浮線文土器の広域的変化と器種間交渉」『比較考古学の新地平』同成社、pp. 180-191
中沢道彦・丑野　毅 1998「レプリカ法による縄文時代晩期土器の籾状圧根の観察」『縄文時代』9、縄文時代文化研究会、pp. 1 -28
中沢道彦・丑野　毅・松谷暁子 2002「山梨県韮崎市中道遺跡出土の大麦圧痕土器について―レプリカ法による縄文時代晩期土器の籾状圧痕の観察（2）―」『古代』111、早稲田大学考古学研究会、pp. 63-83
永峯光一 1969「氷遺跡の調査とその研究」『石器時代』9、石器時代文化研究会、pp. 1 -53
中村五郎 1988『弥生文化の曙光』未来社
林田利之・高橋　誠・末武直則 1991『向台Ⅱ遺跡』印旛郡市文化財センター
山内清男 1930「所謂亀ヶ岡式土器の分布と縄紋式土器の終末」『考古学』1 - 3、東京考古学会、pp. 1 -19
山内清男 1932「日本遠古之文化（1）一、縄紋土器文化の真相」『ドルメン』1 -

3、岡書院
山内清男 1935「縄文式文化」『ドルメン』4-6、岡書院
山内清男 1939『日本遠古之文化　補註付新版』先史考古学会
山内清男編 1964『日本原始美術1縄文式土器』講談社
山内清男・平山久夫・安藤幸吉・中村五郎 1971「山内先生と語る」『北奥古代文化』
　　　3、北奥代文化研究会
渡辺修一ほか 1991『四街道市内黒田遺跡群』千葉県文化財センター
Murdock, G. P., 'Comparative data on the division of labor by sex', Social Forces, 15, 1937, pp. 551-553 (Reprinted in Murdock, Culture and society, Pittsburgh : University of Pittsburg Press, 1965, pp. 308-310)

図版出典
　図1：田多井 2000、島田・設楽 1990、小林・百瀬ほか 1982、竹原ほか 1987、永峯 1969
　図2：堤 2010
　図3・4：筆者撮影
　図5：田多井 2000、島田・設楽 1990、小林・百瀬ほか 1982、永峯 1969、小野ほか 1978、稲垣・笹津ほか 1975、杉原・戸沢 1963、安藤 1989、林田・高橋ほか 1991、渡辺ほか 1991、鈴木 1996、加納・高柳ほか 1996
　図6　小野ほか 1978
　図7　①②中沢 1993・1998改変、③石川 1985改変
　図8　島田・設楽 1990、田多井 2000

コラム

磨製石斧の埋納と儀礼・消費
―山梨県上中丸遺跡―

篠原　武

遺跡の概要

　本遺跡は、その東に丹沢山地をひかえ、南には富士山とその広大な裾野を望み、標高は723mになる。遺跡から20m東では、丹沢山地から西に向かって流れ下る大沢川と同山地に沿って北流する小佐野川が合流する。また、遺跡の20m西は、古墳時代に富士山から流下した檜丸尾第1溶岩に覆われるが、溶岩下に遺跡が広がっている可能性もある。

　本遺跡の発掘調査は、市道建設に伴い、平成19年度に行ったものである。縄文時代中期末葉、縄文時代晩期後葉〜末葉、弥生時代前期後半、平安時代の遺構及び遺物の大半を南区で検出し、北区では、今回紹介する縄文時代中期末葉の埋納遺構以外には縄文時代晩期〜弥生時代の陥し穴と推定される土坑6基しか検出していない。

埋納遺構の概要

　埋納遺構は、注口土器とそこに納められた黒曜石原石1点及び定角式磨製石斧8点が土坑内に埋設されていたものだが、北区内で同時期の遺物はほとんどなく、遺構については、先述したように全くみられなかった。逆に南区では、同時期の遺物が多く確認されており、竪穴住居跡は確認されていないが、同時期の集落の中心は、南区周辺に形成されていた可能性が高い。

　本遺構は、試掘調査の際に、重機により掘削を進

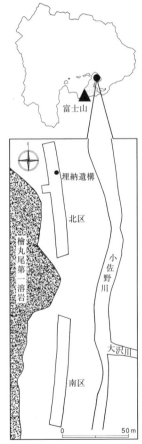

図1　上中丸遺跡調査地区図

めた後、壁面の精査時に確認したものだが、その時点で遺物及び遺構の3分の1が損なわれていたため、遺構の詳細が一部不明である。ただ、遺物は、壁面から落ちることなく原位置を留め、後の本調査で、廃土中から注口土器の破片及び収納されていたと考えられる磨製石斧1点(図5-10)を回収しているため、その概要はおおよそ把握できている。

　注口土器は、最大径17.7cm、器高10.9cmで、その大きさに掘り窪められた土坑に埋設されていた。注口土器内には、底から順に、まず軸線を揃えた石斧3点を納め、次に1段目と向きを直交させた1点を載せ、最後にこれと斜交するかたちで刃先を互い違いにした3点を載せている。石斧と土器の隙間には、地山と同じ土が詰まっていた。そして、その上には、壁面での確認時には、黒曜石が載っており、更にその直上では、最大長39.5cm、最大幅27.0cm、厚さ3.5cmの平滑な礫(ヒン岩)を確認している。ただ、これについては、重機による掘削時に確認したため、その正確な原位置は不明である。しかし、本調査時には、同様の礫も含めて自然礫は全く確認されていないことや、注口土器の直上に位置したことから、この埋納遺構に伴うものと考えている。以上から、本遺構は、黒曜石と磨製石斧を収納した注口土器を土坑に埋め、更に蓋をするかのように礫を載せたものと考えられる(図3)。

　注口土器の時期は、口縁部に隆帯をめぐらせ、胴部に縄文を施文する特徴から、加曽利E4式期とみられる。使用時の被熱痕が顕著であり、土器も非常に脆くなっている。磨製石斧も、刃こぼれや刃先の摩滅など、使用痕が顕著である。石材は、中井均氏(都留文科大学教授)の鑑定により、図5-3は砂岩源ホルンフェルス、図5-4は凝灰岩とされ、いずれも遺跡近在で採取可能とされる。また、未鑑定の石器についても凝灰岩に近似している。黒曜石原石については、礫面及び風化した剥離面で覆われているが、左右の側面に新鮮な剥離面がある。石器製作を目的とした剥片剥離によるものかもしれないが、黒曜石採取時の石質確認のための剥離痕とも考えられる。いずれにしても、ほとんど石器製作には利用していない。この黒曜石は、産地分析

表1　埋納遺構出土石器計測表

No.	長さ(cm)	幅(cm)	重量(g)
2	7.1	9.9	420
3	12.4	1.4	41
4	11.0	5.1	260
5	10.2	4.6	168
6	9.7	4.0	137
7	9.2	4.1	111
8	7.7	3.9	83
9	5.7	2.1	17
10	7.7	4.5	92

図2　埋納遺構出土状況

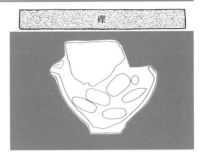

図3　埋納状況（推定）

図4　注口土器内収納状況

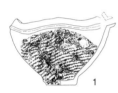

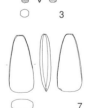

図5　埋納遺構の遺物

174　第Ⅲ章　土器の移動と社会

により、霧ヶ峰地区の和田峠系と推定されているが、南区で出土した石核や剥片の多くは、同じ霧ヶ峰地区でも西霧ヶ峰系と推定されている。また、南区の石核は、原石の段階でも最大長は5㎝以下、重さは20ｇ以下と推定され、最大長9.9㎝、重さ420ｇの埋納遺構のものに比べれば遥かに小型である。このことから、黒曜石の大きさに応じて、搬入経路が異なっていたとも考えられる。

埋納行為の背景

　本遺跡と同じく注口土器に黒曜石と磨製石斧を収納して埋納した事例に、埼玉県小鹿野町の塚越向山遺跡がある。ここでは、黒曜石以外にチャートを納めるだけでなく、敷石住居跡の石囲炉内に埋納されているという点で、集落外にあった本遺跡とは出土状況が大きく異なる。だが、注口土器は加曽利Ｅ４式と同時期で、土器も磨製石斧も使用痕があり、黒曜石及びチャートは礫面を持つ未使用のものが多いというように、多くの共通点がある。磨製石斧と黒曜石をセットにして埋納した事例は今のところこの２例しかなく、その意味では特殊であるが、黒曜石や磨製石斧を個別に埋納した事例は、数多く確認されている。神奈川県綾瀬市の上土棚南遺跡では、堀之内２式の上半部を欠いた深鉢に磨製石斧７点を納めた状態で発見されているが、やはり多くの石斧で使用痕が認められている。黒曜石についても、未使用の原石を埋納している事例が多く報告されている。

　こうした各事例を踏まえると、本遺跡の埋納行為は、縄文時代にある程度広く行われた行為と考えることができる。使用可能な石斧と石器製作可能な原石を埋納したのは、近い将来に使用することを前提とした行為であろう。そして、それを残していった人々の集落も、未だ溶岩の下に埋まっているのかもしれない。

第Ⅳ章　集団の移動と軌跡

中部系狩猟集団の移動と回帰の軌跡（阿部論文）

1 縄文草創期の石材利用と石器組成
—石鏃出現期における黒曜石利用—

栗 島 義 明

はじめに

　縄文文化の成立期に相当する草創期については、これまでも考古遺物（土器・石器）の型式学的分析を軸とした先学による幾多もの研究実績がある。そこに見る草創期研究のスタンダードは、目まぐるしい石器群の変化と多様な土器群の分析を通じて、遺物群相互の系統的な関係を追究しつつ、その編年的枠組みを特定しようとするもので、その先には縄文文化成立期の諸様相を明らかにしようとする目標が掲げられていたと言えよう。今日の研究の基礎は、そうした地道な研究に依拠したところが多く、また今後の研究方向も伝統的な型式学的研究こそが良き道標となるであろう点は疑いようもない。

　さて、こうした言わば伝統的な考古学的手法と共に、近年とくに注目されている新たな研究方向の一つが石材研究である。各種の生産活動を支えた石器群生成の来歴を石材の獲得方法や利用形態を通じて検討することにより、伝統的な考古学的分析手法（型式学的）では適わなかった資源利用の姿や交易実態が研究の視野に入ってくることとなった。とくに理化学的な分析（蛍光X線分析）

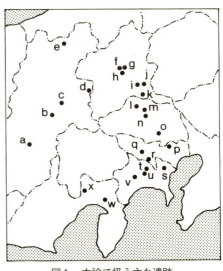

図1　本論で扱う主な遺跡
a：神子柴　b：曽根　c：鷹山　d：八風山
e：星光山荘　f：小島田八日市　g：白井中道
h：白井十二　i：五日牛新田　j：西鹿田中島
k：下宿　l：宮林　m：白草　n：滑川打越
o：ハケ上　p：もみじ山　q：前田耕地
r：多摩ニュータウンNo.796　s：花見山
t：深見諏訪山　u：月見野上野　v：宮之前南
w：葛原沢Ⅳ　x：大鹿窪

を用いた黒曜石原産地の特定では、今や遺跡から出土した黒曜石の全点分析が研究潮流となり、石材研究は資源を巡る社会経済学的な問題へと迫りつつある。こうした理化学的分析の成果を取り込みつつ、如何に新たな研究方向を模索していくのかという点が縄文時代研究にとっても、極めて今日的な課題として位置づけられるに違いない。

　本論では旧石器時代から縄文時代草創期の石器群を対象として、各種生産活動を支えた各種石器群がどのような石材獲得とその利用を通じて成立したものであったのか、という問題を中心に検討を進めていく。とくに縄文時代を代表する石器である石鏃石器群の成立、そして石鏃製作に最も強固で普遍的な結びつきを成立させている黒曜石の利用・獲得がどの時点で達成され、それが伝統的石器群にどのような変革をもたらしたものだったのか、各種石器群の系統性を通じて検討していきたい。そのうえで黒曜石という原産地の限定された資源の開発や、その広域的な流通をもたらした社会的な背景についても触れたいと考えている。

1　隆起線文以前の石材利用

（1）神子柴文化の問題

　縄文時代の最古段階に相当する草創期は、北海道を除く列島各地で発見されている隆起線文土器の出現をもって大凡その上限と認識してよいであろう。地域ごとに型式学的には若干の相違点が認められるものの、丸底深鉢で土器口縁部に隆線を横位に配した文様帯を有するという点で、列島各地の隆起線文土器は強い型式学的共通性に貫かれているからである（図2）。この隆起線文土器に時間的に先行し、旧石器時代から縄文時代への橋渡しをした「移行期」と評

図2　隆起線文土器（白井中道遺跡）
　　　（群馬県埋蔵文化財調査事業団所蔵）

図3　移行期の石槍（神子柴遺跡）
　　　（上伊那考古学会提供）

価されているのが、大型の石斧・石槍を中心とした石器組成を特徴とする神子柴文化である（図3）。

　神子柴文化に関しては、今日に至ってもさまざまな検討および再評価が試みられているが、その操作概念としての有効性については疑問を挟む余地はない。即ち、旧石器時代最終末段階に日本列島に広く分布する細石器文化から草創期の隆起線文土器文化への移行は、この神子柴文化の介在を通じてのみ説明可能となるのである。神子柴文化はこれまで標準遺跡である長野県神子柴遺跡の出土品を基準に捉えられてきたが、そこに認められた様相（大型の石斧・石槍を中心に掻器や削器を組成）は中部日本地域に限定された姿と理解され、列島各地においてはさまざまな石器組成を示すことが徐々に明らかになりつつある。

　旧石器から縄文への移行期である神子柴文化の今日的な研究課題は、そうした各地ごとの様相を明らかにするという点に尽きるが、それと共に大きな関心となっているのが、土器を保有しない文化として規定されてきた当該期遺跡からの土器発見にある。現在、多くの研究者は神子柴文化に認められる「隆起線文以前」の土器群がどのような特徴を持ち、その型式学的な様相を抽出することに努力を傾けている状況にあると言えよう。

（2）細石器文化からの系譜

　ところで当該期遺跡の豊富な南関東地域においては、しばしば神子柴文化の初期段階に細石刃石器群（削片系）の伴出が報告され、その評価を巡っては未だに研究者間で一致した理解に達していない。最近では神子柴文化と旧石器時代最終末の文化とされる細石器文化とが、従来考えられてきたように時間的に前後する関係に在るのではなく、環境や生態系の違いを背景として並存して二つの文化が存在したとの意見も提唱されている。だが見落としてはならない事実は、圧倒的多数の遺跡では細石器か石槍・石斧のいずれか一方のみが単独で認められているという事実であり、両者の石器群が共存した状態で発見された遺跡は極めて少数である。加えて両者（細石器、石槍・石斧）が共存関係にある遺跡を検討すると、総じて神子柴文化の中でも古相段階にあることがわかる。

　削片系の細石器群を特徴付けるのは細石刃を生み出す石核そのものにある。左右対称形の両面加工素材を縦方向に分割し、平面形が舟形で断面形が楔形の細石核を完成させる技術（湧別技法と呼ばれる）は、数ある石器製作技術の頂点を示す複雑な製作工程を踏まえなければならない。しかし、神子柴文化段階の遺跡から出土している細石核の技術的特徴を詳細に検討すると、素材が両面加工でなかったり、製作工程が一部省略されたりと、時間的推移と共に技術的な変容を遂げていたことが明らかである。またそこには後出する有茎尖頭器を組成しないなど、同文化の中でも古い様相を示している点に異論を挟む余地は

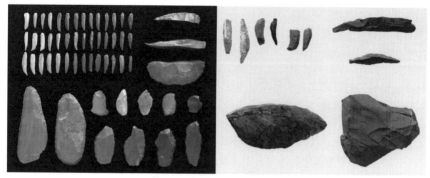

図4 時間差を持つ細石器
左：白草遺跡（埼玉県教育委員会所蔵） 右：長堀北遺跡（大和市教育委員会所蔵）

ない。両者の共存は時間的に先行した細石器群が、後続する神子柴文化の石器群内に残存した姿、即ち石器群の系統性という観点から理解することができる。
　この神子柴文化期の細石器はその技術的な特徴から削片系と一括される傾向が強いが、出土資料が多く層位的出土例も認められている関東地方では、明らかに前後二つの時期に区分される様相を示す。即ちその製作に関わる石材構成が非在地系に拠るものと在地石材に依拠しているものとの二様相であり、前者が時間的に古い点は間違いない。関東地方において前者は遠位地に産する石材である頁岩を用い、細石刃・細石核のみならず掻器や削器も製作しており（茨城：後野B、群馬：頭無・上原、埼玉：白草、千葉：木戸場・大網山田台）、一方で後者は石槍や石斧と同じく安山岩や凝灰岩などと言った在地系石材を用いて細石刃・細石核を製作している（神奈川：勝坂・長堀北・月見野上野、東京都：狭山B遺跡）。また前者では特徴的に「荒屋型彫器」を組成するが、後者の石器群にそれを見出すことはできない。石材構成が関東に比べてより単純な中部地方では、関東に見られるような顕著な石材構成の差は見出し難いものの、削片系と認められる石器群に目を向けると非在地系（頁岩）石材を利用した一群が時間的に先行し、在地系（黒曜石・下呂石など）の石材を用いたものが後続するという、関東地方と同様な石材利用傾向を指摘することができる（図4）。
（3）**在地系石材へのシフトとその背景**
　隆起線文以前に位置づけられる関東・中部地方の神子柴文化では、当該期石器組成の主体を占める石槍のみならず石斧、削器・掻器なども、ほぼ例外なく安山岩やチャート、黒色頁岩などそれぞれの遺跡が所在する地域の石材によって製作されている。一部の遺跡で見られる細石器関連遺物（削片系）についても、旧石器時代最終末のように非在地系石材である頁岩を用いるのではなく、

ほかの石器群と同様に在地石材で製作されている。つまり、神子柴段階に至って、それまでの非在地系石材に大きく依存した石器製作の様相が一変するのである。

図5　隆起線文以前の土器 (多摩ニュータウンNo. 796遺跡)
(東京都埋蔵文化財センター所蔵)

では何故、このように石器製作が在地系石材へとシフトしたのであろうか。

現在、こうした背景として考えられる最も有力な仮説は、生活領域（移動範囲）が旧石器時代に比べて狭小化したということである。即ち、数個の石核があれば継続的に多量の細石刃生産が可能であった細石器文化では、一旦石材獲得を果たしてしまえば広範囲の移動が可能であった。硬質でしかも均一な性質の頁岩製細石核を数個携帯していれば、必要に応じて細石刃の生産が可能であることから、頻繁に石材補給をせずとも継続的な狩猟活動の遂行が可能だった。しかし単体の道具として機能する石槍の場合には補給が容易でなく、しかも広域的移動を前提とした余剰石槍の携帯は不可能である。必然的に移動範囲は前段階に比べて狭くならざるを得ず、必要に応じて原産地からの補給がなされていたものと考えられる。

そのような中で唯一の例外が当該期の指標遺跡である神子柴遺跡であり、主要石器である石槍群を見た場合にも石材は黒曜石のほか、頁岩や玉髄、下呂石など多用な石材構成が認められている。同じ神子柴文化段階の他遺跡と比べてみてもその利用石材の異質性は際だっており、この遺跡が単なる生活跡ではなくデポと呼ばれる特殊な石器集積跡であることを明示していると言えるであろう。

こうした生活領域の狭小化現象は、無論、石器群の組成や技術的変化が要因ではなく、植生やそこに生息する動物相などと言った生活環境の変化こそが主要因であったと考えるべきであろうが、現在のところそれを示す資料は発見されていない。唯一、その例証として挙げられるのが当該期における土器群の出現であり、多摩ニュータウンNo. 796遺跡（図5）や寺尾遺跡からは数個体分の土器が検出されている。土器を用いた資源利用の活性化も、それを取り巻く環境変化が少なからず影響を与えていたのかもしれない。

2　隆起線文段階の石材利用

（1）在地石材との結びつきの強化

　神子柴文化の指標的遺物である石斧・石槍のほとんどは、その素材となった石材をほぼ在地系に依拠するという際だった特徴を有している。とくに多様な形態を持ち、数量も多量な石槍群はそれぞれの地域内で産する在地石材を多用する傾向が著しく、その典型的な姿を東京都前田耕地遺跡や神奈川県寺尾遺跡に認めることができる。この段階では石材産地（露頭・河原）付近に産する豊富な原料を用いて多量の石器製作を行っている事例が多い。

　こうした石材利用の姿は続く隆起線文段階に至っても基本的に変わることがなく、南関東地域における同段階の良好な石器群が検出された神奈川県花見山遺跡でも、石槍は在地系石材である安山岩（黒色）とチャートによってほぼ占められた状況が窺われる。石槍よりも器体整形の度合いが高く、したがって細部加工割合の増大する有茎尖頭器となると、より硬くて緻密なチャートを利用石材として選択する傾向が増すが、在地系石材である点に変わりはない。編年的に後続する東京都万福寺遺跡でも、出土した有茎尖頭器群は黒色安山岩と共にチャートの占める割合が大

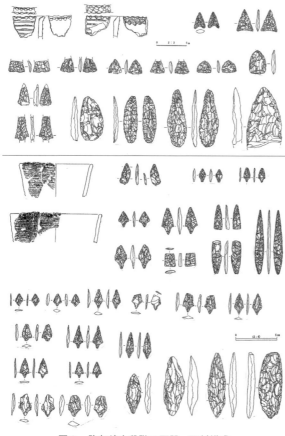

図6　隆起線文段階の石器・石材構成
上：小島田八日市　下：星光山荘

きいという同様な傾向を示している。
　そうした一方で同じ神奈川県域でも相模川を隔てた丹波山系に近い宮之前南遺跡では、隆起線文後半段階にあっても黒曜石の利用頻度が非常に高くなっている。黒曜石を用いた有茎尖頭器は全体の4分の1、チャートと同数量の石器が黒曜石製で、ほかは安山岩や凝灰岩などといった相模野地域で通有に認められる石材利用の姿を留めている。本遺跡における黒曜石製有茎尖頭器の存在はその地理的位置から判断して近接した伊豆半島産のものと考えられ、丹沢山系に位置した遺跡立地から判断するならば伊豆方面の石材が用いられる点は当然とも言える現象であり、本例も当該期石器群が在地系石材への強い依存傾向を示す好例と捉えることができるであろう。
　さて、このような在地系へと強く依存した隆起線文段階の石材利用の姿は、決して南関東地域にのみ限られたものではない。同じく隆起線文後半段階に属する群馬県小島田八日市遺跡や長野県星光山荘遺跡、同中島B遺跡などにおいても同様に在地系石材への高い依存傾向を指摘することが可能である。群馬県小島田八日市遺跡では利根川流域で採取される安山岩や頁岩を用いて石槍、有茎尖頭器、そして石鏃が製作されている（図6上）。また、一部石鏃には渡良瀬流域産と考えられるチャート製の例も散見される。
　長野県北部に位置する星光山荘遺跡では在地（信濃川中流域）産の安山岩を多用し、次にやはり在地産と考えられる頁岩を用いて石槍、有茎尖頭器が製作されている（図6下）。ここから出土した1点の石鏃は黒曜石製であり、小型有茎尖頭器も黒曜石を用いたものがある。細身の石槍は頁岩製に限られ、石鏃と黒曜石という対応関係と同様に製作される形態や型式によって石材選択がなされていた可能性を示唆している。一方、黒曜石原産地を背後に控えた岡谷市の中島B遺跡では石斧を除き、多量に出土した石槍はほぼ例外なく黒曜石が用いられていた。
　以上のように隆起線文段階の各遺跡における利用石材は、一見するとチャートや安山岩、黒色頁岩、頁岩、黒曜石などと多様な姿と受け止められがちであるが、しかし、遺跡周辺の石材環境に目配せするならば、そのいずれも隣接地や近接地に産出する在地系石材であることが容易に理解される。石槍や有茎尖頭器、そして石鏃といった当該期石器組成は地域を越えて共通するが、それぞれの石器製作については各地に産する緻密な在地石材に依存した姿が指摘できるのである。

（2）石材選択に見る地域性の強化

　このような在地系石材への依存程度の高さが、隆起線文段階を特徴付ける石器群の器種を越えて見出される点は見落とすことができない。石槍から有茎尖

頭器を介して石鏃へと至る草創期を代表する石器形態の変化は、概ね各々の出現が時間的な変遷として理解されるだけでなく、形態・側縁・器厚整形において順次、より高度な加工技術を伴う技術的な変化と捉えることができる。当然のことながら製作に際してはそれに見合う、高度な加工技術を支えるに足る石材選択がなされなければならない。上記器種の変遷に連動するかのように石槍などの大型両面加工石器製作での均質な安山岩・凝灰岩が主要石材と選択される段階から、有茎尖頭器や石鏃などの製作に適した硬質で緻密なチャート・頁岩へと石材選択がシフトしている。
　その一方で硬質頁岩や黒曜石など、いずれの条件をも満たす良好な石材に恵まれた環境下では、器種を越えて通時間的にそれらの石材に高く依存することとなる。実際に北海道（黒曜石・頁岩）や東北（頁岩）、瀬戸内（サヌカイト）、北部九州（黒曜石）などの地域では石器製作に際して多様な石材構成はほとんど認められていない。そのような意味からも関東地域は他地域では認められない多様な石材構成を持つ、ある意味では列島内でも希有な地域社会と言うことが可能なのである。
　いずれにしても、隆起線文段階では前段階の伝統を受け継ぎつつ、より一層在地系石材への依存を強めて石器装備を整えていたと言うことができる。それは高度の製作技術を要する石鏃の出現を迎えた後半段階に至っても基本的に変わらず、在地のチャートや頁岩類などといった細部加工に耐える在地系の良質な石材を多用するという適応を確認することができる。一部で指摘されてきたように細部加工を特徴とする石鏃の出現が黒曜石という石材と強固に結びついた、換言するならば石鏃の出現が黒曜石の原産地開拓と相関関係を成立させている、との見解を支持する事実を見出すことは困難と言えよう。
　隆起線文段階における在地系石材への依存度の高さと関連して見落とせないのが、近年増加しつつある隆起線文土器群で指摘されている地域性（型式差）との関係である。例えば、細隆起線文から微隆起線文へと至る隆線の多条化現象は、必ずしも地域間で共通した普遍的現象ではなく、しかもその隆線の加飾・構成（波状や刻み目、横位と縦位の組み合わせ）に至っては地域単位に独自な様相も認められている。こうした現象は石器製作における在地系石材への依存度の大きさとも決して無関係ではあるまい。最も重要な生活資材（石器石材）の獲得を在地に依拠しているという現象は、土器利用による定着性（文様の地域化＝型式化）と関係した当該期における生活領域の狭小化現象と何らかの相関関係があったことを予想させているのである。

3　隆起線文以後の石材利用

(1) 石鏃石器群の出現

　隆起線文に続く爪形文土器段階に至り、草創期石器群にはさまざまな変化が認められるようになる。先ず最も注目されるのは組成変化であり、それまで石器組成の主体を占めていた石槍や有茎尖頭器は激減し、多くの遺跡ではほとんど認められなくなってしまう。変わってこの段階から石器組成の主体となるのが、縄文時代を特徴付ける代表的石器とも言うべき石鏃である。

　石鏃の出現がどの地域に何時の段階から認められるのか、まだ明らかとはなっていない。だが、資料的に豊富な中部日本地域を念頭に置く限り、隆起線文の中段階には確実に石鏃は存在している。その後、徐々に石器組成内での安定性を高めていき、隆起線文の後半段階では花見山遺跡や埼玉県ハケ上遺跡を典型とするように有茎尖頭器との拮抗した状況を示し（図7）、その後の爪形文土器段階に至りほかの石器を凌駕した数量を保持するようになる。有名な長野県曽根遺跡や埼玉県宮林遺跡、神奈川県深見諏訪山遺跡などがその典型であり、いずれの遺跡でも石器群の圧倒的多数が石鏃およびその関連資料によって占められていると言ってよい。

　さて、神子柴文化以後の主要石器の編成を概略的に述べるならば、石槍→石槍＋有茎尖頭器→有茎尖頭器＋石鏃→石鏃とすることができよう。こうした主

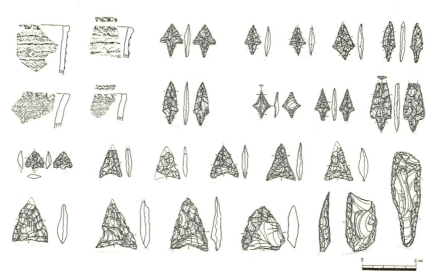

図7　隆起線文段階の石鏃石器群（ハケ上遺跡）

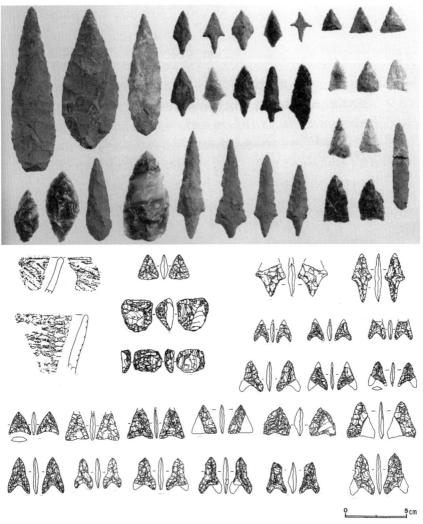

図8 隆起線文段階の石器群（花見山遺跡）と爪形文段階の石器群（深見諏訪山遺跡）
（上：財団法人横浜市ふるさと歴史財団埋蔵文化財センター所蔵　下：大和市教育委員会蔵）

　要石器の変遷は、地域や遺跡によっていずれかの石器が凌駕したり、少量となったりといった偏在性を持ちつつも、基本的な移り変わりについては列島内でほぼ共通していると考えてよい。以後、列島各地では植生や動物相など生態系の違いを反映するように多様な土器型式が生み出されるものの、石鏃について

は全国的に極めて共通した様相を、通時間的に保ち続けてゆくのである。
　ここで石鏃出現に至る各種石器群の型式変化や技術的推移について触れる余裕はないが、「突き槍」（石槍）あるいは「投げ槍」（有茎尖頭器）などから「弓矢」（石鏃）への移行は、石器それ自体の製作技術的意義は当然として、石材の確保や石器製作やその使用方法に関わる技術面での変革意義も大きかったものと考えられる。次に、その点を具体的に述べていくことにしよう。

（２）石器運用の変化

　最初に花見山遺跡の石器群を取り上げ、石鏃出現の意義について考えてみよう（図8）。この遺跡は出土した土器から明瞭なように若干の時間差が存在するものの、石槍、有茎尖頭器、石鏃という草創期を代表する石器が安定して検出されており、相互の関係を考える場合に良好な情報を与えてくれる。ここではとくに各々の石器重量に着目して見よう。それぞれの石器重量を見ると、石槍（平均18.5 g）が有茎尖頭器（2.2 g）に比べて5～6倍、さらに石鏃に至ってはその重量（1.2 g）は有茎尖頭器に比べても僅かに半分程である。こうした重量比の違いは、大凡その形態的な相違（大中小）にも結びついていると言えるが、石器形態や重量の違いは、その運搬や装備、そして使用方法などといった広範囲に影響を及ぼしたものであった点で見逃すことができない。こうした一連の過程を仮に石器の運用形態と表現しておこう。

　最も重要な点は、各石器がその運用形態を異にしている点にある。左右対称形の木葉形を基本とし横断面が凸レンズ状を呈する石槍は、石材産地において両面加工体（略製品）に仕上げられているのが通例である。その最大の要因は各地の石槍製作工程を示す接合資料が明示するように、対称形の石槍形態を製作する際には角礫や大型剥片の全周を数回にわたって整形加工していくことにある。石槍製作では恐らく数十 g の石槍を製作するために、少なくとも1 kg程度の石材を用意しなくてはならない。大型の石材・素材を何度にもわたって加工し、小型で精巧な石槍を作り出しているのである（図10）。こうした変形度の高い石器であるが故に、原産地で素材を獲得した後に集落などに持ち込んで加工することはせず、各地の製作遺跡に見られるように原産地で一挙に石槍形状（原形）へと仕上げてしまうのである。

　石槍原形はほぼ未製品状態に仕上げ

図9　石器埋納：デポ（宮城県野川遺跡）
　　　（仙台市教育委員会所蔵）

られており、移動生活に際して人々はそうした石槍の原形を携帯し、必要に応じて細部加工を施して完成品へと仕上げていた。それでも移動生活を送るなかで多量の石槍原形を恒常的に携帯するには、さまざまな不都合が在ったことから移動の経路や特定の場所に原形を仮置きし、必要な時点で随時石槍を補給していたものと考えられる。これが所謂「デポ」と呼ばれる石器埋納の姿と判断してよいだろう（図9）。

　一般的にこの石器埋納は加工程度の割合の高い、即ち素材となる礫や剥片の形状を大幅に変革する両面加工石器に限られている。この石器埋納行為は原産地での集中的製作という作業効率、並びに移動生活に伴う可搬性という経済的効率を主な要因とする優れた社会的適応だったとも評価される。また、注視しなくてはならない点は、特定の場所への石器埋納という行為は、一方で集団の活動領域が固定化しつつあったこと、その領域内での移動生活が特定経路の反復を通じて行われていたことも、同時に予想させていることにある。こうした現象も在地系石材に大きく石器製作を依存する姿との齟齬はない。この石器埋納という行為は神子柴文化から隆起線文段階にかけて認められ、それ以後は激減するが、それは石槍・石斧と言った大型の両面加工石器の消長と機を同じくしていると判断してよい。

(3) 石鏃製作に見る変革

　さて、爪形文段階に至り石器装備の中心が石鏃へと移行すると同時に、上記のような石器の運用形態は大きく変化する。石鏃製作で多用される硬く緻密な

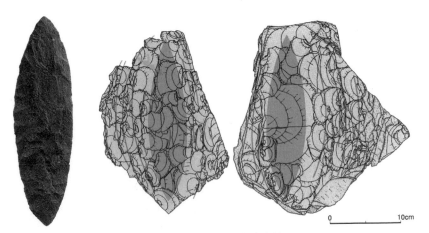

図10　石槍とその製作工程を示す接合資料（八風山遺跡）
　石槍（左）を作る場合、大きな礫を数段階にわたって加工する。完成品（アミ部）は素材礫の数十分の一の重量しかない。

石材であるチャートや頁岩、黒色頁岩などの原産地での製作跡は見出せず、当然だが未製品などの埋納行為も見当たらない。当該期ではその圧倒的多数が遺跡内に石鏃製作の痕跡を留めており、その多くで製作途上で生じた欠損品や素材となった厚手の剥片や楔形の石核群が検出される。石核やその素材となる剥片あるいは石鏃素材となる小型剥片などを遺跡内に持ち込んで、適時、石鏃を作り出すという行為が基本的な石鏃製作の姿と理解されている。

石鏃製作の素材を作出する石核は総じて小型であり、上下端から剥離を加える両極技法の痕跡を留めた楔形石核と呼称される例が圧倒的に多い。また厚手の剥片も多く見られ、それらは小型石器である石鏃製作のために準備された石核素材であった蓋然性が高い。素材と完成品とを比較した場合、やはり石鏃も変形度は高いものの、剥片の周辺調整を経て石鏃形態が作り出されることから、素材と製品との重量比の変化は石槍などと比較した場合には桁外れに小さかった。

そもそも石鏃自体が小型であることに加えて、石核や厚手の剥片の携帯はその重量からしても移動生活に支障をきたすことは無かったと考えられ、移動先で適時、必要に応じて石核から剥片を剥離すれば 1 個の石核から十数点程度の石鏃製作は可能であったに違いない。数十 g の石核数個を携帯することは何ら移動生活の妨げになっていたとは考えられず、必要とあらばその消費を通じて 100 個程の石鏃製作も可能となる。数個の石核を持ち歩くことはその数十倍もの数の石鏃を常に携帯しているのと同じ意味を持っていたのであった。

在地系石材に加えた非在地系石材の利用、とりわけ黒曜石の本格的利用はこの爪形文土器段階以後に顕著となることが各地の出土資料から窺い知れる。それはあたかも各地の在地系石材によって生成されてきた地域性を横断するように、非在地系石材である黒曜石が拡散していく状況として解することができる。恐らくそうした背景には、石鏃製作に関わる一連の運用形態の変化が主な要因として影響していたものと推察される。だがその反面で見落とせない事実は、黒曜石利用の形態は、地域差のみならず遺跡によっても著しい差異が認められるという点である。次にこの問題について具体的資料の検討を行っていこう。

（4）利用石材の差異

南関東地域における爪形文土器段階の代表遺跡である深見諏訪山遺跡からは、土器と共に安定した石鏃の出土が報告されている（図 8）。しかしその石材の大半はチャートであり、それに続く凝灰岩、玄武岩等も在地系石材であり、黒曜石製の石鏃は僅かに 1 点に留まっている。本遺跡に見る在地系石材への強い依存形態は、基本的に先行する隆起線文段階と何ら変わるところがないものの、現状で南関東地域では当該期の資料は他になく、こうした様相の背景を探ることはできない。

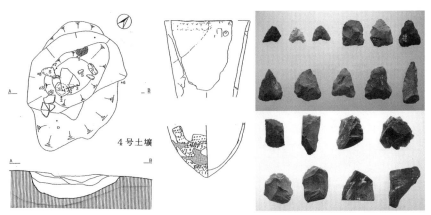

図11 下宿遺跡4号土壙と出土遺物
上:在地系石材を用いた石鏃 下:黒曜石製石核

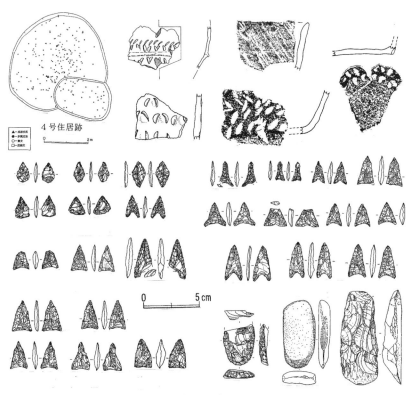

図12 石鏃石器群(宮林遺跡)

これに対して北関東地域での資料は比較的豊富である。とくに群馬県下宿遺跡の4号土壙からは黒曜石製石鏃と共に、石核、剥片、砕片など3,500点余りの黒曜石が出土しており（図11）、非在地系石材である黒曜石を遺跡内に持ち込んで石鏃を製作していたことが明らかである。同じ群馬県内には爪形文から押圧・回転縄文期の五目牛新田遺跡や白井十二遺跡があり、共に黒曜石に高く依存した石鏃製作の姿が見られ、出土した石鏃の半数以上が黒曜石製である。同時期の埼玉県滑川打越遺跡でも石器総点数は少ないものの、ほぼ黒曜石によって占められた石鏃製作の痕跡を認めることができる。
　このような北関東地域での様相からは、当該期から非在地系石材である黒曜石利用が一般的な傾向になったと理解されそうであるが、実在する資料はより複雑な状況を物語っている。五目牛新田遺跡と同段階である同じ群馬県西鹿田中島遺跡では、石鏃製作に際しての黒曜石利用頻度は低く、在地系である黒色頁岩やチャートを用いた石鏃製作が中心であったことが明らかである。
　同様な石鏃石材構成は埼玉県宮林遺跡からも報告されており、石鏃の半数以上はチャートを用いて製作されている（図12）。これに続きやはり在地系石材と考えられる黒色安山岩、頁岩が石鏃石材として使用され、非在地系石材である黒曜石を用いた石鏃は菱形、五角形を呈する特定型式に留まっている。これらの石鏃は製作の痕跡を留めていないことから、他遺跡からの搬入品であるのは間違いない。
　このような遺跡を単位として顕在化した在地系／非在地系石材への依存度の高低は、出土土器を見る限り時間（時期）差とは考えられない。しかも五目牛新田、西鹿田中島と打越、宮林のそれぞれの遺跡は、ほぼ同一空間内に所在する空間的にも相互に隣接した遺跡群と捉えることができる。地域性の基に使用石材が異なっているとは到底考えられない。では何故、同一地域内に位置する同一段階の遺跡で石鏃製作に用いられる石材に大きな違いが生じることになったのであろうか。

（5）石材利用の偏在性
　黒曜石製石鏃が安定して検出されている遺跡には、その製作過程で生じる剥片・砕片ばかりでなく石核までもが確認される事実は重要である。西鹿田中島遺跡や宮林遺跡では、黒曜石製石鏃の製作痕跡を見出すことができず製品だけが数点残されているという状況が見られた。その一方で下宿遺跡には黒曜石製石鏃のみならず、石核や剥片・砕片などといった石鏃製作に関わる一連の遺物が検出されている。こうした製作痕跡を残す遺跡と残さない遺跡との違いは、生活拠点を変えつつ移動していた当時の生活形態を反映したものであり、決して時期の違いや違った集団によって残されたものとは考えられない。

図13　白井十二遺跡出土の黒曜石原石・石核と製作された石鏃
　　　（群馬県埋蔵文化財調査事業団所蔵）

　前述したとおり、石鏃製作に際しては石核やそこから剥離された石鏃素材用の剥片が不可欠であり、移動に際して人々は必要に応じた（使用する石鏃量に見合う）素材を石核や剥片の状態で常に携帯していた。石鏃製作に最適な石材である黒曜石を入手（獲得）した直後、人々は専ら黒曜石を用いた石鏃製作を行うものの、当然のことながら移動に伴う時間的経緯と共に非在地系石材である黒曜石は徐々に減少してくる。そうした黒曜石の減少に反比例するように在地系石材の利用が増大する。西鹿田中島や宮林両遺跡における少量の黒曜石製石鏃は、そこに移動する以前の遺跡で製作されたものが持ち込まれたものなのであろう。石核は勿論、剥片や砕片などといった石鏃製作過程で生まれる石屑が全く認められないことが、こうした状況を如実に物語っている。
　その一方で、黒曜石入手直後に残された遺跡では逆の状況が表れている。群馬県白井十二遺跡は爪形文～押圧・回転縄文段階に属する。利根川の低位段丘上に位置するこの遺跡を約20km程さかのぼれば、黒色頁岩を河床礫として豊富に含む赤谷川との合流点である。しかし、ここから出土した石鏃61点のうち57点は黒曜石製で、ほかにも黒曜石製の石核や大型剥片、砕片などが多数出土しており、黒色頁岩やチャートなど在地石材を用いた石鏃は少量である（図13）。石鏃石器群に占める在地系／非在地系の構成は、西鹿田・宮林遺跡などと全く逆の様相を示し、本遺跡が黒曜石入手後に残されたことを示唆している。遺跡内には石鏃製作に準備された石核や大型剥片を含む18点の黒曜石が貯蔵された土坑も検出されている。
　群馬県下の草創期遺跡で石鏃用石材として多用される黒色頁岩の産地を間近

194　第Ⅳ章　集団の移動と軌跡

にしながらも、それを使用せずに黒曜石を多量に消費して石鏃を製作している背景には、遺跡形成が非在地系石材である黒曜石を入手した後に形成されたからにほかならない。しかも本遺跡では黒曜石の分析から、それらが霧ヶ峰、和田産であることが判明している。

同様に在地系石材と共に非在地系黒曜石の利用を取り込んだ様相は、静岡県東部の草創期遺跡にも認められている。愛鷹山麓に位置する葛原沢IVは押圧縄文段階の遺跡であり、ここの1号住居内から出土した石鏃はチャート、頁岩などの在地系石材を用いているが、遺構外の包含層から出土した石鏃のほとんどは黒曜石（霧ヶ峰系が主体）製によって占められている。同時期の富士川水系にある大鹿窪遺跡でも、遺構を単位として石鏃製作に使用された石材が在地系に偏在したり、あるいは非在地系の黒曜石に偏在した様相を示している。これも黒曜石入手後に石鏃製作を行った痕跡、その後の移動に伴い黒曜石を使い果たした結果に在地系石材を補充して石鏃製作を進めていた、それぞれの状況を明瞭に伝えていると理解される。いずれにしても利根川上流域で認められたのと同様な石材利用形態、それまでに在地系石材に偏重した石器製作に加えて、非在地系石材である黒曜石を石器製作に取り込むことによって、小型両面加工石器としての石鏃製作を安定的に進めている事実は重要である。

4　草創期における黒曜石利用形態

（1）石材利用の推移

神子柴文化から隆起線文文化へと至る過程においては、石器組成を始めとして大きな変革を見出すことは困難である。石斧や石槍など石器群の型式学的な変化についても、土器型式のように時間・地域差だけでなく、石材の利用し易さや保有状態などの石材環境、あるいは刃部の再生や再加工などと言った変形論の観点からの解釈も可能である。そのような多角的な検討を踏まえると、草創期の石器群は石鏃出現に至るまでは基本的に大きな変化を見出すことは困難と判断されてくる。

すでに述べたように神子柴文化から隆起線文段階に至り、石器製作に際しての在地系石材への依存はより一層顕在化しているようであり、その様相は先行する細石器段階とは大きな違いを指摘することが可能であった。こうした石材利用の形態は、とくに在地／非在地といった石材認定が容易な関東地方においては明瞭であるが、ほかの良質石材に恵まれた地域や単一石材を多用した地域では不鮮明との印象は拭い得ない。

しかしながら、他地域でも同様に在地系石材へと依存度を高めていたことは間違いないようで、黒曜石原産地を控えた長野県南部地域でも神子柴文化（上

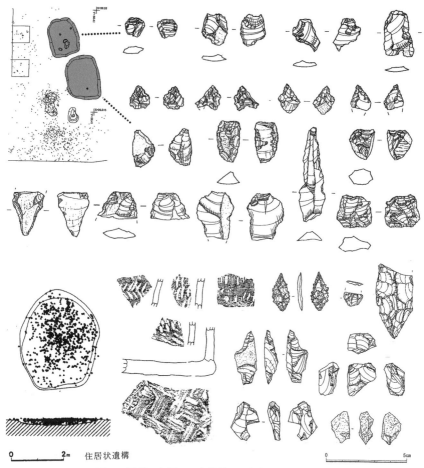

図14　黒曜石を用いた小規模な石鏃製作を示す遺跡
上：五目牛新田遺跡　下：滑川打越遺跡

ノ平、踊場) から隆起線文期 (中島B) へと通時間的に在地石材である黒曜石によって石器製作がまかなわれている。その一方で北部の野尻湖周辺の草創期遺跡 (星光山荘、仲町) では、安山岩や頁岩など在地系石材を用いた石器製作が主体で、黒曜石製の石器は石槍にしろ石鏃にしろ極めて少量となっている。長野県北部は最も近い黒曜石原産地 (男女倉、和田峠、鷹山) からは80km程の距離を隔てているに過ぎないが、石材構成から判断する限り黒曜石はあくまで生活領域外に産する非在地系石材であったと判断されるのである。

196　第Ⅳ章　集団の移動と軌跡

（2）石材の消費と移動

　隆起線文後半段階に至って、草創期石器群の大きな変革と認識される石鏃石器群へのシフトを果たすが、しかし在地系石材への依存度の高さは変わるところがない。従来に比べより小型で平面・断面双方の微妙な器体整形（＝押圧剥離）を要求される石鏃製作に際して、多くの遺跡では在地系統の緻密石材を多用することでその技術的な適応を図っている。この点に関しては、石鏃以前に同じく押圧剥離を多用する小型両面加工石器である有茎尖頭器群の製作に際して、先行的な技術適応が果たされていた蓋然性は高い。

　非在地系石材である黒曜石を多用するという石材利用形態の変化は、続く爪形文を経て押圧・回転縄文段階に求められると考えてよいだろう。何故ならば五目牛新田遺跡や滑川打越遺跡では、非在地系石材である黒曜石の獲得・消費が領域圏内の移動のなかに明確に組み込まれた状況を垣間見ることができるからである（図14）。その一方で黒曜石製石鏃が製作痕跡を伴わずに、製品としてのみ遺跡内に持ち込まれている例が存在した。そこでは消費し尽くされた黒曜石に代わって、石鏃製作はチャートや黒色頁岩などといった在地石材に依拠した状況を留めている。宮林遺跡や西鹿田遺跡などがこれに該当しよう。

　同一時期でほぼ空間を同じくするこれらの遺跡内での黒曜石と在地石材との相関関係からは、移動生活のなかで黒曜石の確保がなされた直後は、その黒曜石の消費を通じて石鏃製作が遂行されていたことを示している。しかしその後、移動に伴って非在地系石材である黒曜石は徐々に減少していき、それに反比例するように在地系石材による石鏃製作が本格的になされていく。このためにそのような遺跡では搬入品としての黒曜石製石鏃が少量認められる一方で、在地系石材による石鏃が数多く残されることとなる。恒常的な石鏃製作を支えるために非在地／在地それぞれの石材は、補完的な関係を成立させたのであった。

　両者の偏在性が遺跡ごとだけでなく遺構単位でも顕在化している背景には、黒曜石の確保が決して偶発的ではなく計画的かつ周期的であったことを彷彿とさせている。移動の範囲（距離）と周期性を念頭に、何時の時点で黒曜石を入手するか、それを計画的に消費しつつどの時点から在地系石材を補充するのか、などといっ石材の補充、消費に関わる適応形態が完備されていたと考えるべきなのであろう。

（3）黒曜石採掘の様相

　さて、こうした石材利用に関わる社会的適応を支えていたのが、黒曜石原産地およびその周辺での石材供給にあった点は疑いない。原産地遺跡として有名な長野県鷹山遺跡を見てみよう。この遺跡で検出された百箇所を優に上回る採掘坑が特定時期に形成されたものではなく、縄文時代を通じて継続的に形成さ

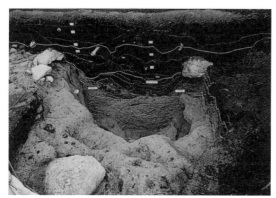

図15　黒曜石の採掘坑跡（鷹山遺跡）
（明治大学考古学研究室『長野県鷹山黒耀石原産地遺跡群の研究』1999より）

れたものであることは間違いない。しかしながら、地中深くに包含された黒曜石原石の採掘行為の開始が縄文時代草創期にあったことは明白であり、出土土器から判断する限りそれは押圧・回転縄文段階に相当したと判断して間違いない。

今後、鷹山遺跡やその周辺の原産地遺跡で押圧・回転縄文に先行する土器が発見される可能性も否定し難いが、明確な時期判断がなされた採掘抗（1号竪坑）が石鏃石器群の出現時期と重なっているのは偶然とは思われない。小型両面加工石器の代表的な石器である石鏃、その薄く左右対称の形態を作り出すためには均質で加工し易い黒曜石は最良の石材である。石鏃石器群へのシフトが黒曜石の需要を高めた結果、鷹山遺跡で検出されたような原産地での採掘活動の開始と活性化の引き金になったものと思われる。

図15・16に見るような鷹山遺跡での黒曜石原石の獲得を目的とした竪坑は、土層堆積状態から判断すると極めて複雑な状況を呈しており、掘削方法については見解の一致を見ているとは言い難い。そのような中でとくに注目すべき点は、掘削した竪坑やその周辺空間の断続的利用であると考えられる。このために竪坑内には自然堆積土層のみならず、以前に形成された崖面を掘り込みつつ、古い竪抗を埋めていくという、交錯的な行為の形跡を随所に留めている。即ち同一空間・箇所を中心に継続的に掘削しつつ黒曜石原石を獲得するという、累積的な採取行為が複雑な土層堆積に反映されたと見るべきなのである（図15）。

また土層中には埋土だけでなく、シルト質の白色粘土層の発達に見られるように明らかな採掘活動の中断を示す痕跡も留めている。これは採掘行為で生じた窪み部分に、雨水や積雪が溜まった結果に形成された蓋然性が高い。同様な土層が随所に見られることから、実は採掘作業が短期間でなされた集約的なものではなく、小規模な採掘行為が断続的に累積した結果と見なすべきものであったことを示唆している。

そもそも鷹山遺跡の所在する場所は、標高1,500ｍの針葉樹林に囲まれた高原地帯に相当し、立地環境から判断して黒曜石採掘活動は季節的限定を伴って

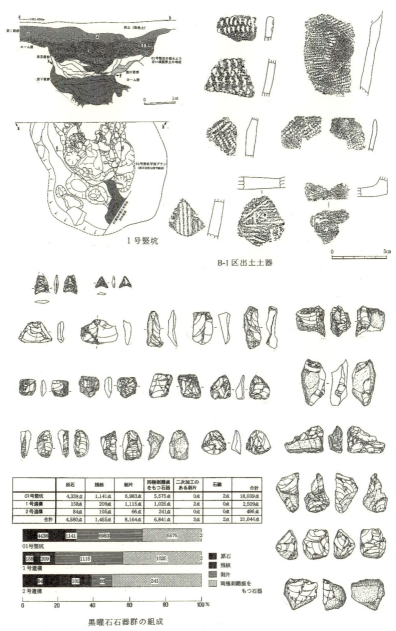

図16 鷹山遺跡の採掘坑と出土遺物

図17　曽根遺跡から採集された土器と石鏃
（『諏訪市史　上巻』より転載）

いたと理解される。諸条件を勘案するなら採掘活動が通年的に行われたとは到底考えられず、土層堆積から推定された断続性は主にそのような自然的要因（冬季期間における採掘行為の中断）も反映しているのかもしれない。いずれにしても黒曜石原石の採掘は小規模であること、しかも季節に左右された限定的なものであった可能性は十分に考慮しておく必要があろう。

（4）原産地と周辺の石鏃製作

　さて、鷹山遺跡に代表されるように原産地で黒曜石原石の採取（採掘）がなされた後、その黒曜石はどのようなかたちで消費地とも言える周辺部の遺跡へと流通していったのであろうか。

　最初に確認しておくべき点は、鷹山遺跡から発見された石器群の特徴についてである。出土遺物は大量の原石、残核、剥片そして両極剥離痕を持つ石器と区分されており、石鏃などの定型的な石器はほとんど発見されていない。こうした石器組成に加えて台石や敲石の突出した出現率も、原産地遺跡としての特徴を明示していると言えよう。原石や石核は比較的小型であり、石鏃素材とも考えられる剥片も小型で薄手である。原石、石核、そして剥片の三者が石鏃製作のために持ち出されていたと判断してよいだろう。いずれにしても原産地では、採掘と原石の整形、そして石鏃素材の剥離といった持ち出しに際しての一

次加工がなされたのみで、それ以後の石鏃製作や未製品への加工は一切なされていなかったと判断して間違いない。

八ヶ岳周辺の黒曜石原産地に近接した草創期遺跡として有名な諏訪湖底曽根遺跡があり、ここは西霧ヶ峰や和田などの原産地からは僅かに10km程の距離を隔てているに過ぎない。曽根遺跡からは主に黒曜石製の石鏃、同未製品、そして石鏃素材剥片、石核、剥片、砕片などを含む膨大な石器群が採集されており、一緒に採集された土器からこれらの石器群も爪形文段階であることは間違いない（図17）。おおよそ鷹山遺跡での黒曜石採掘と同時期に残されたと考えてよいだろう。

曽根遺跡からは原石─石核─剥片─未製品─石鏃という遺物組成に加えて、数万点にも及ぶと言われる石鏃が採集されているが、その約半数は未製品と言われている。こうした点からも本遺跡が石鏃製作に特殊化した遺跡と評価されている点に疑問を挟む余地はない。また、本遺跡が原石や石核、石鏃素材剥片として持ち込まれた黒曜石を加工して、すべてを石鏃として製品化するのではなく、石鏃素材としての未製品を大量に製作してそれをさらに遠方の遺跡へと流通させる機能を果たしていた可能性もある。

恐らく原産地に形成された鷹山遺跡などでは、黒曜石原石の採掘後にその整形や石鏃素材の剥離と言った持ち出しを目的とした一次加工が施されていたと考えられる。無論、良質な原石はそのままの形で持ち出されていたに違いない。持ち出し用に加工された黒曜石石材は一旦山から麓へと運ばれ、そこで本格的な石鏃製作が行われていた。ただし、それは剥片剥離や調整加工を通じてすべてを製品に仕上げる類のものではなく、むしろ石鏃未製品の製作にも大きな目的があったと考えられる。曽根遺跡に見られる大量の石鏃関連資料は、いずれにしても1遺跡や1集団の関わりのなかで理解し得るものではなく、黒曜石原産地から離れた他地域集団への供給という機能を担っていたと理解すべきものであろう。原石、石核、素材剥片に加えて未製品という石鏃製作に関わる一連の黒曜石製の石鏃工程品を製作し、それらが仕分けされたうえで原産地を離れた地域へと持ち出されていったのだろうか。

さて、原産地近くには曽根遺跡のような石鏃製作に特化した遺跡が形成されていた一方、原産地を離れた遺跡ではどのような黒曜石を用いた石鏃製作の痕跡が認められるのであろうか。群馬県の下宿遺跡を再度取り上げて、この問題を考えてみよう。

（5）原産地を離れた石鏃製作跡

下宿遺跡は爪形文土器、および同時期と考えられる無文土器が出土した単一時期の遺跡で、6箇所の住居状遺構と7基の土壙が検出されている。鷹山遺跡

や曽根遺跡とほぼ同一時期の遺跡と考えてよい。本遺跡ではそれぞれの遺構を単位として石鏃製作に関わる石器石材の偏在性が明瞭に認められており（2号住居状遺構：チャート、4号土壙：黒曜石、1号住居状遺構：黒曜石＋チャート）、とくに4号土壙からは3,500点を越える石鏃製作に係る黒曜石製の剥片・砕片が検出されている。

こうした在地系石材と非在地系石材による遺構単位の偏在性は、先に指摘したように移動生活の過程でそれぞれの石材を入手・獲得、そして消費したことを反映したものと考えられる。4号土壙は黒曜石入手直後に残された遺構であり、2号住居状遺構は黒曜石が枯渇したことから在地系石材を用いた石鏃製作が行われた遺構、1号住居状遺構はその中間の状態を示すと解釈される。両者（遺構単位に黒曜石／チャートに偏在）が同じ遺跡内に存在することは、互いの遺構が多少なりとも時間差をもって形成されたこと、そして当該期の移動生活が同一空間を周遊するものであったことを示唆している。

下宿遺跡から出土した黒曜石は、石核や石鏃素材剥片のほかに石鏃未製品も検出されている。この未製品については、本遺跡で製作されたものではなく石核などと一緒に遺跡内へと持ち込まれていた可能性がある。同じ群馬県白井十二遺跡から出土した多数の石鏃の中にも、表裏面のいずれかに礫面や素材面を残存させた例が散見され、未製品の形態で黒曜石石鏃が動いていた蓋然性は高いと考えるべきだろう。

原産地を離れた遺跡では、原石や石核、石鏃素材剥片などを入手して順次、製品に仕上げていったと考えられるが、未製品状態での入手もあったらしい。東京都のもみじ山遺跡はそうした意味で注目すべき遺跡と言える（図18）。この遺跡では縦穴状の径3.5m程の不整円形遺構内（住居か土壙かは不明）から石鏃製作に関わる多量の石器が出土している。石器の中には大型の剥片や楔形石器、石鏃素材となる剥片、石鏃未製品そして製作時のものと考えられる多量の剥片・砕片が出土した。石材は玄武岩、頁岩、チャートのほぼ3種類によって占められており、チャートを除いてはいずれもこの地域では非在地系石材と位置づけられている。遺構内からの石器出土点数は水洗選別で得られた微細遺物が主体で58,000点余りにも及んでいる。そこでは玄武岩や頁岩の原石、石核が見られず、遺物の主体が微細な調整剥片であることから、ここが未製品の状態で石器を持ち込んで調整加工を行うことによって製品に仕上げた遺跡であったことを明瞭に伝えている。

原産地に近接した遺跡では、例えば曽根に見られたように黒曜石が原石、石核、石鏃素材剥片に仕分けされ、新たに未製品を加えて周辺部の遺跡へと持ち出されていた可能性が指摘された。原産地を離れた遺跡では、それらを順次加

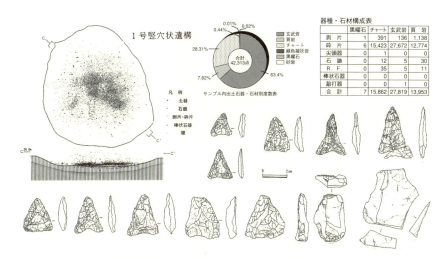

図18　未製品状態で持ち込まれた石鏃とその加工跡（もみじ山遺跡）

工して石鏃の製作を行っていた。そうした言わば消費地遺跡のなかには、石鏃未製品を持ち込み集中的に製品へと仕上げていたと考えられる遺跡（下宿遺跡、もみじ山遺跡）も存在する。このように石鏃製作の一連の過程（原石—（調整）—石核—（剥片剥離）—石鏃素材—（調整加工）—石鏃未製品—（細部加工）—石鏃）は、遺跡内で連続的に完結するばかりでなく、遺跡を単位として欠落したり顕在化したりもしている。こうした姿は石材獲得の時期や生産活動などと密接な関連性を有し、またそれを反映しているのであろう。

(6) 石鏃出現の意義

下宿遺跡やもみじ山遺跡に残された遺物の検討から、当該期においては原石や石核だけでなく素材剥片や未製品状態での石器携帯が存在したことが認められた。曽根遺跡、下宿遺跡、もみじ山遺跡に認められた考古学的事例は石鏃製作に関わる異所製作の証拠（遺跡による製作工程の違い）、しかもその製作が短期間の集約的なものであった点は極めて重要であろう。

即ち、黒曜石原産地では原石を包含する地層を掘り抜いて多量の原石獲得を行い、近接した曽根遺跡では豊富な黒曜石を用いて石鏃製作に特化したとも評価し得る集中的な石鏃製作が行われている。こうした原産地周辺を離れると五目牛新田・打越両遺跡で確認されたような少量の黒曜石消費を通じた石鏃製作だけでなく、白井十二遺跡のように原石、石核を消費した中規模の石鏃製作跡も見受けられる。こうした遺跡には石鏃未製品も同時に入手されていたらしい。

また、下宿遺跡のような石鏃製作の初期工程の存在を示す石核や石鏃素材となる剥片剥離の痕跡を残さない、恐らく石鏃未製品を遺跡に持ち込み製品に仕上げるという、細部加工（器体調整）を主に担ったケースも存在する。こうした原産地を離れた遺跡における黒曜石の持ち込み状態の違いや、その消費形態の違いを生じさせた背景は、今後の重要な研究課題と言えよう。

　石鏃の未製品状態での携帯はもみじ山遺跡の存在によって明らかである。この遺跡で多量に検出された石鏃調整剥片類はほぼ玄武岩、頁岩によって占められているが、これらは武蔵野台地では明らかに黒曜石と同じく非在地系石材と認識されるものである。恐らくこれらの石材についても、黒曜石と同様に製作の初期工程が原産地周辺の異所で遂行され、未製品のみが本遺跡へと持ち込まれたのであろう。

　原産地に形成された鷹山遺跡では採掘による原石獲得、そして多量の剥片存在から示唆される石核形態の生成が遂行され、それに続く剥片剥離、調整加工という石鏃製作工程の痕跡を留めていない。これを裏付けるように約2万点にも及ぶB-Ⅰ区出土の膨大な石器群のなかで検出された石鏃は僅かに2点だけであり、原産地における活動が原石獲得、石核整形などに特化していた実体を明瞭に伝えている。

　原産地での作業が原石、石核など石鏃製作用に黒曜石を持ち出すこと、それだけを意図したものであったからなのであろう。それらは直ちに消費地へと運ばれるのではなく、原産地近くの遺跡で種類ごとに仕分けされたり、あるいは製品や未製品の段階にまで加工されていた可能性が高い。石鏃出現期の遺跡数が未だに少ない状況で、具体的な黒曜石の動きを述べることは困難だが、近年の理化学的分析の結果は興味深い事実を提供している。それによれば北関東の爪形文段階以後の遺跡群（白井十二遺跡、五目牛新田、下宿遺跡、滑川打越）から出土した黒曜石は、霧ヶ峰、鷹山、和田などといったいずれも八ヶ岳東麓側の原産地からもたらされたものであった。複数の原産地を有する八ヶ岳山麓が分水嶺ごとに黒曜石の供給される地域を違えていた可能性も存在する。ならば千曲川水系の側にも曽根遺跡に見られたような、石鏃製品や未製品の製作に特化した当該期遺跡の存在が予想されてくるのである。

　いずれにしても、石鏃石器群の出現によって非在地系石材である黒曜石の価値・需要が高まり、それまでの地域単位の強固な在地系石材を中心とした獲得、消費、補充の形態が再編成されたことは確かであろう。移動生活の過程で非在地系石材である黒曜石入手の機会を恒常的に取り込むことで、在地系石材の獲得や消費はそれを補完するものとなった。石鏃の出現は黒曜石の需要を拡大させ、その流通を広げることによって明らかに縄文的な石器流通システムの形態

を準備したのであった。

5　まとめ

　隆起線文段階以後、石器群の主体が大型両面加工石器（石槍）や中型のそれ（有茎尖頭器）から次第に石鏃へとシフトするなかで、新たに黒曜石需要の増大がなされていく。これは黒曜石原産地という優位性を背景として、石鏃という器種が中部地方より発生・伝播したものでない点は改めて述べるまでもないが、小型両面加工石器である石鏃、しかも押圧剥離を技術基盤とする石鏃製作に際しては硬質かつ均質な材質の黒曜石は最適で、とりわけ飛距離や命中率を左右する器厚整形という点で最も優れた石材であった。石鏃を中心とした石器装備の再編成が爪形文以後、押圧・回転縄文段階に達成されたことと、原産地での黒曜石採掘が同時に開始されているという整合性は決して無関係ではあるまい。

　黒曜石原産地を背景とした集中的かつ累積的な石器製作は、石鏃石器群にのみ限定されるものではなく、それ以前の隆起線文や神子柴文化段階にも指摘されてきたところではあるが、地中にある黒曜石資源を採掘するという行為は中部日本地域ではそれまで認められない現象であったと言っても過言ではない。加えて前述したような両面加工石器という性質上、それを原産地で製品や未製品に仕上げたうえで運搬・携帯するという形態から、原産地およびその周辺で携帯しやすいよう原石加工や石核形状に仕上げ、主にそれを流通させていくという、石器供給システムの変革も看過できない。前者で特徴的に見られたデポと呼ばれる石器埋納行為も、主に両面加工石器の一つの供給システムとして機能したものであり、ほぼ石鏃石器群へのシフトと共に消滅している事実も指摘しておかなくてはならない。

　神子柴文化から隆起線文文化へと続く石槍を中心とした両面加工石器群を特徴とする草創期石器群の解体は、隆起線文終末期に出現する石鏃を中核とした石器群装備の出現を契機としていると判断してよいだろう。こうした石器群の変革は従来の石材獲得戦略、供給システムなどの変化を伴う構造的なものであった蓋然性が高く、その具体的解明は今後の研究に課せられた課題でもあるが、少なくとも黒曜石に代表される非在地系石材の獲得・活用などの諸現象は、それらの結果であり決して原因ではなかった点は間違いないと言えよう。

引用・参考文献

　我孫子市布佐・余間戸遺跡調査会 1981『布佐・余間戸遺跡』
　有明文化財研究所 2005『万福寺遺跡群』
　池谷信之 2009『黒曜石考古学～原産地推定が明らかにする社会構造とその変化～』

新泉社
伊勢崎市教育委員会 2005『五目牛新田遺跡』
及川　穣 2006「出現期石鏃石器群をめぐる行為論―埼玉県滑川町打越遺跡出土石
　　　器群の分析から―」『考古学集刊』2、明治大学文学部考古学研究室
太田市 1996『太田市史』
かながわ考古財団 1998『長津田遺跡群Ⅳ　宮之前南遺跡』
神奈川県教育委員会 1980『寺尾遺跡』
笠懸野岩宿文化資料館 2000『第30回企画展　利根川流域の縄文草創期』
笠懸町教育委員会 2003『西鹿田中島遺跡発掘調査報告書（1）』
栗島義明 1995「縄文文化の成立と技術革新」『縄文人の時代』新泉社
栗島義明 2007「石材獲得と石器組成に見る縄文文化への傾斜―出現期石鏃石器群
　　　に見る黒曜石利用の変革―」『黒曜石と人類Ⅰ』明治大学フロンティア
群馬県埋蔵文化財調査事業団 1994『小島田八日市遺跡』
群馬県埋蔵文化財調査事業団 1998『白井南遺跡―縄文時代編―』
群馬県埋蔵文化財調査事業団 2008『白井十二遺跡』
埼玉県埋蔵文化財調査事業団 1985『大林Ⅰ・Ⅱ　宮林　下南原』
芝川町教育委員会 2003『大鹿窪遺跡　窪Ｂ遺跡』
須藤隆司 2006『石槍革命・八風山遺跡群』新泉社
杉原重夫 2003「日本における黒曜石の産出状況」『駿台史学』117
諏訪市史編纂委員会 1995『諏訪市史　上巻』
東京都教育委員会 2002『前田耕地遺跡―縄文時代草創期資料集―』
戸沢充則編 1999『長野県鷹山黒曜石原産地遺跡の研究』平成8～10年度科学研究
　　　費補助金研究成果報告書
長野県埋蔵文化財センター 2000『上信越自動車道埋蔵文化財発掘調査報告書18星
　　　光山荘Ｂ遺跡』
沼津市教育委員会 2001『葛原沢Ⅳ遺跡（ａ・ｂ区）発掘調査報告書』
練馬区遺跡調査会 1995『もみじ山遺跡Ⅱ』
大和市教育委員会 1983『深見諏訪山遺跡』
富士見市教育委員会市史編さん室 1986『富士見市史　資料編2　考古』
藤山龍造 2003「石鏃出現期における狩猟具の様相―有舌尖頭器を中心として―」
　　　『考古学研究』50-2
横浜市教育委員会 1995『花見山遺跡』

2　先史人類の移動形態と洞穴居住

藤 山 龍 造

1　問題の所在

　本論の目的は、（1）先史人類の移動形態に注目しながら、（2）日本列島における洞穴生活の始まりを評価し直すことである。
　いささか唐突であるが、今日、洞穴を訪れた経験のある人々はどれほど居るだろうか。おそらく、我々の日常生活のなかで、そこへ足を運ぶ機会は極めて乏しいはずである。なるほど、観光事業の一環として、各地の洞穴が一般に開放されることは珍しくない。あるいは、その探索を目的として、地中の奥深い迷路へ分け入ってゆく人々は後を絶たないようである。もっとも、これらの現象は現代社会のなかで洞穴が非日常的な存在になったことの裏返しに他ならない。
　かくして異色の存在と化した洞穴であるが、現在に至る人類の足跡を辿ってみると、そこが人間生活の主要な舞台であり続けてきたことは疑いの余地がない。現生人類が出現する以前から現代に至るまで、洞穴は居住の空間、埋葬の空間、あるいは信仰の空間といった具合に意味を変えながら、様々なかたちで我々の生活のなかに取り込まれてきた。長きにわたる人類史のなかで、それが意識されにくくなったのは、ここ最近のことに過ぎない。
　ところで、現時点で得られる確実な情報に基づく限り、日本列島に人類が到来したのは3万年前から4万年前のことと考えられる。そして、こうした極東の列島に限ってみれば、その当初から洞穴が活発に利用されてきたわけではない。むしろ、氷河時代が終焉に近づき、縄文時代を迎えるなかで、人類の活動痕跡が明瞭に残されることになる（Serizawa 1979）。この時期の生活変化と相俟って、早くから注目されてきた問題である。
　それでは、日本列島に暮らした狩猟採集民は、如何なる背景のもとに洞穴生活を営むようになるのか。これまでの議論を振り返ってみると、気候変化に原因を求める見解があれば（山内 1967）、いわゆる"定住化"と関連づける見解も認められる（小林 1996）。あるいは、これらの立場とは大きく異なって、こ

の時期に洞穴が開口することによって、それが暮らしのなかに組み入れられていったと考える興味深い見通しも提出されている（麻生 2001）。

とはいえ、そうした背景をめぐって、満足に究明されているとは言い難いようである。むしろ、主だった遺跡の正式な報告が乏しいこともあって、どうしても印象論に終始してきた観が否めない。それどころか、これまで幾度か盛り上がりを見せたことを除けば[1]、洞穴遺跡に関する議論自体が低調なまま今日に至っている、というのが実情に近かろう。言うなれば、人間生活の主要な舞台であるにもかかわらず、それが抜け落ちた状態で放置されてきたわけである。

無論、洞穴遺跡の研究にまったく展開が見られない、などと極言する意図はない。それが低調ながらも進められてきた点は、充分に評価してしかるべきだろう。それでも、ここで問い直したいのは、これまでの洞穴研究が往々にして個別遺跡の分析に留まってきた点である。あえて一般化すれば、そこでは特定の洞穴遺跡を取り上げ、遺物内容や出土状況を検討し、あるいは周辺の遺跡と対比するなかで、その機能的な位置づけを論じてきたのである。

ただし、これまで幾度か指摘してきたように、特定の遺跡を切り離した解釈には相応の限界がある（藤山 2008）。誰しもが想定するように、先史時代の狩猟採集民は複数の遺跡を渡り歩きながら生活を営んでおり、そうした動きのなかで洞穴が生活に取り込まれたと考えられる。とすれば、そこから洞穴遺跡を抜き取って検討するばかりでは、必ずしも適切な評価に結びつかないだろう。それどころか、ときに恣意的な解釈に陥ることすら危惧される。

以上の問題意識のもとに、本論では先史人類の移動形態を考慮しながら、洞穴遺跡が顕在化する意味を問い求めることにしたい。すなわち、いったん当時の人々の動きを俯瞰したうえで、そうした脈絡のもとに狩猟採集民の洞穴生活を再考してゆく試みである。点描画の個々の点が全体のモチーフのなかで輝きを増すように、洞穴遺跡を一歩下がったところから見つめ直すことによって、初めて見えてくる問題も少なくないはずである。

なお、ここまで筆者は"洞穴"と表記してきたが、それが"洞窟"と称されることも珍しくない。あいにく、両者の境界は明確でないため、本論では"岩陰"を含めたうえで、"洞穴"と総称することにしたい[2]。すなわち、それらの差異性に注目するのではなく、むしろ共通性に着目することによって、出現の背景を問い直すわけである。この意味では、個々の遺跡の相違を炙り出す試みとは立場を異にしている点を確認しておきたい。

2　日本列島における洞穴生活のはじまり

冒頭で述べたように、極東の列島に目を向けるとき、洞穴遺跡が顕在化する

には縄文時代を待たなくてはならない。以下では、その前夜を含めた状況を確認しておくことにしよう。

そもそも、地球規模で人類史を振り返れば、現生人類の出現以前から洞穴が活発に利用されてきたことは疑いない。たとえば、イラクのシャニダール洞穴（Solecki 1955）やシリアのデデリエ洞穴（Akazawa and Muhesen eds. 2003）は、その代表例である。そこには動物化石や人類化石を含めた資料が良好な状態で遺存しやすいため、早くから研究のなかで重要な役割を果たしてきた。仮に洞穴遺跡が存在しなければ、世界各地の先史研究は大きく異なった方向へ向かっていたに違いない。

こうしたなかで日本列島を眺めてみると、幾つかの洞穴で初期の生活痕跡を確認することができる。たとえば、福井洞穴〔ⅩⅤ層〕（芹沢・鎌木編 1966）では両面調整体を含む石器群が検出されており、測定年代から列島でも最古級の資料として注目されてきた。また、奥谷南遺跡（松村編 2001）や出羽洞穴（鈴木 1967）へ目を移しても、同様に先土器時代まで遡る石器群が確認しうる。その有無に限って言えば、早くから洞穴が利用されてきたことは間違いあるまい。

ただし、上記した一部の事例を除けば、先土器時代の洞穴遺跡は極めて乏しい（図1）。同時代の開地遺跡が着々と蓄積されるなかで、洞穴遺跡はほとんど上積みがない状態である。たしかに、山間部の洞穴遺跡が人目につきにくい、という事情は無視できない。それでも、縄文時代の洞穴遺跡が豊富な点を考慮すれば、そこに決定的な原因を求めることは困難である。やはり、当時は洞穴生活そのものが限られていたと考えなくてはならない[3]。

さらに、人間生活の痕跡が確認された遺跡であっても、えてして稀薄な状態に留まっている点に注意しなくてはならない。すなわち、押し並べて貧弱な資料が残されるに過ぎず、開地遺跡の濃密な資料に遠く及ばない状況である（図2）。先述した奥谷南遺跡では珍しく豊富な石器群が確認されているが、これは当地が限りなく開地に近いことと関連しているのだろう。あらためて、先土器時代には洞穴生活が乏しく、あったとしても極めて一時的だったと考えられる。

これに対して、縄文時代を迎えると、洞穴遺跡は爆発的に増加することになる。すなわち、時期的な増減こそ認められるものの、草創期や早期、あるいは後期や晩期といった時期に活発な活動痕跡が残されるわけである（八幡 1967）。それが人目につきにくいにもかかわらず、それまでとは比べがたい頻度で生活に取り込まれる点は、いまいちど注目に値するだろう。日本列島の洞穴生活は、ここに花開いたと言っても大袈裟であるまい。

それでは、今しばらく時間軸を細分しながら考えてみよう。たびたび確認してきたように、筆者は土器の出現をもって先土器時代と縄文時代を機械的に分

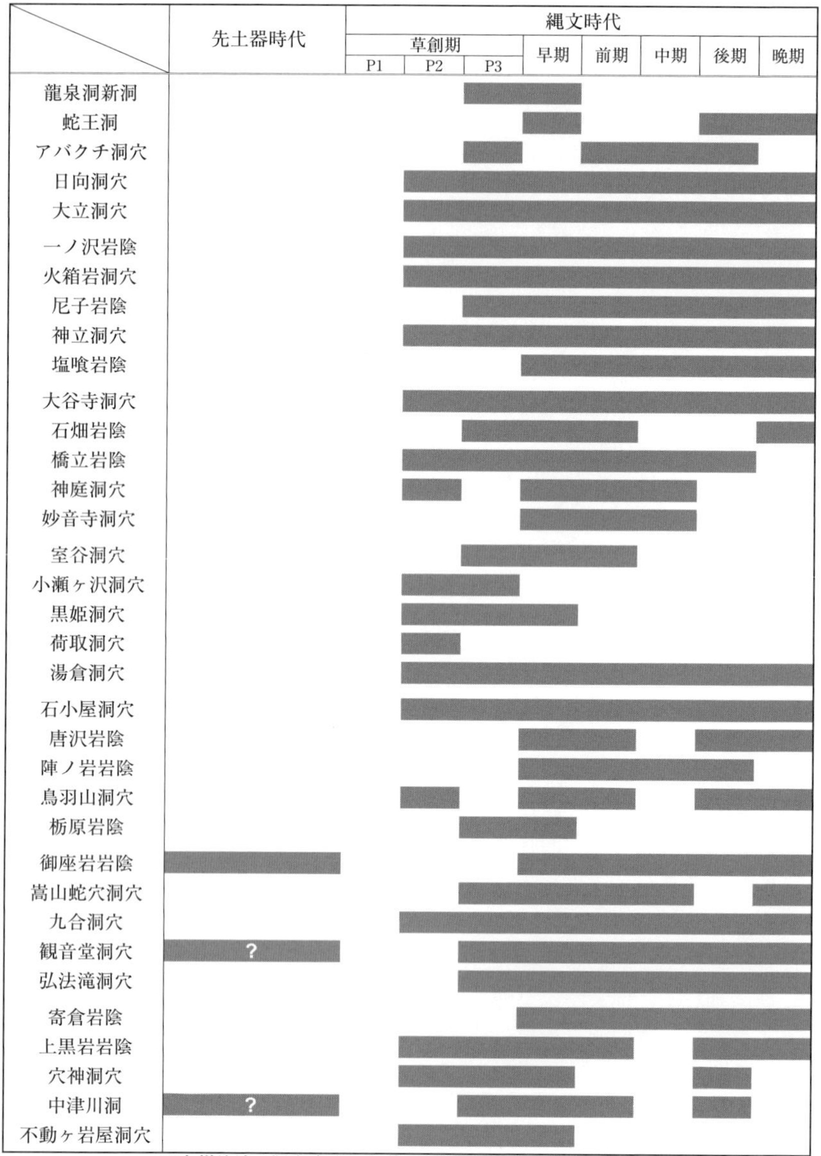

	先土器時代	縄文時代						
		草創期			早期	前期	中期	後期	晩期
		P1	P2	P3					
龍泉洞新洞									
蛇王洞									
アバクチ洞穴									
日向洞穴									
大立洞穴									
一ノ沢岩陰									
火箱岩洞穴									
尼子岩陰									
神立洞穴									
塩喰岩陰									
大谷寺洞穴									
石畑岩陰									
橋立岩陰									
神庭洞穴									
妙音寺洞穴									
室谷洞穴									
小瀬ヶ沢洞穴									
黒姫洞穴									
荷取洞穴									
湯倉洞穴									
石小屋洞穴									
唐沢岩陰									
陣ノ岩岩陰									
鳥羽山洞穴									
栃原岩陰									
御座岩岩陰									
嵩山蛇穴洞穴									
九合洞穴									
観音堂洞穴	?								
弘法滝洞穴									
寄倉岩陰									
上黒岩岩陰									
穴神洞穴									
中津川洞	?								
不動ヶ岩屋洞穴									

※九州地域の洞穴遺跡は必ずしも時間的な対応関係が明確でないため割愛した。

図1　洞穴遺跡の消長（先史時代）

図2　洞穴遺跡の出土資料（先土器時代、御座岩岩陰）

かっている（藤山 2008）。言い換えるならば、細石刃石器群の終焉をもって縄文時代草創期に至ったと見做すわけだが、この時期は大きく3段階に区分することが可能である。すなわち、隆起線文土器群に先行する段階（Phase 1）、隆起線文土器群の段階（Phase 2）、隆起線文土器群に後続する段階（Phase 3）である。

そして、こうした段階区分に基づくとき、隆起線文土器群の段階に前後して、それまでの状況は一変することが分かる（図1）。すなわち、隆起線文土器群に先行する段階（Phase 1）の洞穴遺跡は皆無に等しく、わずかに帝釈峡・馬渡岩陰遺跡（潮見・川越・河瀬編 1978）が挙げられている程度である[4]（栗島 2005）。また、さらに先行する細石刃石器群の段階を含めても、洞穴遺跡は実に乏しい[5]。それ以前からの状況を踏襲して、洞穴生活は極めて低調であったと考えられる。

一方、隆起線文土器群の段階（Phase 2）の洞穴遺跡は、枚挙に暇がないほど豊富である（図1）。地域によっては開地遺跡を数的に凌駕するなど、それ以前の状況とは著しい差があることが理解されるだろう。たとえば、古くから注目されてきた米沢盆地東端の洞穴遺跡群（佐々木編 1971）が形成され始めるのは、まさにこの時期のことである。類似した現象は列島の各地で確認されており、何らかの社会変化が背後にあることは想像に難くあるまい。

しかも、こうした増加が見られるばかりか、個々の遺跡に残される活動痕跡は極めて濃密になってくる。すなわち、先土器時代のように断片化することなく、ときには開地遺跡と比べても遜色ないほど豊富な資料を留めるわけである（図3）。ここで強調するまでもなく、複数の時期の痕跡が重複している可能性は充分に想定しておかねばなるまい。そうして幾重にも痕跡が残される点を含めて、洞穴生活の顕在化を評価してゆくことが要請されるわけである。

以上のように、隆起線文土器群の段階を迎えて、先史人類はにわかに自然の岩屋で暮らすようになる。同様の現象が広域に展開することを考え合わせれば、到底偶然の産物とは考えられない。やはり、そこを境に人類の営為に何らかの

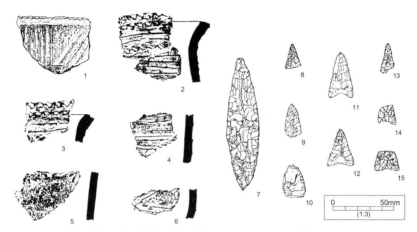

図3　洞穴遺跡の出土資料（縄文時代初頭、荷取洞穴）

変化が生じ、そうしたなかで山間部の洞穴が積極的に活用されるようになったのだろう。ともかく、日本列島における洞穴生活の展開を考えるうえで、そこが大きな転換点であったことは疑いない状況にある。

なお、隆起線文土器群に後続する段階（Phase 3）に至っても、上記の状況は大きく変わらないようである。むしろ、栃原岩陰遺跡（西沢 1982）の重畳する灰層が物語るように、それ以前にも増して洞穴の利用が活発になっていったことが窺い知れる。縄文時代早期を迎えて埋葬人骨が散見されるなど、機能的な位置づけが変化していったことも予測されるが、ひとまずは本格的な洞穴生活の起点が隆起線文土器群の段階に求められる点を確認しておきたい。

3　先史人類の移動形態

ここまで確認してきたように、先史人類の洞穴生活を考えるうえで、縄文時代初頭の変化を見過ごすことはできない。なかでも、隆起線文土器群の段階に前後して、それが一挙に生活へ組み込まれていく点を強調しておきたい。さらに興味深いのは、上記の変化と軌を一にするように、先史人類の移動形態が大きな曲がり角を迎える点である（藤山 2005b）。両者が関連する可能性は充分に想定しうることから、以下に要点を整理しておくことにしよう。

筆者自身が再三議論してきたように、この時期に前後して、先史人類の生活圏は極度に縮小することになる。とりわけ、石器石材の消費状況とその空間的な展開を精査するとき、そうした状況が如実に浮かび上がってくる[6]。端的に言えば、それまで広大な範囲を転々としていた人々は、旧来の生活を大きく改

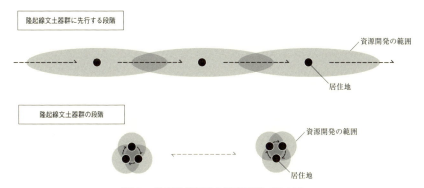

図4　縄文時代初頭の移動形態（模式図）

め、限られた範囲の巡回へ推移することになる（図4）。そして、これにともなって特定の空間に根差した生活を営み始めるわけである。

　そもそも、狩猟採集民の特徴として、頻繁な移動が挙げられることは珍しくない。それを"遊動"の一言で片付けることには問題があるが、一般に居住地を転々としながら資源を確保する点が注目されるわけである。そして、日本列島に暮らした先土器時代の人々も、総じて類似した生活を営んでいたようである。そうした移動の様態は一様でないが、なかでも北方系の細石刃石器群を携えた人々は、かなり広範な往来を展開していたと考えられる（稲田 2001）。

　さらに、隆起線文土器群に先行する段階（Phase 1）を迎えても、同様の動きが継続することになる（図4上段）。すなわち、当時の人々は河川に沿って平原を転々としており、そうした経路で資源の確保に努めていたと考えられる（藤山 2007a）。そこでは数10kmを超える範囲が生活に取り込まれていたと見込まれるが、ときには東北方面から関東平野や中部高地に至るまで、数100kmに及ぶ壮大な南下が繰り広げられることになる（藤山 2008）。

　一方、隆起線文土器群の段階（Phase 2）に差し掛かると、上記した広域の往来は常態でなくなり、非常に狭い範囲に限って生活を営むようになる（図4下段）。すなわち、人類は平原を転々とする生活から脱却し、生活の範囲を丘陵や山地へ広げてゆくが、同時に特定の地域に拠点を定めるわけである。時同じくして竪穴住居が漸増し始めるが、こうして定着性を高めるなかで、狩猟採集民は生活の中心を明確にしていったと予測される。

　ところで、上記の変化は様々な側面にあらわれるが、とりわけ遺跡分布に顕著である。ここで隆起線文土器群に先行する段階（Phase 1）に注目すると、当時の遺跡は河川沿いの台地上に点々と残されている。たとえば、現在の信濃

川（千曲川）は東北日本と中部高地を繋ぐ"大動脈"であったと考えられるが、その流域へ目を向けると、諸々の遺跡が線的に並んでいる（図5）。それらが特定の地域に密集することなく、むしろ広域に分散している点に注意しなくてはならない[7]。

　対して、隆起線文土器群の段階（Phase 2）へ目を向けると、遺跡の残され方は一変している。なかでも注目されるのは、当時の遺跡が極めて限られた範囲に密集する点である（図6）。それらは半径5㎞程度の範囲に偏在しており、広域的に分散する傾向は認められない。しかも、居住地と目される遺跡（●）を取り巻くように、狩猟地と目される遺跡（▲）が密集するわけである[8]。あらためて、人間生活の変化に応じて、遺跡分布が大きく異なってくる点を強調しておきたい。

　以上のように、それまでの生活と対比するとき、先史人類の移動形態は劇的に変化していることが分かる。先土器時代にも生活圏の拡大や縮小は見られるものの、それとは比べものにならない規模で生活の再編が進められるわけである。地球が急激に暖められ、人類を取り巻く環境が大きく姿を変えてゆくなかで、一連の変化が進んだのだろう（藤山 2007ｂ・2009ａ）。あいにく逐一説明する余裕はないが、ひとまずは人間生活の大きな転換点であることを確認しておこう。

　なお、隆起線文土器群に後続する段階（Phase 3）を迎えて、先史人類は定期的な"渡り"を展開し始めるが、必ずしも旧来の生活へ回帰するわけではない（藤山 2009ｂ）。むしろ、竪穴住居や貯蔵穴を含んだ集落が確立してくる点を考慮すれば、生活拠点の明確化はさらに進んだことが予測される。ともかく、隆起線文土器群の段階に前後して、先史人類の移動形態が大きく再編され、そうした動きのなかで各地に洞穴遺跡が残され始めた可能性を想定しておきたい。

4　縄文時代初頭の移動形態と洞穴生活

　ここまで概観してきたように、日本列島における洞穴生活の始まりを考えるうえで、先史人類の移動形態を無視することは難しそうである。以下では、洞穴遺跡の分布面を切り口としながら、若干踏み込んだ議論を進めることにしよう。

（1）洞穴遺跡の分布状況

　まずもって注目したいのは、隆起線文土器群の段階を迎えて、しばしば洞穴遺跡が明確な遺跡群を形成する点である。たとえば、先述した米沢盆地東端の洞穴遺跡群では、日向洞穴、火箱岩洞穴、一ノ沢岩陰といった著名な遺跡が、

極めて狭小な範囲に密集している（図7）。洞穴自体が密集することと無関係ではあるまいが、日向洞穴西地区（佐川・鈴木編 2006）のような開地遺跡を含めて、一連の遺跡が半径2km内外にまとまってくる点を充分に評価してしかるべきである。

　前章の繰り返しになるが、この時期に前後して、先史人類の生活圏は極度に縮小したことが予測される。そうした動きを反映して、数多くの遺跡が特定の空間に密集することは、いまいちど確認するまでもあるまい。そして、このように考えるならば、上記の洞穴遺跡群に関しても、同様の現象の一環として評価することが求められる。それらの洞穴に暮らした人々は、その一帯を生活拠点と定めたうえで、限られた範囲の巡回を進めていた可能性が高い[9]。

　あわせて注目したいのは、開地遺跡と洞穴遺跡の位置関係である。上記の事例から窺い知れるように、両者は必ずしも独立することなく、ときに一連の単位を構成することがある。ここでは石小屋洞穴（永峯 1967）の事例を取り上げ、今しばらく議論を深めてみよう。とりわけ興味深いことに、本遺跡の周囲には、狩猟地と目される遺跡がまとまって認められる。その背後に広がる菅平高原へ目を向ければ、同様の遺跡（▲）が密集していることに気づくだろう（図6左下）。

　あらためて確認するまでもなく、上記した分布傾向は開地遺跡のそれと大差ない。敷衍して考えるならば、石小屋洞穴を残した人々は、その周辺に重点を置きつつ、動物資源の捕獲を進めていたのだろう。言うまでもなく、菅平高原に狩猟具を残した人々と、石小屋洞穴を残した人々が同一である保証はないし、そうした暴論を繰り広げる意図もない。ひとまずは、山間部における資源開発の起点として、そこに洞穴遺跡が残されている点を確認しておきたい[10]。

　以上の状況を鑑みても、洞穴遺跡は当時の人々の移動形態へ明確に組み込まれており、切っても切り離せない関係にあったと考えられる。すなわち、縄文時代の初頭を迎えて、人々は新たに丘陵や山地へ進出し、生活の中心地を形成し始める。言うなれば、そこに生活の基盤を置きながら、諸々の活動を進めるわけである（図4）。そして、こうした生活の再編と連動するかたちで、山間部に見られる自然の岩屋が生活のなかに取り込まれてゆくのである。

（2）洞穴遺跡の位置づけ

　それでは、こうした移動形態を考慮するとき、洞穴遺跡はいかなる役割を果たしていたと考えられるだろうか。先述したように、隆起線文土器群の段階に前後して、山あいの洞穴にしばしば膨大な資料が残されることになる。それらの機能をめぐって古くから議論が尽きないが、そこが"特異"な環境に映ることと相俟って、どうしても開地遺跡とは異なった役割が想定されやすい。ただ

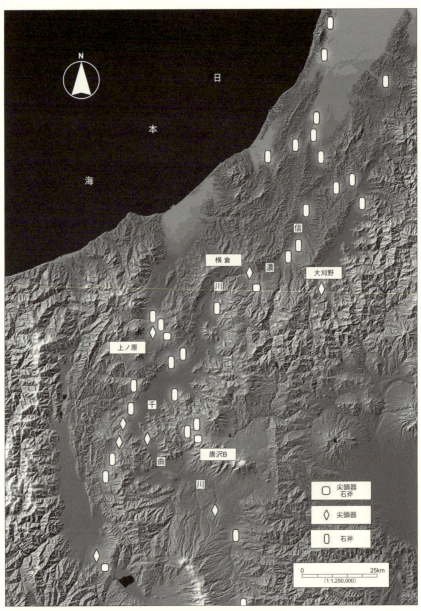

図5　隆起線文土器群に先行する段階（Phase 1）の遺跡分布（信濃川〔千曲川〕の流域）

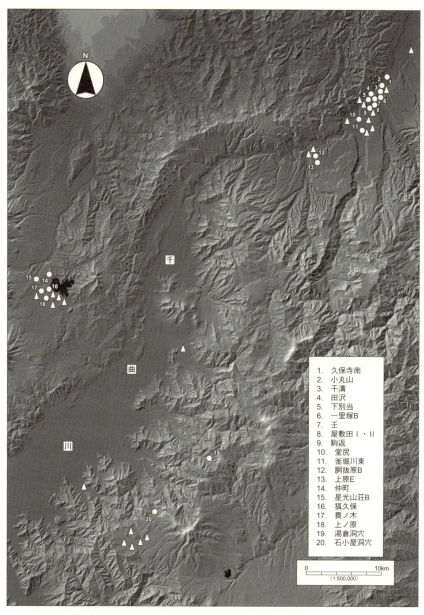

図6　隆起線文土器群の段階(Phase 2)の遺跡分布(信濃川〔千曲川〕の流域)

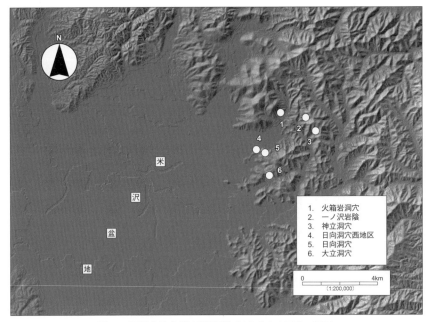

図7　米沢盆地東端の遺跡群 (隆起線文土器群の段階)

し、そうした前提のもとに議論を進めることがどれほど妥当なのか、一考を要することも事実である。

　いったん開地遺跡に目を向けてみよう。たとえば、そこに見られる石器組成に注目するとき、残渣を含めた豊富な石器群を出土する遺跡があれば、相対的に貧弱な遺跡も見受けられる (表)。とはいえ、そうした量的な多寡こそ認められるものの、基本的なセット関係が近似している点に注意しなくてはならない[11] (藤山 2005 b)。少なくとも、しばしば後代の遺跡に見られるように、特定の器種が突出した状況は見出しがたいわけである。

　こうして考えるとき、それらの遺跡間に明確な機能差を予測しうるのか、慎重な対応が求められよう。無論、各遺跡の器種構成に若干の差異がある以上、そこで進められた作業がまったく均質ということはあるまい。それでも、拠点集落と衛星集落、あるいは季節的な居住地といった具合に、鮮明な区別は予測しがたい。むしろ、居住地を定期的に移転しながら、そのときどきの状況に応じて必要な作業を進めていた、というのが実態に近いようである (藤山 2005 b)。

　これに関連して、一部の遺跡では豊富な石器が出土することもある。たとえば、著名な花見山遺跡 (坂本・倉沢編 1995) は、その代表格である (表)。とは

表　隆起線文土器群の段階の石器組成（関東平野）

	槍先形尖頭器	有舌尖頭器	石鏃	スクレイパー	彫器	石錐	楔形石器	RF UF	石核	剥片片砕片	石斧	礫器	磨石	敲石	剥片・砕片/剥片石器	狩猟具/剥片石器
多摩ニュータウンNo. 426	21	8						8	+	6					−	100%
万福寺遺跡群(No.1)	3	13		16		2		33	3	1,565	7	3	1		96%	24%
万福寺遺跡群(No.2)	1	6		3				10		338	4	2			94%	32%
花見山	30	52	18	174		16	12	193	5	634	8	14			56%	20%
能見堂	9	8	1	8				25	3	1,884	1				97%	35%
宮之前	1	7	2	1		1		2		73					84%	71%
宮之前南	4	20		3		1		23	6	512	4	6	1	4	90%	47%
上野第1地点(第Ⅰ文化層)、第2地点	1	4		12		1				202	3	2	1		92%	28%
長堀北(第Ⅰ文化層)	1	1	1					2		48	2	1			91%	60%
遠藤山崎	25	8		40	1	6	39	42	10	466	3	18	9	11	73%	20%
湘南藤沢キャンパス内(Ⅰ区)	6	21		13		1		1		226	5	4	1	3	84%	66%
湘南藤沢キャンパス内(Ⅱ区)	1	3		2				1		82	5	5	1		92%	67%
湘南藤沢キャンパス内(Ⅲ区)	10	9		16				4		169		2			81%	54%
湘南藤沢キャンパス内(Ⅴ区)	3	3		3						59	1	3			84%	55%
南鍛冶山	3	17		1			2			1,095	1				98%	87%
菖蒲沢大谷	9	4	1	2				5		194	6	1	2		90%	64%
三ノ宮・下谷戸(第Ⅰ文化層)	62	346	16	17		3	13	385	42	52,881	3	19		25	98%	50%
原口	51	21		6				20	2	118	+	+	2		54%	73%

　いえ、本遺跡の土器群に相応の時間幅が予測されることも事実である。それらは時期ごとに若干分布を違え、それぞれ異なった石器群をともなう点を加味すれば、そこには幾度かの滞在を予測しうる（藤山2007b・2009a）。見かけ上の膨大さに目を奪われることなく、累積的な居住の可能性を視野に入れなくてはならない。

　そして、洞穴遺跡の役割を評価してゆくうえで、上記の問題は充分に考慮されてしかるべきである。たとえば、洞穴遺跡には狩猟具が目立つこともあって、そこが"狩猟活動に向けた野営地"と評価されることは珍しくない。あるいは、一部の開地遺跡で見られたように、膨大な剥片や砕片を含んだ石器群が確認される場合もある。たびたび"石器作りの工房"と考えられてきた所以であるが、そうして特定の役割を与えることには充分に慎重でありたい。

　あいにく主要な遺跡の正式な報告が乏しいことから、ここでは小瀬ヶ沢洞穴（中村編 1960）を事例に議論を進めてみよう。あらためて記すまでもなく、本遺跡では様々な種類の土器群とともに膨大な数の石器群が確認されている。なかでも主体となるのは、剥片や砕片などの残渣であり、その量たるや1万点近くに達している（図8）。しばしば指摘されるように、活発な石器製作が進め

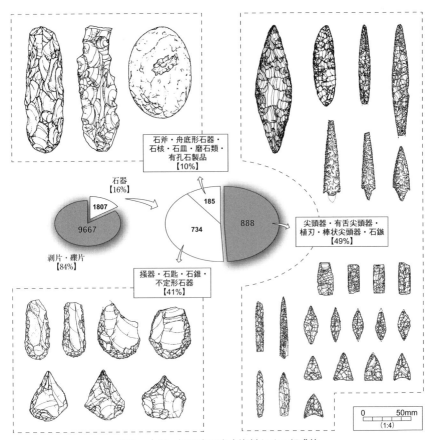

図8　小瀬ヶ沢洞穴の出土資料とその組成比

られていたことが窺い知れるわけである（小熊 2007）。

　もっとも、これをもって石器製作に重点を置いていたと考えるならば、いささか早計と言わざるを得ない。すなわち、尖頭器や石鏃、あるいはスクレイパーや不定形石器などの道具が 2 千点近くに及ぶ点を勘案すれば、そこに見られる残渣は必ずしも法外な量であるまい（図8）。むしろ、一般的な居住地で占める割合から大きく懸け離れていないことに注意しなくてはならない（表)[12]。残念ながら、土器群ごとに切り分けることは難しいものの、検討を重ねるべき問題といえる。

　かくして考えるとき、本遺跡の膨大な資料をめぐって、複数の時期の累積と

考える視点も要請されるはずである。そもそも、洞穴遺跡では生活空間が限られるだけに、どうしても資料の重複が起こりやすい (Straus 1979)。小瀬ヶ沢洞穴でも幅広い時期にわたる豊富な土器群が混在しており、その可能性は充分に想定せねばなるまい。洞穴に居住しうる人数が否応なく限られる点を加味しても、"累積的な生活拠点"（小熊ほか 1994、119頁）とする見解は充分に首肯しうるところである。

　また、小瀬ヶ沢洞穴に限らず、しばしば狩猟具が目立つ点は先述したとおりである（図8）。ただし、大局的に捉える限り、同様の傾向は開地遺跡でも頻繁に目にすることができる（表）。それだけに、これをもって洞穴遺跡と開地遺跡を積極的に区別することには、いささか躊躇せざるを得ない。むしろ、開地遺跡に見られる変異の範疇で充分に理解しうるように思えてならない。定量的な検討に耐えうる洞穴遺跡が限られるものの、引き続き検討が求められる課題である。

　以上のように考えるとき、山間部の洞穴遺跡をめぐって、必ずしも特定の機能に絞り込む必要はなかろう。たしかに、遺跡ごとに相応の変異が見られるものの、そうした状況を含めて開地遺跡と決定的な差異は見出しがたい。その意味では、ことさら"特異な環境"を強調することなく、一般的な居住地の範疇で理解してゆく姿勢が要請されるわけである。開地遺跡で見られたように、その時どきの状況に応じて自然の岩屋を柔軟に活用していた、というのが実態に近かろう。

　ともかく、洞穴遺跡をめぐっては、どうしても開地遺跡と対置され、それらに付随し、あるいは補完する役割が想定されがちである（大場 1934）。たしかに、大規模な集落が形成される時期であれば、そうした可能性を充分に想定しなくてはならない。しかしながら、洞穴生活が始まった当初から、そのような区別が明確であったのか、検討の余地があることも事実である。少なくとも、上記の役割を前提に議論を進めることには大いに問題がある。

(3) 洞穴生活の顕在化とその背景

　それでは、上記の状況を鑑みるとき、隆起線文土器群の段階に前後して洞穴生活が活発化する背景には何があるのだろうか。こうした問題を考えるうえで、麻生優 (2001) の仮説には大いに興味をそそられるところである。本論の冒頭で記したように、洞穴遺跡の顕在化に関して、麻生は洞穴自体の開口という観点から着目している。あいにく、同様の仮説が充分に議論されているとは言い難いものの、いまいちど検討に値する問題と言って良かろう。

　ここでは洞穴遺跡に見られる土層の堆積状況を検討してみよう。まずもって注目したいのは、隆起線文土器群の段階に帰属する遺物包含層が、しばしば基

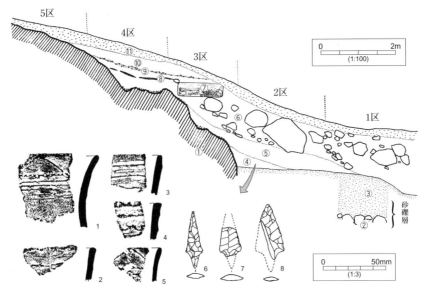

図9　洞穴遺跡に見られる土層の堆積状況（橋立岩陰）

盤近くに位置している点である[13]。さらに興味深いことに、そうした基盤と包含層のあいだには、ときおり砂礫層などの堆積物が介在しているようである。たとえば、大谷寺洞穴（塙1976）や橋立岩陰遺跡（芹沢ほか1967）の砂礫層は、その代表例である（図9）。

　そして、上記の基盤→砂礫層→遺物包含層という層序に着目するとき、麻生の議論は必ずしも不当ではないようである。まったくの一例に過ぎないが、たとえば隆起線文土器群の段階に近接して洞穴が離水するなど、そこが人類の生活に適した環境へ変わった可能性は否定しきれない。もちろん、洞穴の成因は複雑であり（藤井1982）、単純な議論は慎まなくてはならない。それでも、洞穴の開口なる要因は大いに考慮してしかるべきである（条件①）。

　とはいえ、そうして洞穴が開口すれば人間が生活を営み始める、といった単純な議論には問題がある。たしかに、洞穴の形成が必須の条件であることは間違いあるまいが、縄文時代に至る以前から開口している洞穴も珍しくない。たとえば、日本列島の石灰岩地帯に点在する洞穴は、その好例である（赤木1975）。それにもかかわらず、そこに先土器時代の生活痕跡が乏しいとすれば、上記の要因をことさら強調することは困難である。

　こうして思量するとき、あらためて人間生活の変化を問題としなくてはなら

ない。なかでも、隆起線文土器群の段階を境に、先史人類が起伏地へ進出する動きは到底無視できないはずである。すなわち、洞穴が豊富な山地へ進出せずして、それらを利用し得ないことは自明の理である。もちろん、人々が起伏地へ進出するには、相応の理由があったと考えられる。この点については後述するとして、ひとはずは生活空間の拡大を強調しておきたい（条件②）。

　それでは、人類が山地へ進出すれば洞穴生活が活発になるのか。残念ながら、それほど簡単な問題ではあるまい。ここに確認するまでもなく、先土器時代の人々といえども、常に平野で生活を営むわけではない。むしろ、一時的に山間部へ分け入ることは、充分に想定しうるところである。それでも洞穴生活の痕跡が稀薄とすれば、その説明が求められるはずである。やはり、一時的な進出であるがゆえに、明確な痕跡が残りにくかったのだろう。

　このことを裏返すならば、隆起線文土器群の段階を迎えて、特定の地域に根差した生活へ推移する点を、あらためて評価しなくてはなるまい（条件③）。当時の人々は半径5km内外の限られた範囲を巡回し、その一帯で資源を開発し始める。そして、こうした開発の起点として、山あいの洞穴が生活に組み込まれてゆくわけである（図10）。先に述べた石小屋洞穴と菅平高原の位置関係は、同様の状況を如実に物語っている（図6）。

　また、上記の変化と軌を一にして、開地遺跡では竪穴住居と思しき遺構が漸増し始める。そうした現象を"定住化"と置き換えることには抵抗もあるが、それまで以上に生活の中心地が明確になってゆくことと密接に関連しているのだろう。ともかく、一定の空間に重点を置いた生活のなかでは、どうしても特定の地点が反復的に利用されやすい。居住期間が長期化することと相俟って、洞穴遺跡に膨大な資料が残されるようになったのだろう[14]。

　ところで、かくして移動形態の再編を重視するとき、その背景が問題になってくる。これまで幾度も議論してきたように、同様の問題をめぐって、当時の気候変化と切り離すことは困難である（藤山 2007b・2009a）。すなわち、この時期を迎えると、気候が急激に温暖となり、現在に通ずる動物相や植物相が形成されてゆく[15]。そして、これにともなって資源獲得の予測性が高まるなかで、限られた範囲を巡回する集約的な資源開発が可能になるわけである。

　また、あわせて見られる丘陵や山地への進出であるが、これは狩猟活動の変質と結び付くようである[16]（藤山 2007a）。すなわち、上記のように狩猟対象が変わるなかで、当時の人々が新たに投槍や弓矢を装備しはじめることは、しばしば注目されている（鈴木 1972）。さらに興味深いことに、これと軌を一にして、谷頭の緩斜面を狙った狩猟活動へと推移してゆくわけである。言うなれば、そうした変化の一環として、起伏地へ進出していったことが見込まれるのであ

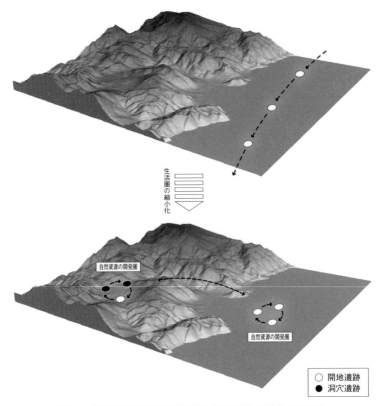

図10　縄文時代初頭の移動形態と洞穴遺跡の形成（模式図）

る[17]。

　こうした推測の是非はともかくとして、ここまでの内容をまとめておこう。そもそも先土器時代のように居住地を次々と移転し、それによって広域を往来する生活のなかでは、山あいの洞穴にはどうしても痕跡が残りにくい。ましてや平野に重点を置いた生活であれば、同様の傾向はなおさら顕著であったと考えられる。縄文時代の初頭を迎えて、山間部に生活拠点を形成し始めるなかで、先史人類は洞穴生活を活発化させていったことが窺い知れる。

　これに前後して、幾つかの洞穴が開口するなど、人類の生活に適した環境が準備されてゆく（麻生 2001）。そうした変化とも相俟って、そこが様々な活動の起点として活用されるようになったのだろう。無論、当時の生活は平野や山地でそれぞれ完結することなく、一定期間ごとに双方の往来を繰り広げていたことが想定される[18]（図10）。残念ながら、現時点の資料では充分に検証しがた

224　第Ⅳ章　集団の移動と軌跡

いことから、今後の課題として持ち越すことにしたい。

5　収　束

　本論の目的は、（1）先史人類の移動形態に注目しながら、（2）日本列島における洞穴生活の始まりを評価し直すことであった。なかでも、洞穴遺跡が顕在化し始める隆起線文土器群の段階に焦点を合わせつつ、そうした背景を探ってきたわけである。前章で議論したように、そこでは幾多の要因が絡み合っており、なかなか単純化しがたい。それでも、この時期に前後して、山間部に生活の中心地を形成し始める点を、あらためて強調しておきたい。

　ここで付け加えるならば、筆者は先土器時代の洞穴遺跡が皆無と考えているわけではない。実際に、当時の痕跡が乏しいながらも認められる点は、いまいちど確認するまでもあるまい（図2）。幾度か言及してきたように、先土器時代の人々が山地へ進出する機会は限られており、洞穴生活が限られる一因になっていたと考えられる。裏返すならば、恒常的な生活圏のなかに住み良い洞穴が存在すれば、そこで生活が営まれた可能性は否定し難いだろう。

　かくして考えるとき、とりわけ問題となるのが先史人類の移動経路である。当時の主要な経路に近接して居住に適した洞穴が立地するとき、先土器時代の人々がそれを生活に取り込む機会は充分にありえたはずである。平野の周辺はもちろんのこと、平野と平野の往来、あるいは石材の採取といった具合に、山地へ分け入る場合であれば、そうした機会はなおさら増大しただろう。これまでに確認されている洞穴遺跡をめぐっても、同様の観点のもとに洗い直さねばなるまい[19]。

　とはいえ、これまで繰り返してきたように、本論が問題としているのは当時の移動経路ばかりではない。やはり、縄文時代の初頭を迎えて、特定の地域に根差してゆくなかで、はじめて洞穴生活が花開いたと考えなくてはならない。裏返すならば、先土器時代に一般的な移動形態のもとでは、どうしても洞穴生活は本格化しにくかったことになる。そして、こうした考え方に基づく限り、当時の洞穴遺跡が爆発的に増加することは、これからも期待できそうにない。

　いずれにしても、本論が重点を置いたのは"洞穴生活の始まり"である。あえて特定の時期に限って議論を進めてきた理由はここにある。一方で、時代の流れに応じて洞穴遺跡の位置づけが変わってゆくことは、冒頭で述べたとおりである。したがって、そうした変質の過程をいまいちど詳らかにすることが当面の課題と言えるだろう。あらためて、その時どきの移動形態を的確に評価しながら、問題の解明を進めてゆくことが不可欠になってくる。

　なお、本論では詳しく踏み込まなかったが、将来的には先史人類の集団規模

を問題とせねばなるまい。たとえば、開地遺跡の竪穴住居に注目する限り、縄文時代初頭の集団規模は決して大きくなかったようである。それだけに、面積の限られる洞穴であっても、充分に生活を営むことができたのだろう。時間の経過にともなって洞穴遺跡の性格が変質し、あるいは洞穴生活そのものが低調になってゆく背景を考えるうえで、充分に加味すべき問題である。

言うまでもなく、洞穴遺跡の評価を進めるにあたって、その基礎となるのは個々の遺跡の緻密な分析である。その意味では、同様の作業が今後とも要請されることに変わりはない。それでも、そうした分析に偏重し過ぎれば、ときに現実から大きく乖離した強引な解釈に繋がりかねない。それらの成果を的確に位置づけるうえでも、俯瞰的な視点を併せ持つことが求められるわけである。筆者が常々"遠近法"を強調してきた所以である。

追　記

本論の内容は、日本学術振興会より交付された科学研究費補助金（特別研究員奨励費）の成果を含んでいる（「日本列島における先史人類の定住化をめぐる動態的研究」〔研究代表者：藤山龍造〕）。

註
1）たとえば、日本考古学協会の洞穴遺跡調査特別委員会（1967）が推し進めた調査・研究は、その代表例である。また、麻生優（1998）を代表者とする共同研究（「日本における洞穴遺跡の構造論的研究」）も同様に挙げられるだろう。
2）個々の遺跡名の表記にあたって、筆者は"岩陰"と"洞穴"を呼び分けるが、"洞窟"は"洞穴"に統一してある。また、正しくは"〜洞穴遺跡"と称すべきところであるが、表現が煩雑になることを避けるため、ここでは"〜洞穴"と略記することを断っておきたい。
3）あらためて指摘するまでもなく、先土器時代の遺物包含層は縄文時代のそれより下位にある。それゆえ、そうした包含層まで調査が到達していない事例も存在するだろう。とはいえ、本文中で後述するように、縄文時代の初頭を境に、突如として洞穴遺跡が増加することも事実である。仮に調査の深度を原因と考えるならば、かくも急激な変化を説明できない。やはり、そうした深度の問題は副次的であり、先土器時代には洞穴生活が乏しかったと考えてしかるべきである。
4）ただし、同一の包含層から出土した石器群に注目するとき、いささか新相の資料が目立つ点に注意しなくてはならない。言い換えるならば、隆起線文土器群に先行する段階まで遡らせるだけの証左は乏しく、積極的に首肯し難いことも事実である。資料の一括性も含めて、慎重な検討が要請される問題である。な

お、こうした事情もあって、図1では本遺跡を割愛してある。
5）たしかに、西北九州の洞穴遺跡には細石刃石器群が残されることがある。とはいえ、共伴する資料に注目する限りでは、必ずしも他地域の細石刃石器群ほど古く遡らないようである。むしろ、そこには隆起線文土器群の段階（Phase 2）以降の資料が目立っている点に注意しておきたい。
6）たとえば、隆起線文土器群に先行する段階（Phase 1）の石器群に注目するとき、原石の打割から成形や整形を経て、使用に至る一連の作業が広域に連鎖する傾向にある。一方、隆起線文土器群の段階（Phase 2）の石器群では、同様の作業が特定の範囲で完結していることが珍しくない。諸々の状況から当時の人々が石材を直接採取していたことを考慮すると、上記の変化は先史人類の行動範囲が縮小したことを示していると考えられる。これまで折に触れて言及してきたため、議論が煩雑になることを避ける意味でも、これ以上の説明は控えておく。
7）図示した遺跡の一部には、後続する時期の資料が含まれている可能性がある。とはいえ、そうした混入を考慮に入れたとしても、特定の地域に遺跡が集中しない点を充分に評価しなくてはならない（藤山 2008）。
8）ここで"居住地"と判断したのは、土器や石器などの遺物がまとまって出土した遺跡である。そこには明確な遺構が含まれることもあり、何らかの生活が営まれていた空間と考えて問題ない。これに対して、"狩猟地"と判断したのは、狩猟具が単独に近い状態で出土する遺跡である。それらの狩猟具は地面に突き刺さった状態で出土するなど、狩猟活動に関連する遺跡と考えて大過あるまい。こうした区分に関しては別稿で詳述してあるため（藤山 2007 a）、これ以上の説明は控えておく。
9）無論、現時点で確認されている諸遺跡がまったくの同時期に形成されたとは考えにくい。むしろ、ある程度の時間的な累積を含むはずである。とはいえ、そうした累積があるにもかかわらず、それ以前と違って遺跡が広域に広がることなく、特定の範囲にまとまってくる点を問題とすべきである。
10）これに関連して、洞穴遺跡の近傍に、しばしば良好な高原が見られる点に注目しておきたい。たとえば、湯倉洞穴（関編 2001）の周辺には志賀高原を含めた高原が広がっており、そこで資源開発が進められていた可能性は充分に想定しうる。これから洞穴遺跡の立地を考えるうえで、一考に値する問題と言える。
11）たしかに、隆起線文土器群の段階を迎えると、石器群の器種構成には地域差が目立ち始める。小範囲を巡回する生活にともなって、資源開発が地域ごとに特殊化していったことのあらわれだろう（藤山 2007 b・2009 a）。とはいえ、特定の地域に注目するとき、その細部では顕著な差異が見られない点に注意すべ

きである。
12) このように地域を越えて組成を対比することには慎重を要するが、充分に組成を把握しうる遺跡が近隣に乏しいことから、実験的に対比した次第である。こうして遠く離れた地域でありながら、剥片・砕片や狩猟具の占める割合が大きくかけ離れていない点は充分に評価してしかるべきである。
13) ただし、洞穴遺跡の嵩高な包含層は人間活動に起因する部分が大きかろう。したがって、基盤との距離的な近接は、必ずしも時間的な近接と同義でない点に注意しなくてはならない。
14) こうして居住期間の長期化を評価する点に限って言えば、筆者の見解は小林達雄（1996）のそれと近いかもしれない。ただし、筆者が重視するのは生活様式の一連の変質であり、居住の長短はその一端に過ぎないと考えている。
15) ここに記したように、隆起線文土器群の段階は温暖期に相当しており、山内清男（1967）が試みたように洞穴遺跡の顕在化を気候の寒冷化と結びつける試みは適切であるまい。
16) これに関連して、筆者は水資源の確保と結びつけて議論したことがある（藤山 2005 a）。ただし、昨今では、狩猟活動の変化を考え合わせる必要性を痛感している（藤山 2007 b・2009 a）。
17) ただし、これをもって洞穴遺跡を狩猟活動の拠点と限定することには問題がある。あくまでも遠因と考えなくてはならないだろう。
18) これから同様の問題を解明してゆくうえで、搬入資料の評価が課題になってくると考えられる。たとえば、この時期の石器群に注目するとき、それらの大半は在地の石材で構成されており、近隣の地域で生産されたことが窺い知れる。しかしながら、なかには幾分離れた地域から搬入されたと考えられる資料が含まれている。それらは未成品の状態で搬入され、最終的な調整が進められており、必ずしも交換によってもたらされたとは限らない。むしろ、人々が他の地域から移動してくることによって残された可能性も視野に入れなくてはならないだろう。ここに付け加えるまでもなく、これは石器に限った問題ではなく、様々な資料から検討すべき問題と言える。
19) たとえば、御座岩岩陰遺跡（宮坂 1983）では、ナイフ形石器や尖頭器、あるいは細石刃核が確認されるなど、先土器時代の人々が幾度か滞在したことが窺い知れる（図 2）。これは当地が黒曜石の原産地に近接していることと無関係であるまい。

参考文献

赤木三郎 1975「洞くつ」『URBAN KUBOTA』11、クボタ、pp. 32-37

麻生　優 2001『日本における洞穴遺跡研究』
麻生　優(編) 1998『日本における洞穴遺跡の構造論的研究』(平成7－9年度科学研究費補助金研究成果報告書)
阿部祥人 2008「岩陰・洞窟遺跡調査の意義」『縄文時代のはじまり―愛媛県上黒岩遺跡の研究成果』六一書房、pp. 73-85
石原正敏 1990「新潟県における洞穴・岩陰遺跡研究の現状と今後の課題」『新潟考古』1、新潟県考古学会、pp. 13-18
稲田孝司 2001『遊動する旧石器人』(先史日本を復元する1) 岩波書店
大場磐雄 1934「本邦上代の洞穴遺跡」『史前学雑誌』6-3、史前学会、pp. 1-58
小熊博史・鈴木俊成・北村　亮・丑野　毅・土橋由理子・立木宏明・菅沼　亘・吉井雅勇・沢田　敦・前山精明・小野　昭 1994「新潟県小瀬が沢洞窟遺跡出土遺物の再検討」『環日本海地域の土器出現期の様相』(小野　昭・鈴木俊成〔編〕) 雄山閣、pp. 77-173
小熊博史 2007『縄文文化の起源をさぐる―小瀬ヶ沢・室谷洞窟―』(シリーズ「遺跡を学ぶ」〔37〕) 新泉社
栗島義明 1997「洞窟遺跡と開地遺跡の関係―埼玉県神庭洞窟をめぐって―」『洞穴遺跡の諸問題』(第2回シンポジウム、発表要旨) pp. 21-31
栗島義明 2005「列島最古の土器群―無文から有文へ―」『地域と文化の考古学Ⅰ』(明治大学文学部考古学研究室〔編〕) 六一書房、pp. 155-178
小林達雄 1982「荷取洞窟遺跡」『長野県史・考古資料編』(全1巻〔2〕、主要遺跡〔北・東信〕) 長野県史刊行会、pp. 91-95
小林達雄 1996『縄文人の世界』朝日選書(557)、朝日新聞社
坂本　彰・倉沢和子(編) 1995『花見山遺跡』港北ニュータウン地域内埋蔵文化財調査報告書XVI、(財)横浜市ふるさと歴史財団
佐川正敏・鈴木　雅(編) 2006『日向洞窟遺跡西地区出土石器群の研究Ⅰ―縄文時代草創期の槍先形尖頭器を中心とする石器製作址の様相―』東北学院大学文学部歴史学科佐川ゼミナール・山形県東置賜郡高畠町教育委員会・山形県立うきたむ風土記の丘考古資料館
佐々木洋治(編) 1971『高畠町史　別巻　考古資料編』高畠町
佐藤雅一 2008「信濃川流域における縄文化の素描」『縄文化の構造変動』(佐藤宏之〔編〕) 六一書房、pp. 93-115
潮見　浩・川越哲志・河瀬正利(編) 1978『帝釈峡遺跡群発掘調査室年報』Ⅰ、帝釈峡遺跡群発掘調査室
鈴木重治 1967「宮崎県出羽洞穴の発掘調査―前期旧石器を出土した洞穴遺跡―」『考古学ジャーナル』4、ニューサイエンス社、pp. 12-16

鈴木正博 1993「小瀬ヶ沢洞穴の先史生活・労働様式（素描）」『埼玉考古』30、埼玉考古学会、pp.173-222
鈴木道之助 1972「縄文時代草創期初頭の狩猟活動―有舌尖頭器の終焉と石鏃の出現をめぐって―」『考古学ジャーナル』76、ニューサイエンス社、pp. 10-20
関 孝一(編) 2001『湯倉洞窟―長野県上高井郡高山村湯倉洞窟調査報告―』高山村教育委員会
芹沢長介・鎌木義昌(編) 1966『福井洞穴調査報告』長崎県文化財調査報告書、4、長崎県教育委員会
芹沢長介・吉田 格・岡田淳子・金子浩昌 1967「埼玉県橋立岩陰遺跡」『石器時代』8、石器時代文化研究会、pp. 1-28
永峯光一 1967「長野県石小屋洞穴」『日本の洞穴遺跡』平凡社、pp. 160-175
中村孝三郎(編) 1960『小瀬が沢洞窟』長岡市立科学博物館研究調査報告、3、長岡市立科学博物館
西沢寿晃 1982「栃原岩陰遺跡」『長野県史・考古資料編』（全1巻〔2〕、主要遺跡〔北・東信〕）長野県史刊行会、pp. 559-584
日本考古学協会洞穴遺跡調査特別委員会 1967『日本の洞穴遺跡』平凡社
塙 静夫 1976「大谷寺洞穴遺跡」『栃木県史』（資料編、考古1）栃木県史編さん委員会、pp. 141-168
藤井厚志 1982「洞窟のなりたち―形成のメカニズムと種類―」『自然科学と博物館』49-4、科学博物館後援会、pp. 1-4
藤山龍造 2005a「氷河時代終末期の生活空間論―先土器－縄文移行期における遺跡立地分析の試み―」『古代文化』57-1、㈶古代学協会、pp. 1-16
藤山龍造 2005b「氷河時代終末期の居住行動論」『日本考古学』20、日本考古学協会、pp. 1-23
藤山龍造 2007a「氷河時代終末期の狩猟活動論」『古代文化』58-3、㈶古代学協会、pp. 1-22
藤山龍造 2007b『資源開発にみる先土器時代から縄文時代への移り変わり』博士論文（慶應義塾大学）
藤山龍造 2008「縄文時代初頭の居住形態と神子柴遺跡」『長野県考古学会誌』124、長野県考古学会、pp. 21-40
藤山龍造 2009a『環境変化と縄文社会の幕開け』雄山閣
藤山龍造 2009b「縄文時代初頭の石材消費と移動形態」『考古学研究』56-2、考古学研究会、pp. 83-94
松村信博(編) 2001『奥谷南遺跡Ⅲ』高知県埋蔵文化財センター発掘調査報告書、63、㈶高知県文化財団埋蔵文化財センター

宮坂虎次 1983「御座岩岩陰遺跡・琵琶石遺跡・対山館遺跡・キャンプ場遺跡・御小屋之久保遺跡」『長野県史・考古資料編』（全1巻〔3〕、主要遺跡〔中・南信〕）長野県史刊行会、pp. 388-399

山内利秋 1995「洞穴遺跡の利用形態と機能的変遷—長野県湯倉洞穴遺跡を例として—」『先史考古学論集』4、pp. 63-98

山内清男 1967「洞穴遺跡の年代」『日本の洞穴遺跡』平凡社、pp. 374-381

八幡一郎 1967「古代人の洞穴利用に関する研究」『日本の洞穴遺跡』平凡社、pp. 357-373

Akazawa, T. and S. Muhesen (eds.) 2003 *Neanderthal Burials: Excavations of the Dederiyeh Cave Afrin, Syria*, KW Publications, Auckland.

Serizawa, C. 1979 Cave Sites in Japan. *World Archaeology*, vol. 10, no. 3, pp. 340-349, Routledge & Kegan Paul, London.

Solecki, R. S. 1955 The Shanidar Cave : A Paleolithic Site in Northern Iraq. *Annual Report of the Smithsonian Institution for 1954*, pp. 389-425, Smithsonian Institution, Washington D. C.

Straus, L. G. 1979 Caves : A Palaeoanthropological Resource. *World Archaeology*, vol. 10, no. 3, pp. 331-339, Routledge & Kegan Paul, London.

図表出典一覧

図1　筆者作成
図2　宮坂 1983をもとに作成
図3　小林 1982をもとに作成
図4　筆者作成
図5　筆者作成（Kashmir3Dを使用）
図6　筆者作成（Kashmir3Dを使用）
図7　筆者作成（Kashmir3Dを使用）
図8　中村編 1960，小熊ほか 1994をもとに作成
　　　（器種の分類と点数は小熊 2007に基づく）
図9　芹沢ほか 1967をもとに作成
図10　筆者作成
表　筆者作成

3　縄文早期における遊動的狩猟集団の拡散と回帰

阿部芳郎

はじめに

　縄文文化は、完新世の到来による温暖化によってもたらされた環境変化に適応して成立した、独自の石器時代文化である。その最大の特徴は竪穴住居の普及に象徴される定住活動の開始であり、土器の使用や水産資源の利用の多角化にともなう、あらたな生態系への適応形態が確立する。
　この様な中で旧石器時代から連続する狩猟活動においてもナイフ形石器や槍先形尖頭器を用いた槍猟から、弓矢猟を特徴づける石鏃が出現し、狩猟の形態や技術が大きな変革を遂げたのである。
　石鏃は草創期に出現することが広く確認されている。しかし以後の弓矢猟のあり方は生業活動の複合化や分業などといった狩猟組織（ソフトウェア）の発達を促し、その実態は単純なものではなかったに違いない。時期や地域、あるいはまた遺跡によって石鏃の出土量や製作痕跡と保有形態が大きく異なる状況が認められる事実はその証拠の1つであろう。
　したがって、縄文時代を弓矢猟が開始された時代と説明することは、概括的な特質といえるものの、多様な狩猟具の存在形態には、むしろ狩猟社会としての多様性が反映しているとも考えられる。
　本論は縄文時代早期の東北地方南部と関東・中部地方における石鏃型式と土器型式の動態を明らかにし、縄文時代早期に広域な範囲で移動した遊動的な弓矢猟集団の拡散と回帰の実態について検討したい。

1　縄文時代早期の石鏃と弓矢猟

　関東地方と中部地方における旧石器時代から縄文時代にかけての様相を検討した芹沢長介は、早期の中部地方における石鏃の安定的なあり方に対して、南関東の撚糸文期における石鏃の「絶えて見られない」状態を指摘し、その地域差の大きさを指摘した（芹沢 1954）。この傾向は調査事例が著しく増加した現在であっても、基本的に大きく変わることはない[1]。

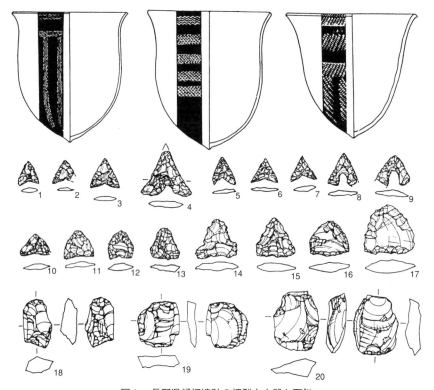

図1　長野県樋沢遺跡の押型文土器と石鏃

　こうした事実は、先述した弓矢猟の偏在性をもたらした要因が地域的に展開した生業の多様性に起因したことを暗示している。縄文時代では、石鏃を用いた弓矢猟以外にも、陥穴猟の存在が指摘されているが（今村 1973）、弓矢猟は矢柄の先端に付ける石鏃の形態や石材についても、地域的、年代的な特性が認められ、そのことは各地で展開した弓矢猟の伝統性と多様性を示していると考えることができる。

　そして石鏃のもつ形態的な地域性は、草創期から早期と晩期の2つの時期にとくに顕著に認められるが、それは狩猟活動の活発な時期に相当している[2]。石鏃の形態と石材、さらには製作技術が時期的・地域的に変容することが各地で知られているが、それはちょうど原産地（与える側）を中心とした資源供給の問題としてだけでなく、石器製作集団（作る側）の主体性・嗜好性の表れと見るべき事象であろう。

石鏃を用いる弓矢猟が活発におこなわれた中部地方の早期は押型文土器が強力な伝統をもって分布圏を形成し、さらに数型式にわたる変遷を遂げる（八幡 1948）。そして押型文土器にともなう石鏃として、黒曜石製の鍬形鏃と呼ばれる特徴的な形態や、抉りの局部を磨いた局部磨製の技術が発達するのである。長野県岡谷市樋沢遺跡では、樋沢式土器とともに、こうした特徴的な形態と技術の石鏃が共伴している（図1-1～4）。
　これらの石鏃は黒曜石で製作されているのも特徴の1つで、中部地方には霧ヶ峰を中心とした複数の黒曜石原産地が存在している点もこうした背景を考える場合には重要であろう。
　樋沢遺跡では黒曜石製の鍬形鏃が出土しているが、樋沢式土器にともなって出土した石鏃が鍬形鏃だけではない点は、これまで積極的に評価されたことはなかった。
　興味を引くのは、これらの形態の違いが一体何に起因しているかということである。石鏃の形態の違いは、石器製作という観点から見た場合、素材や技術に規制された結果というよりも、むしろ同じ石鏃という機能をもつ道具の比較的明確な差異化行為として考えるべきものである。この時期の石鏃は、こうした形態的な違いを別とすれば、いずれも小形であり、矢の先端に装着された状態では明確な差異は識別できないし、物理的な威力の差を想定することも難しい。したがって、これらは石鏃をもちいる集団の内部で認識された道具の差異化行為[3]であり、その主要因は時間的変化ではなく、狩猟対象物や石器づくりの伝統の違いであったと考えておく。

2　石鏃の形態的特徴と地域差

（1）中部地方の石鏃の特徴

　中部地方の樋沢式土器には、黒曜石製の鍬形鏃など、小形で抉りの大きな石鏃が特徴的にともなうことがこれまでにも指摘されてきた（戸沢 1955）。さらに、これらの中には抉り部分の局部を磨いたものがあり、「局部磨製石鏃」と呼称されている。
　ここではこれらの石鏃を形態的な特徴から「有抉短身鏃」と総称しておこう。樋沢遺跡の石器群は黒曜石製の有抉短身鏃のほかに、長身鏃が少ないながらも一定量ともない、必ずしも単純な構成を示さない。この型式のバラエティーは先述したように時期的な変化というよりも、対象獣や狩猟方法の違いなどによる組み合わせと考えるべきであろう。
　石鏃として報告されたものの中には未成品もあり、樋沢遺跡が石器製作遺跡であることは間違いがない。このなかで半月形の両面加工体は有抉短身鏃の未

成品であろう(図1-10～12)。さらに黒曜石製の多量のピエス・エスキーユが出土しており、石鏃の素材が両極技法によって打ち取られていることを示している(図1-18～20)。

中部地方における小形の有抉短身鏃の製作は長野県北相木郡栃原岩陰遺跡において、表裏縄文の時期においてすでに出現していることが確認されており、その伝統は草創期から早期前半にまで遡る。

(2) 北関東地方の石鏃の特徴

関東地方における早期前半の石鏃は、かつて芹沢長介によって指摘されたように、きわめて零細である。とくに関東西南部地域でその傾向は顕著であるが撚糸文期の終末段階では、古くは茨城県花輪台貝塚などでチャートを主体とした石鏃が多量にともなうことが知られている[4]。

こうした動向は北関東地方においても共通に確認でき、栃木県山崎北遺跡でも稲荷台式期にチャートを主体として黒曜石を用いない多量の石鏃が出土している(上野 1998)。筆者がかつて報告した栃木県堀込遺跡でも稲荷原式から天矢場式の時期の良好な石器群が発見され、同様の石材利用による石鏃製作の実態が明らかにされた(阿部ほか 1992)。

これらの遺跡のチャートや粘板岩、鉄石英などを素材とした非黒曜石石器群にはピエス・エスキーユがほとんど認められず、剥片にも両極打法の痕跡がきわめて少ない。一般に両極打法は台石の上に石核を置いて、上部より加撃することにより、力を反射させて剥片を剥離する方法である(図2左)(岡村 1983)。堀込遺跡の石器群の中には、未成品と考えられる石器があり、それらの側面には素材剥片の折れ面の一部などがコブ状に残置されるものが多く認められる。

これは比較的大形の剥片を切断してこれを素材とし、その折れ面を両極打法によって調整した痕跡と考えられる。しかしこの場合、素材の剥片が三角形を呈する場合が多く、加撃面は台石に対して平行しないため、力の反射が弱くな

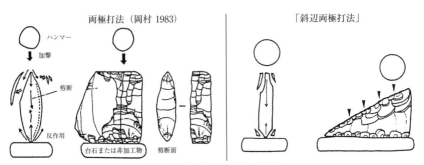

図2　両極打法と斜辺両極打法

り、貝殻状の剥離痕を残す（図2右）。こうした技法を筆者は「斜辺両極打法」と名付け、チャートや粘板岩・頁岩などを主とした石器製作技術と考えている（阿部 2000）。

この技法によって製作された早期の石鏃は、長身鏃が多く、なかには抉りを持たないか、鏃身が長い特徴をもつ（図4-1～6）。これを「無抉長身鏃」と呼称しよう。

関東地方では撚糸文期の後半に北東部を中心に非黒曜石の石鏃が斜辺両極打法によって製作されたのだ。このように、かつて芹沢によって指摘された関東地方における石鏃の稀少化は、撚糸文期の終末段階で北東部を中心に多量化が認められ、認識の変更が必要になってきた。それとともに、石鏃製作の技術にも地域的な差異があることが確認できた。

3　遠隔地における中部系押型文土器と黒曜石製石器群の出土

福島県いわき市に所在する竹之内遺跡は、縄文時代早期中葉の無文土器と沈線文土器が多量に出土し、「竹之内式土器」が提唱された遺跡として知られている（馬目 1982）。この遺跡からは一定量の中部地方の押型文土器とそれにともなう石器が出土し、さらに調査区内に一軒の住居址が発見された（図3）。

竹之内遺跡での発見は、中部地方の押型文土器（樋沢式土器）と無文土器・沈線文土器との併行関係を確定する事例として注目されてきた。ここではそうした事実を参考に、遠く離れた中部地方の土器と石器が遺跡に残されるにいたった背景について考えてみよう。

竹之内遺跡は住居とその周辺に遺物包含層が形成されており、ここから多量の遺物が出土している。石器

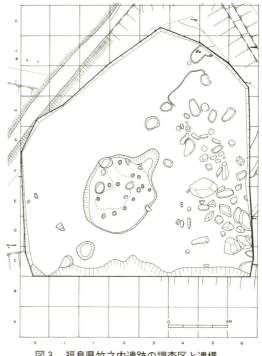

図3　福島県竹之内遺跡の調査区と遺構

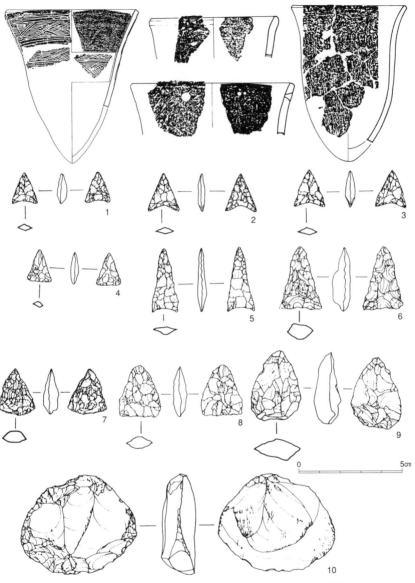

図4　福島県竹之内遺跡の竹之内式土器と非黒曜石製石器群

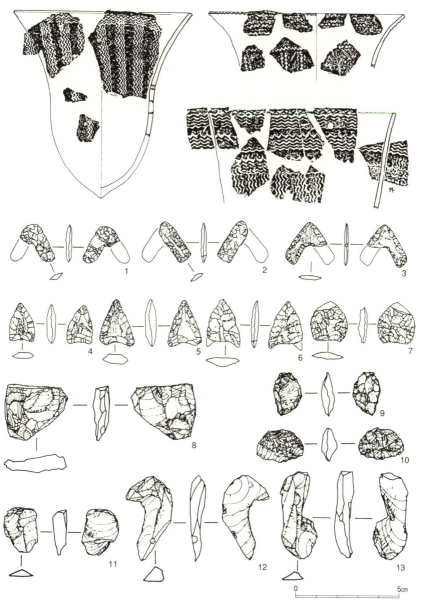

図5 福島県竹之内遺跡の押型文土器と黒曜石製石器群

は1,497点あり、そのうちの1,318点（88％）が剥片である。剥片の中で800点が流紋岩で、黒曜石は180点ある。剥片石器の内訳は石鏃が100点と最も多い。その中で黒曜石製の石器は石鏃が13点と残核が1点ある。また黒曜石で作られた石器は石鏃だけであり、石器器種と石材の対応が明確である（図4）。残核と剥片の剥離面の構成から考えると、板状の原石から両極打法によって剥片を打ち取っていることがわかる。ひとまず、竹之内遺跡において黒曜石の剥片剥離がおこなわれている事実を確認しておこう。

竹之内遺跡に残された黒曜石の石器群は、局部磨製の有抉短身鏃だけでなく、両極打法による剥片剥離と石鏃の未成品を残していた。流紋岩や頁岩を素材とした在地的な石器製作は「斜辺両極打法」か大形の剥片から製作されたものであり、この事実はこれらの伝統とは異なる中部地方特有の石器づくりが、遠く直線距離にして300kmあまりも離れた竹之内遺跡の一角でおこなわれたことを示している。

これまでの遺跡出土の黒曜石の産地推定の解釈は、産地からの一元的な流通が指摘されるのみであった。もちろん遠隔地の資源の獲得に広域にわたる交換活動の存在が推測される事象も指摘できる反面で、個々の事象に対してはあまりにも無批判な解釈が先行してきたことは否めず、実証性に乏しい議論が続いてきた。竹之内遺跡においてみたように、特定産地からの資源移動の背景には、需要側と供給側という2つの集団を対置した交換や流通とは、やや異なる背景を想定する必要がありそうだ。

土器製作技術からみた竹之内式土器と樋沢式土器　次に型式学的に異なる系統として判断された竹之内式土器と樋沢式土器の製作技術に注目してみよう（図6）。

樋沢式土器は比較的精選されたキメの細かな胎土を用いる特徴があり、器厚が5mmほどの薄手の作りで、帯状施文された押型文の器面には無文部が残されている。押型文土器の器体の薄手化は、指頭押圧によるものであり、ケズリ技法ではない。器体には凹凸が残される部分もあるが、これは指頭押圧による薄手化の痕跡であろう。

このように、樋沢式土器は＜細い粘土紐状の接合帯の積み上げ＞→＜器面の押圧・成形＞→＜ナデ整形＞→＜押型文施文＞という製作工程をもつ薄手の土器である。

竹之内式土器は馬目順一によって提唱された土器である（馬目 1982）。この土器は無文土器と沈線文土器の2種類から構成されており、両者には共通した土器製作技術によって製作された痕跡が残されている。

竹之内式土器は器体厚が約10mm、接合帯の幅は約40mmほどで押型文土器より

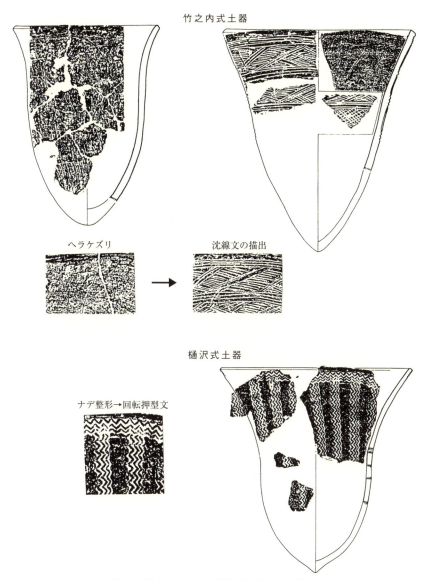

図6　竹之内式土器と樋沢式土器の製作技術

も接合体の幅が広く、また厚手であり、樋沢式土器とは異なる。しかも粘土紐の接合部分から破損する場合が多く、擬口縁がほぼ水平な面を形成している。さらにこの土器を一際特徴づけるのは、胎土中に石英や長石などの鉱物粒子を多く含んでいる点である。

これらの胎土による厚手の器体成形の後に、器表面にはヘラケズリが加えられ、鉱物粒子がケズリによって移動した痕跡がそのままに残される無文土器と、その上に沈線で文様を描く沈線文土器が製作された。無文土器と沈線文土器の両者は文様の有無を除けば、口縁部の断面形態なども含めて、同一の土器製作技術によって製作されたと判断できる。

さらにまた豊富に出土した土器のなかに、両者の特徴を併せ持つような土器が存在しない点も、樋沢式土器が竹之内遺跡にもたらされた背景を考える場合には重要な事実である。

石鏃の製作技法と石材選択　中部地方の特色をもつ石器群の内訳を点検しておこう。竹之内遺跡における黒曜石製の石器群は189点であり、その内訳は石鏃と「不定形石器」、剥片のみである。したがって、黒曜石は石鏃と「不定形石器」を作るための石材として利用されたことをまず確認しておきたい。

またさらに「不定形石器」として報告された石器で、図 5 - 8 は板状の原石を素材とした残核であり、7・9・10は鍬形鏃の未成品であることが長野県樋沢遺跡の石器群との比較からわかる。したがって、竹之内遺跡における黒曜石利用の実態は、石鏃の製作にほぼ特定して誤りはないであろう。

図化された黒曜石の剥片類は長軸の上下から剥離された剥離面を残すものが多く、両極打法の特徴である。おそらく 5 cm程度の板状の原石を用い両極打法によって剥片剥離をおこない、素材となる剥片を生産していたのであろう。決して大きくない石鏃の素材は、このようにして確保されたのである。

一方で、在地の流紋岩を主体とした石材の利用は、石鏃と掻器（石箆）を主体としている。とくに石鏃を主体的に製作している点では竹之内遺跡の居住集団も弓矢猟を積極的に生業活動に組み込んでいたことがわかる。

石鏃の形態は挟りの小さな三角鏃と長身鏃の 2 者から構成されている。同じ石材の石鏃未成品が多く出土しており、その特徴は成品よりもサイズの大きな三角形を呈する両面加工体である（図 4 - 7 〜 9 ）。

これらの中には器体の中心付近や片方の縁辺が極端に分厚く、調整の不十分なものがある。また側縁には素材の折れ面が残されたものがあり、大形の剥片を切断したものが素材として用いられている可能性が高い。切断した剥片を台石の上に置いて、その斜辺を加撃して両極技法によって剥片剥離をおこなうと、両側縁に貝殻状の剥離痕が残され、器体の断面がレンズ状に加工される。竹之

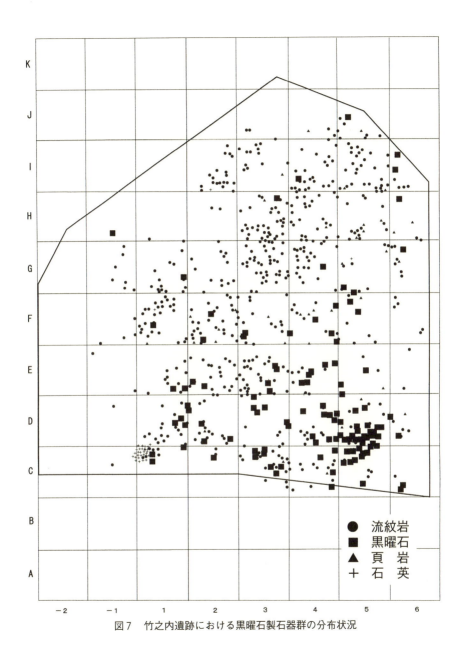

図7 竹之内遺跡における黒曜石製石器群の分布状況

内遺跡の流紋岩や頁岩で作られた石器群には「斜面両極打法」で製作された未成品と考えられる資料が存在する（図4-7～9）。黒曜石製の石鏃と流紋岩製の石鏃は、異なる剥片剥離技術によって製作されていることがわかった。それでは、これらの石器群は遺跡内においてどのようなあり方を示すのだろうか。ここでは発掘区内の遺物出土状況を観察してみよう（図7）。

調査区内の遺物分布の中で黒曜石製石器は調査区の南側に集中していることが明瞭にわかる。調査区のほぼ中央には竪穴住居址が1棟検出されているが、黒曜石の分布の中心は隣接しつつも屋外に集中部を形成している。注目されるのは押型文土器の分布である（図8）。押型文土器も同様にして黒曜石製石器群と重複した分布を示している点は、単なる偶然ではないだろう。報告者も山形押型文土器との関係に注視している（馬目1982）。

一方、竹之内式土器と流紋岩製の石器群は調査区のほぼ全体にわたって広がりをもつ。これらの分布は遺跡の残存状況や、遺物の二次的な移動によって生じたとは考えられず、居住活動の中で形成された遺物廃棄の状況が反映されていると考えて良いだろう。そうであるならば、竹之内遺跡における黒曜石製石器群と中部系の押型文土器の共存は、まったく別々に異なる要因によって流通したものとは考えにくい。黒曜石製の石鏃の製作技術は竹之内遺跡の集団が伝統的に保有した石器づくりとは異なる技術をもつものであったし、土器製作技術においてもそれは同じであった。

ただ、土器と石器で異なる点は、石鏃は、剥片や未成品の出土が示すように竹之内遺跡において両極打法による石器製作がおこなわれているのに対して、土器にはその痕跡が認められないことである。竹之内式土器の胎土と製作技術で樋沢式土器が製作された痕跡がないことは、出土品から判断できる事実である。反面で黒曜石をもちいた石器づくりに中部地方の伝統が確認できた。そこにはあたかも遠路を移動して竹之内遺跡に到着し、その場所に一時期的に居留した中部地方の人々の姿が見えてくる。この仮説を検証する方法は他にあるだろうか。

4　原石携行としての資源拡散―仮説の検証と黒曜石原産地推定分析―

ここでは、上記の仮説を検証するために竹之内遺跡に加え、さらに性格の異なる2遺跡の黒曜石製石器群の産地推定分析をおこなった（明治大学古文化財研究所 2009）。

（1）福島県いわき市竹之内遺跡

分析点数は217点で、発掘によって出土した資料の全点を分析対象にした。出土位置はすでに示したように、調査区南半に集中している。

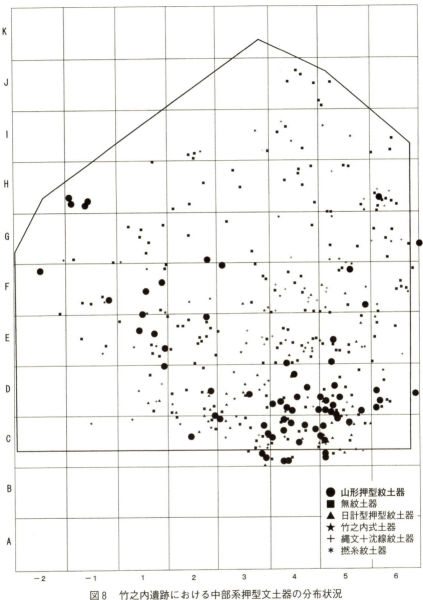

図8 竹之内遺跡における中部系押型文土器の分布状況

分析の結果、産地の判明した資料185点のなかの65%が西霧ヶ峰系で、次いで和田鷹山系が47点（25%）、男女倉系が9点（5%）となる。これらはいずれも樋沢式土器の分布圏にあたる八ヶ岳周辺にある原産地である。分析資料のなかで有抉短身鏃はすべてが中部系黒曜石であった。さらに黒曜石の中には7点の高原山系が含まれ、全体の中での比率は低いものの、高原山黒曜石原産地が樋沢式の分布圏と竹之内遺跡との中間地点にある原産地であるだけに注目される（図11）。これ以外に土倉系、恩馳島系が各1点ある。混入の可能性もあるが土倉系黒曜石は竹之内遺跡で出土している日計型押型文土器とともに招来された可能性があるが、恩馳島系の流入の要因は現時点では不明である[5]。
　ごく少量の説明の難しい資料を含むものの、出土した黒曜石製石器の176点（95%）が中部地方の樋沢式分布圏に位置する黒曜石原産地からもたらされていることにまず注目したい。樋沢式土器の分布圏内の状況はどうであろうか。

（2）長野県岡谷市樋沢遺跡

　樋沢遺跡は長野県岡谷市に所在する樋沢式土器の標式遺跡である（戸沢 1955）。その後の調査によって住居址や土坑が発見され、それにともなって豊富に出土した石器群（戸沢 1987）の産地推定分析を実施した。201点の資料を分析した結果、25点の判別不可能なものを除いて、176点の産地が判別された。
　その中で125点（71%）が西霧ヶ峰系、次いで和田鷹山系が48点（27%）、残る3点が男女倉系であり、判定されたすべての黒曜石が八ヶ岳山麓周辺の原産地から持ち込まれたものであることが明らかにされた。いうまでもなく、この地域は樋沢式土器の分布圏内にあり、樋沢式土器をもちいた集団の黒曜石利用の実態を検討する基準資料となる。

（3）埼玉県熊谷市船川遺跡

　中部地方から関東平野に遠征すると想定した場合の中間地点に位置し、発掘調査によって住居様の遺構が発見された地点から、在地の無文土器と沈線文土器にともなって樋沢式土器と黒曜石の有抉短身鏃が出土している（図9）[6]。有抉短身鏃には抉り部分に局部磨製が施されている。
　調査に関わる記述によれば、これらの遺物の集中部分を掘り下げた結果、その下から住居址が発見されたということから、これらの遺物は廃絶された住居址の覆土に廃棄された遺物であった可能性が高いであろう（江南町教育委員会 1992）。
　産地推定を実施した分析試料は191点ある。その中で判別可能な資料は167点で、そのうち162点（97%）が西霧ヶ峰系である。ここには竹之内遺跡とは異なり高原山産の黒曜石は含まれてはいない。船川遺跡では竹之内遺跡と同様に成品だけではなく黒曜石の調整剥片や残核も出土している点から、竹之内遺跡

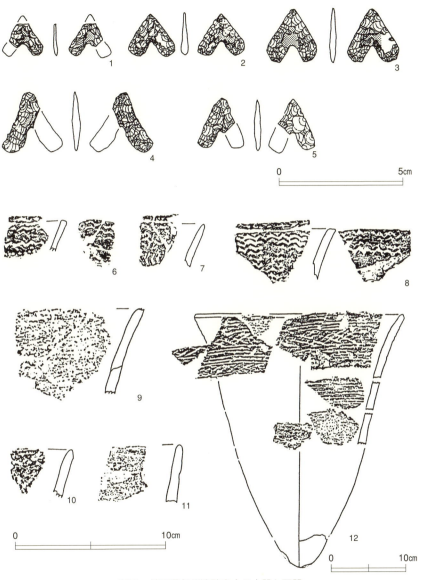

図9　埼玉県船川遺跡出土の土器と石器

と同じように製品だけの持ち込みではなく、本遺跡の中で西霧ヶ峰系黒曜石をもちいた石器づくりがおこなわれたと考えることができる。

一方で、山間部から関東平野の一角までを含む埼玉県内の状況を船川遺跡の状況が代表するほど様相は単純ではないことも確かである。おなじ埼玉県でも山間部の向山遺跡からは山形押型文土器が主体となる集落が発見されており注目を集めたが、ここからは黒曜石ではなく、むしろ秩父周辺に多産するチャートを利用した石器群が主体をなしており、様相が明らかに異なる。こうした在地の石材の主体的な利用のあり方は、八ヶ岳周辺地域でも同様であって、八ヶ岳周辺では石器作りに用いた石材の主体が黒曜石であったのである。

したがって、ここで議論してきた黒曜石を主体的に利用した樋沢式の集団とは、八ヶ岳西南麓の集団であったという見通しが立つ。

5　遊動的狩猟集団の拡散と回帰

２つの移動モデルと適合性　ここでは、異なる文化伝統によって製作された道具や資源を携行して移動する集団の２つのモデルを提示して、この時期の広域な土器と石器の移動の背景について考えてみることにする（図10）。

モデルAは移動した集団が移動先の異文化集団とは直接的な接触をせず、移動先で独自の生活空間を形成する場合である。この場合、遺跡に残された遺物はすべて移動元か、あるいは中継地での補完資源などから構成されることになる。この場合は、黒曜石製の石器群と中部系押型文土器などから構成されることになる。

モデルBは移動先が在地集団の生活空間の一部であり、生活空間の内部を利用するかたちで、一時期的に遠征集団が一つの遺跡内に共存する場合である。

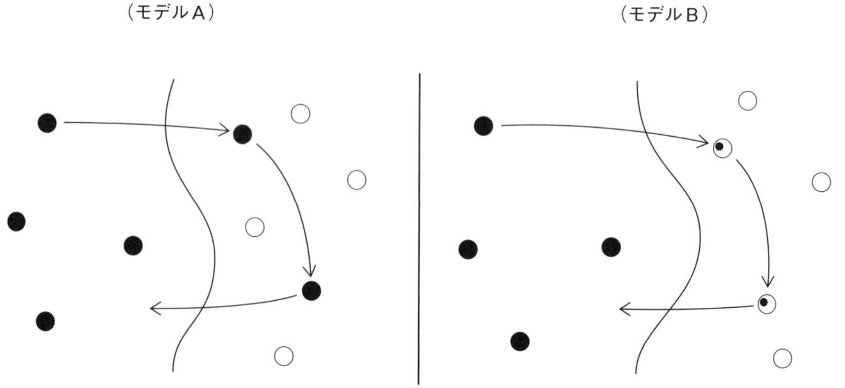

図10　集団移動のモデル

こうした遺跡では、多数の在地の生活遺物に混じって、移動集団の携行した資源の消費痕跡が残されることになる。それらは使用済の石器、製作残滓、消耗して破損した土器などである。こうしたモデルを遺跡での状況に当てはめて考えた場合、竹之内遺跡や船川遺跡の事例は、モデルBに当てはまる事例として理解できる。しかも、両遺跡ともに遺跡の一角に中部系の黒曜石を用いた石器製作痕跡と押型文土器の破片を残している。おそらく、これらの生活残滓は、一定期間の居留の結果を示す痕跡であり、在地集団の生活空間内において、異系統集団が共存したことを示すのであろう。

　中部高地系の黒曜石が複数の産地から構成される状況は樋沢遺跡でも認められたが、これが樋沢式分布圏における黒曜石原料の一般的な入手先の構成であった可能性が高い。しかし、樋沢遺跡には高原山産の黒曜石はまったく含まれてはいない。このことが類似しつつも樋沢遺跡とは決定的に異なる竹之内遺跡における石材構成上の重要点である。

　中部地方を出発した狩猟集団は有抉短身鏃と樋沢式土器、それに補充用の黒曜石原石を携えて、北関東の高原山産黒曜石の流通網を経由し竹之内遺跡に至ったのである。またこうした中部地方の狩猟集団は、秩父方面から関東平野にも遠征した痕跡が埼玉県船川遺跡でも確認できた。おそらく高原山産黒曜石は北関東を経由した集団が入手し得た補充用の黒曜石だったのだろう。ただし、栃木県の堀込遺跡（阿部ほか 1992）や、山崎北遺跡の石器群（上野 1998）が示すように、この時期は北関東においても黒曜石の利用はきわめて低調な事実がある。

　押型文土器にともなう中部地方の石鏃は小形の有抉短身鏃であり、重量も軽いために射程の長い長弓ではなく、比較的短い射程の短弓に用いられた可能性が高い。山間部に展開した彼らの弓矢猟の主だった狩猟対象は、サルやムササビ、タヌキなどの小動物がその対象とされたのではないか。

　中部地方を出発して一時期的に居留した遠征先の福島県竹之内遺跡や埼玉県船川遺跡には、地元の石材を利用した有抉短身鏃は出土していない[7]。また樋沢遺跡が地元の粘土で模倣製作されたものもないようだ。そして、彼らが持ち込んだ器具は居留先の集団の製作伝統には受けいれられた痕跡がない。北関東経由の遠征集団は高原山などで同質の石材をごく少量補充することはあるが、黒曜石そのものが尽きると、あるいは枯渇する前にはふたたび故地へと回帰していったのだろう。それでは竹之内遺跡や船川遺跡は、きわめて特異な集団の移動であったのだろうか。

　この時期に埼玉方面や北関東地方の当該期の遺跡において黒曜石製の有抉短身鏃や押型文土器が在地の土器型式とともに遺跡から出土することは、決して

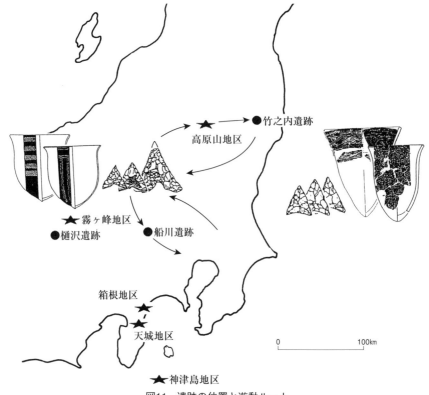
図11 遺跡の位置と遊動ルート

珍しいことではない。竹之内遺跡や船川遺跡の事例のように、在地の土器や石器のあり方が明瞭な状態で残されていることが少ないだけであって、実態としてはかなり普遍的で広い範囲にわたって認められる現象ではなかったか、と筆者は考えている。

こうした現象とは反対に、中部地方の土器と黒曜石製石器群のみで構成される遺跡が関東地方には今のところ発見されていない。この高い普遍性をもつ事実は、ここで述べてきた中部地方の集団の遠征先の状況を伝える重要な証拠なのである。つまり、それはモデルBへの適合性の高さとして指摘した遊動狩猟集団の居留地が遠征先の在地集団の生活地点の一角であることを示す証拠だからだ。

異系統の遺物が共存する現象は、これまで関東地方の土器型式と中部地方の土器型式の併行関係を確認する事実として、土器の型式編年学的な研究から注

目されてきた現象である。その一方でこうした編年的な手続きの手がかりとなる人間活動の実態はまだほとんど論じられたことがなかった。本論では、遺跡における出土状況の検討などから、そうした現象の背景として石器と土器を携えた集団の遠征と一時期的な居留を想定した。

　さらに目を広く転ずると竹之内遺跡と類似した現象は遺物の遺存状況に差異はあっても関東地方の複数の遺跡で認めることができることから、この時期に中部地方の人々の周期的な遠征と回帰が広くおこなわれたと考えられる[8]。

6　おわりに―黒曜石製遺物の分布をどうとらえるか―

　本論では理化学的な手法により高い精度で産地を推定することが可能な黒曜石の分布の意味を、ただ単に原産地から離れた地域から出土したという事実のみをもって、「流通」や「交易」という一元的な説明に終始するのではなく、遺跡内での出土状況（竹之内遺跡）、石器製作技術（両極打法）、石器を利用した行為（弓矢猟）、携行器具（樋沢式土器）との共伴関係に注目し、この時期に拡散的なあり方を示す黒曜石製遺物の分布の背景について検討した。

　機器分析機能が飛躍的に進歩した今日の黒曜石産地推定分析において、もはや分析点数という制約は取り除かれつつあるといってよい。半面で考古学側に残された課題は、土器や石器といった材質別の個別遺物研究の連携が最重要であり、そのための遺跡形成論の推進が必要である。さらには「黒曜石からわかること」と「黒曜石から知ろうとすること」の整合性を高める理論構築が必要であり、そのための学際的な議論の展開が今後に期待される。

註
1）近年では撚糸文期のなかでも、とくに前半期の井草式・夏島式・稲荷台式期にこうした状況が顕著であることが判明している。
2）もちろん、前期から中期の形態組成が単純であるということを指摘しているわけではない。
3）小形の石鏃の形態は矢柄に着装してしまえば、形態の差をほとんど見分けることができない。そのため形態の差異は力学的な威力の違いよりも、狩猟の作法や狩猟集団の帰属意識などの違いなど、多分に社会的な色彩の強い属性であると考えられる。
4）江坂輝弥は将棋の駒のような「五角形鏃」の存在を指摘している。
5）竹之内遺跡では上層より早期後半から前期の遺物が出土しており、混入の可能性も考えておく必要がある。
6）出土した土器は薄手で良好な作りの押型文土器が多く掲載されており、実際の

出土土器点数と掲載資料の間には、やや開きがあるようだ。ここでは沈線文土器と無文土器を主体とした地域における押型文土器の共伴事例として認識し、論を進める。
7）竹之内遺跡では流紋岩製の局部磨製石鏃が2点出土しており、注目される。ただし形態は鍬形鏃ではない。局部を磨く技術は茨城県花輪台貝塚のチャート製石鏃などにもあり、その技術のみで特定の地域の技術伝統を指摘することは困難なようだ。またチャート製の石鏃の器体に摩痕を残すものが複数の遺跡でも散見される。
8）小論は中部地方における沈線文系土器の流入問題については触れ得なかった。諏訪市浪人塚遺跡などで古くから注目されている沈線文系土器群のあり方などは、今後注目する必要があるだろうし、細久保式以降に中部地方でおこる押型文土器の変容については、将来その背景について論じてみたいと思っている。

引用文献

会田　進 1988『向陽台──一般国道20号改築工事埋蔵文化財包蔵地調査報告書』
新井　端・宮崎朝雄 1993「船川遺跡出土の縄文早期土器について」『埼玉考古』30
阿部芳郎ほか 1992『堀込遺跡発掘調査研究報告書』市貝町教育委員会
阿部芳郎 2000「晩期の石器製作作業の復元とその背景」『文化財の保護』32、東京都教育委員会
阿部芳郎 2007「縄文早期における遊動的狩猟集団の拡散と回帰」『黒曜石と人類』Ⅰ（予稿集）
今村啓爾 1973『霧が丘』霧が丘遺跡調査団
上野修一 1998『山崎北遺跡発掘調査報告書』栃木県教育委員会・㈶栃木県文化振興事業団
江南町教育委員会 1992『船川・新山・明賀』
岡村道雄 1983「ピエス・エスキーユ、楔形石器」『縄文文化の研究』7、雄山閣
斉藤幸恵 1987「押型文系土器文化の石器群とその性格」『樋沢押型文遺跡調査研究報告書』岡谷市教育委員会
芹沢長介 1954「関東及び中部地方における無文土器文化の終末と縄文文化の発生に関する考察」『駿台史学』4
戸沢充則 1955「樋沢押型文遺跡」『石器時代』2
戸沢充則 1987『樋沢押型文遺跡調査研究報告書』岡谷市教育委員会
明治大学古文化財研究所 2009「蛍光Ｘ線分析装置による黒曜石製遺物の原産地推定」基礎データ集1
八幡一郎 1948「鍬形鏃─石鏃の最古型式─」『日本考古学』1

馬目順一 1982『竹之内遺跡』福島県いわき市教育委員会
宮崎朝雄・新井　端　1992「船川遺跡出土の縄文早期土器群について」『埼玉考古』
　　30

コラム

内陸地域における貝製品の流通
―栃原岩陰遺跡の場合―

藤森英二

　長野県南佐久郡北相木村は、群馬県上野村に接する長野県の東端にある。この山村を流れる千曲川の支流相木川両岸には、八ヶ岳起源の泥流が、川の流れによって削られた浅い洞窟状地形（岩陰）が群在する。栃原岩陰遺跡は、まさにこの岩陰群に含まれている。標高はおよそ930ｍ。1965年に遺物が発見され、

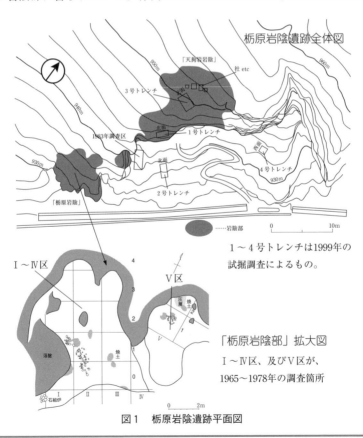

図1　栃原岩陰遺跡平面図

以降信州大学第二医学部を中心とした栃原岩陰遺跡発掘調査団により、足掛け14年に及ぶ発掘調査が行われた。その結果、縄文時代を中心とした膨大な量の遺物が確認されている（西沢1982など）。

その後の分も含め発掘調査は数地点に分けられるが、最も遺物量が多いのが「栃原岩陰部」のⅠ～Ⅳ区である[1]（図1）。

この区画の厚さ5.6mに及ぶ遺物包含層は、大きく3つの段階に区分出来る。先ず発掘深度0～-100cmは、出土土器から縄文時代早期中頃、押型文の末期以降の包含層とされる。遺物の出土量は少ない。これを仮に「上部」と呼ぶ。次に発掘深度-180～-340cmでは、遺物の量が極端に増加する。出土土器の中心は早期前半の押型文諸型式であり、時期もこれを当てる。これを「中部」と呼ぶ。但し遺物量の少ない発掘深度-100～-180cm前後も、人骨の年代測定や出土土器からは押型文期に含まれると予想されるため、ここでは中部に含んでいる。将来的には区分が必要かも知れない。このピークの後、遺物量は一旦減じるが、発掘深度-380cm以下で再び増加する。出土土器の中心は草創期末[2]の表裏縄文土器となる。これを「下部」と呼ぶ。

このうち主に中部と下部からは、人骨や獣骨・骨角器を含む様々な有機質遺物が出土しており、この中には海棲の貝及び貝製品が多数含まれている。出土した貝類の分類は藤田敬によって行われた。以下の基本データは、藤田の分類に従っている（表1・図2）。

海棲貝製品の多くは、穿孔や殻頂部（背部）の除去、さらには研磨やベンガラによる着色が見られる。中でも臼玉またはビーズ状に切断し全面を研磨したツノガイや、殻背部を除去し輪状にしたタカラガイ類が目立つ。タカラガイ類では、この他にも穿孔のみのものも少数ある。また、やはり平玉またはリング状に研磨したイモガイも少なくない。

表1　栃原岩陰遺跡Ⅰ～Ⅳ区出土　海棲貝・貝製品

	中部	下部	計
メダカラガイ	21	10	31
カモンダカラ	3		3
シボリダカラ	1		1
その他タカラガイ類	13		13
ツノガイ	2	23	25
ヤカドツノガイ		2	2
イモガイ	3	10	13
ハイガイ	1		1
ムシロガイ	1		1
ウミユナ	2		2
キクスズメ	1		1
ヤマトシジミ	3	1	4
ハマグリ	2	1	3
クロアワビ	1		1

※現在も整理中のものを含むため、今後変更される可能性がある。

図2　栃原岩陰遺跡出土海棲貝製品

　これらの多くは何らかの装身具と考えられている。但しタカラガイについては、もともとが女性器を思わせるもので、殻背部の除去はそれを一層際立たせた出産に関係する呪物とする見方もある（春成 2008・2009a）。
　尚、層位的には下部と中部でいくつかの違いが見出せる。先ずタカラガイ類は双方でみられるものの、中部に偏りを見せる。対してツノガイやイモガイ類の出土は明らかに下部に集中する。また下部では、切断面を丁寧に加工し、光沢さえ見られるものが貝の種類を問わず見られる。一方で中部出土のものでは、切断面の加工にやや丁寧さを欠くものが多い。さらにタカラガイ類については、製品としては不要となった部位、すなわち切断された貝の殻背部が中部で10点以上出土している。既に指摘されているが、この時期には加工を当地で行っていたものが含まれていたようだ（西沢・藤田 1993）。
　この他にもヤマトシジミやハマグリ、さらにはアオザメの歯など、海岸地域との繋がりを示す遺物も注目に値するだろう。
　さて、これら海産物が当地へもたらされたルートを考えるには、先ずはこれらが何処で採れたものかを捉える必要がある。貝類の生物的な産地について藤田は、全体の傾向から温暖系、おそらくは太平洋側のものと予想している（西

沢・藤田 1993)。これについては縄文遺跡出土の貝類を研究する忍澤成視も同様の意見である（忍澤 2009)。栃原岩陰遺跡の位置する相木川は千曲川の源流に近い支流であり、言うまでもなく、そのまま下れば日本海に出る。しかし現在の海岸線を基準にすれば、直線距離ではわずかに太平洋に近い。

では貝類が太平洋産だと仮定して、これらはどの程度の人の手を伝わってこの山間部にやって来たのか。

そのヒントの一つが、人骨にある。栃原岩陰遺跡では12体の人骨が出土しており、このうち少なくとも中部に含まれる6体分については、放射線年代測定から、おおよそ9500 Cal B. P（Yoneda 2002)、つまり縄文時代早期の人骨で間違いがない。これら人骨については、従来からやや華奢であることが指摘されており、特に腕は後の縄文人よりも細く、力仕事にはあまり向いていないとされる。しかし下肢骨の筋肉付着部分の発達などから足腰は丈夫とされ、これは彼らがよく歩く生活をしていたことを示すという（鈴木ほか 1968、西沢 1978及び馬場悠男・茂原信生氏の御教授による)。尚、これらの形態的特徴は、広く縄文早期人骨に共通するようである（中橋・岡崎 2009)。

これを積極的に解釈すれば、彼らが太平洋沿岸まで歩いた生活も考えられなくはない。しかし、同人骨のコラーゲン分析からは、内陸部の生態系（C3植物とその消費者）に頼った生活が予想される（Yoneda 2002)。

また、移動の問題に関しては、従来から黒曜石も手掛かりの一つとなると思われていた。そして2009年、明治大学古文化財研究所により、蛍光X線分析による黒曜石の産地同定が行われた。総数で4,000点近い黒曜石のうち、わずかに150点のサンプル的試行ではあるが、この結果をみると出土した黒曜石は信州産のものにほぼ限定される。つまり貝製品などと産地が重なる可能性もある伊豆・箱根や神津島産の黒曜石は確認されていない[3]。

また黒曜石については、下部では小型の板状原石や剥片など製品一歩手前の状態での持ち込みが多く、さらに時間的なズレはあるものの、長和町の星糞峠黒曜石採掘址との間には、石器組成の補完関係が指摘されている。これは人々が黒曜石原産地で、直接石材を入手していたことを予想させる（藤森 1997・1998、横山 2000、及川 2003)。

表裏縄文期から押型文期における広域的な移動生活については、近年でも藤山による指摘があるが（藤山 2009)、少なくとも栃原岩陰遺跡の場合、上記の状況からは黒曜石原産地をルートに含んだ内陸部での移動生活を想定したい[4]。とすれば、海岸地域、おそらくは太平洋側にその故郷がある貝及び貝製品など

図3　栃原岩陰遺跡と遺物の産地

については、人の移動とは異なる流通の仕方が存在したことになる。貝類を拾い集めたのは、栃原岩陰を利用した集団とは別の行動領域を持った集団ではないだろうか。

　無論現時点では、両者が直接出会ったのか、さらに別の集団の手を介して伝わったのかまでは分からない。ただ、遠方といえる愛媛県上黒岩洞窟遺跡も含め、ほぼ同時期（押型文期）にいくつかの遺跡で同様の貝製品が出土していることが知られている（春成 2009 b）。このことは、異なる集団同士が貝製品について共通の意識を持っていた傍証になりはしないだろうか。

　いずれにせよ、遥か太平洋に育った貝が、標高1,000mに近い土地に眠って

いた事実は、縄文時代の移動・流通を考える上で、極めて興味深い事例である。

註
1）国史跡「栃原岩陰遺跡」には複数の岩陰が含まれ、発掘調査の箇所や時期も多岐に及ぶ（藤森 2002）。
2）栃原岩陰遺跡を含め中部高地に見られるこれら表裏縄文土器については、草創期末とする意見と、早期の初めである井草式並行とする意見が対立している（宮崎 2008など）。ここではその問題に踏み込まないが、栃原岩陰遺跡の中部と下部とでは土器以外にも相違点が多い。「層位的」とも言えるこの事例からは、少なくとも押型文期よりも古い時期と判断することが出来る。
3）明治大学古文化財研究所による分析については、後日詳しく発表予定であるが、中部では西霧ヶ峰系に集中するのに対し、下部では和田・鷹山、男女倉、麦草・冷山の各分類群も一定数含まれるといった違いが見られる。
4）但し中部と下部では相違点も多い。中部では埋葬施設が見られること、地元石材であるチャートの利用率が増加すること、小型原石の持ち込みと剥片剥離作業が行われていること（藤森 1998）などから、当地に留まった時間が相対的に長くなった可能性は指摘出来る。また註3に示した事例は、下部においてより頻繁な移動が行われたことを窺わせる。

引用・参考文献
忍澤成視 2009「大型貝塚調査から見えてきた縄文時代の装身具の実態と貝材利用」『東京湾巨大貝塚の時代と社会』雄山閣
及川 穣 2003「出現期石鏃の型式変遷と地域的展開・中部地方における黒耀石利用の視点から」『黒耀石文化研究』2、明治大学黒耀石研究センター
鈴木 誠・香原志勢 1968「長野県北相木村栃原岩陰遺跡と人骨」『人類学雑誌』76-1
中橋孝博・岡崎健治 2009「縄文早期人骨」『愛媛県上黒岩遺跡の研究　国立歴史民俗博物館研究報告　第154集』春成秀爾・小林謙一編
西沢寿晃 1978「栃原岩陰遺跡出土人骨」『中部高地の考古学』
西沢寿晃 1982「栃原岩陰遺跡」『長野県史考古資料編1　東信地区』
西沢寿晃・藤田 敬 1993『栃原岩陰遺跡』北相木村教育委員会
春成秀爾 2008「上黒岩ヴィーナスと世界のヴィーナス」『歴博フォーラム　縄文時代のはじまり　上黒岩遺跡の研究成果』六一書房
春成秀爾 2009 a「上黒岩遺跡の石偶・線刻礫と子安貝」春成秀爾・小林謙一編

『愛媛県上黒岩遺跡の研究　国立歴史民俗博物館研究報告』154
春成秀爾 2009 b 「装身具」『愛媛県上黒岩遺跡の研究　国立歴史民俗博物館研究報
　　　告　第154集』春成秀爾・小林謙一編
藤森英二 1996 「栃原岩陰遺跡出土の拇指状掻器について」『佐久考古通信』68
藤森英二 1997 「栃原岩陰遺跡の黒曜石製石器の素材について」『佐久考古通信』70
藤森英二 1998 「栃原岩陰遺跡出土の石核から」『佐久考古通信』72
藤森英二 2002 『国史跡　栃原岩陰遺跡・天狗岩岩陰―保存整備事業に伴う発掘調
　　　査報告書―』北相木村教育委員会
藤山龍造 2009 「縄文時代初頭の石材消費と移動形態」『考古学研究』56-2
宮崎朝雄 2008 「尖底回転縄文系土器」『総覧縄文土器』小林達雄編、アム・プロモ
　　　ーション
横山　真 2000 「縄文時代草創期後半における黒耀石製石器の生産形態―中部高地
　　　を例に―」『鷹山遺跡Ⅳ』長門町教育委員会・鷹山遺跡群調査団
Minoru Yoneda・Masashi Hirota・Masao Uchida・Atushi Tanaka・Yasuyuki Shibata・Masatoshi Morita・Takeru Akazawa 2002「RADIOCARBON AND STABLE ISOTOPE ANALYSES ON THE EARLIEST JOMON SKELETONS FROM THE TOCHIBARA ROCKSHELTER, NAGANO, JAPAN」『RADIOCARBON, Vol. 44』

あとがき

　2年目を迎えた研究所の成果として、「移動と流通」というキーワードをテーマとした研究書をまとめた。

　縄文時代にはさまざまな資源が広域に移動したことが知られるが、モノの移動は、背景にヒトの活動があったからで、花粉が風で飛ぶような無意識的な外部作用ではない。矢印は風向きを示すのではなく、人類の主体性を示すのである。しかし、さまざまなモノの移動を示す矢印の内実はそう単純ではない。

　この難解な問題を解くために、さまざまな材料に多視点的な検討を加えた。こうした取り組みはまた、遺跡そのものを成り立たせている多様な痕跡や遺物の由来を問いかける道筋を示してくれるに違いない。

　本書立案の際には、食資源の交換や移動・流通の問題にも取り組んでみたいと考えていたが、それは今回叶わなかった。研究所での取り組みとして研究をつづけ、近い将来には是非この問題を通じて縄文時代の多様性を解明する糸口にしたい。

　御多忙な中、この取り組みに参加され、また玉稿をいただいた方々、研究会での議論にお付き合いいただいた方々に深く御礼申し上げたい。

2010年6月30日
阿部芳郎

執筆者紹介 （掲載順）

阿部芳郎（あべ　よしろう）1959年生
　明治大学文学部教授　明治大学日本先史文化研究所所長
　　主要著作論文「縄文中期における石鏃の集中保有化と集団狩猟編成について」『貝塚博物館紀要』14、1987　「狩猟具としての石器」『季刊考古学』35、1991　「縄文早期における植物質食料加工用石器のあり方と生産活動」『信濃』44-9、1992　『考古学の挑戦』岩波書店、2010（編・著）

山科　哲（やましな　あきら）1973年生
　茅野市尖石縄文考古館学芸員
　　主要著作論文「縄文時代中期後半における黒耀石製石器群の遺跡間比較の試み―長野県梨久保遺跡と上木戸遺跡住居址出土石器群を用いて―」『考古学集刊』3、2007　「黒耀石採掘に伴う原石選別と石器製作作業の把握に向けて―長野県鷹山遺跡群星糞峠第1号採掘址出土資料を用いて」『明治大学博物館研究報告』13、2008

堀越正行（ほりこし　まさゆき）1947年生
　元市立市川考古博物館館長
　　主要著作論文『考古学を知る事典（改訂版）』東京堂出版、2003（共著）　「貝塚研究のあゆみ」『東京湾巨大貝塚の時代と社会』雄山閣、2009　「土器片錘の盛衰からみた縄文人の環境適応」『環境史と人類』第3冊、2010

須賀博子（すが　ひろこ）1970年生
　松戸市教育委員会臨時職員
　　主要著作論文「中期前葉における土器分布形成過程の検討」『八ヶ崎遺跡第1・2地点発掘調査報告書』2006　「二ツ木後田遺跡の加曽利B2式土器の構成」『松戸市立博物館紀要』12、2005　「加曽利B式算盤玉形土器の変遷と地域性」『地域と文化の考古学Ⅰ』六一書房、2005

奈良忠寿（なら　ただよし）1975年生
　自由学園最高学部教員
　　主要著作論文「荒屋敷貝塚出土の縄文時代中期土器について」『貝塚博物館紀要』26、1999　『東久留米のあけぼの』東久留米市教育委員会、1999（共著）　「集落内における諸活動の復元へ向けて―自由学園南遺跡第52号住居跡の遺構間接合の

検討から―」『セツルメント研究』6、2007

栗島義明（くりしま　よしあき）1958年生
　さきたま史跡の博物館学芸員
　主要著作論文「隆起線文土器以前」『考古学研究』35-3、1988　「列島最古の土器群―無文から有文へ―」『地域と文化の考古学Ⅰ』六一書房、2005　「硬玉製大珠の社会的意義―威信財としての再評価―」『縄紋時代の社会考古学』同成社、2007　「森の資源とその利用」『考古学の挑戦　地中に問いかける歴史学』岩波ジュニア新書、2010

宮内慶介（みやうち　けいすけ）1979年生
　飯能市教育委員会
　主要著作論文「内陸地域における貝塚の形成と海産資源の流通―鹿島川流域の縄文中・後期主鹹貝塚の成り立ち」『貝塚博物館紀要』30、2003（共著）　「茨城県部室貝塚採集の縄文後晩期土器」『玉里村立史料館報』10、2005（共著）　「安行2式・安行3a式の成り立ちと地域性に関する一視点」『駿台史学』127、2006

河西　学（かさい　まなぶ）1956年生
　帝京大学山梨文化財研究所地質研究室長
　主要著作論文「八ヶ岳南麓地域とその周辺地域の縄文時代中期末土器群の胎土分析」『帝京大学山梨文化財研究所研究報告』1、1989（共著）　「土器産地推定における在地―岩石学的胎土分析から推定する土器の移動―」『帝京大学山梨文化財研究所研究報告』9、1999　「胎土分析と産地推定」『縄文時代の考古学』7、同成社、2008

中沢道彦（なかざわ　みちひこ）1966年生
　長野県考古学会員　浅間縄文ミュージアム委員
　主要著作論文「縄文時代晩期末浮線文土器の広域的変化と器種間交渉」『比較考古学の新地平』2010　「縄文農耕論をめぐって」『弥生時代の考古学』5、2009　「縄文土器付着炭化球根類の検討」『極東先史古代の穀物』3、2008

篠原　武（しのはら　たける）1979年生
　富士吉田市教育委員会職員

藤山龍造（ふじやま　りゅうぞう）1977年生
　慶應義塾大学・矢上地区文化財調査室・助教
　主要著作論文『環境変化と縄文社会の幕開け―氷河時代の終焉と日本列島―』雄山閣、2009　「弓矢猟」『縄文時代の考古学』6、同成社、2007　「縄文時代初頭の居住形態と神子柴遺跡」『長野県考古学会誌』124、2008

藤森英二（ふじもり　えいじ）1972年生
　北相木村考古博物館学芸員
　主要著作論文「縄文時代中期中葉後半における、ある土器の系譜―尖石遺跡蛇体把手土器の子孫達―」『長野県考古学会誌』118、2006　「佐久地域の洞窟・岩陰遺跡について―その現状と課題―」『長野県考古学会誌』123、2008　『考古学が語る　佐久の古代史』ほおずき書籍、2008（共著）

2010年9月6日　初版発行		《検印省略》

明治大学日本先史文化研究所　先史文化研究の新視点 II
移動と流通の縄文社会史
（いどう）（りゅうつう）（じょうもんしゃかいし）

編　者　阿部芳郎
発行者　宮田哲男
発行所　株式会社 雄山閣
　　　　〒102-0071　東京都千代田区富士見2-6-9
　　　　ＴＥＬ　03-3262-3231(代)／ＦＡＸ　03-3262-6938
　　　　ＵＲＬ　http://www.yuzankaku.co.jp
　　　　e-mail　info@yuzankaku.co.jp
　　　　振　替：00130-5-1685
印　刷　日本制作センター
製　本　協栄製本株式会社

法律で定められた場合を除き、本書からの無断コピーを禁じます。
Printed in Japan　2010　©YOSHIRO ABE
ISBN978-4-639-02144-5 C3021